2017年度河北省社会科学发展研究课题（201703020228）；
河北金融学院学术著作出版基金资助项目；
河北省科技金融协同创新中心资助项目。

河北省特色小镇培育研究

孙　娜　刘政永◎著

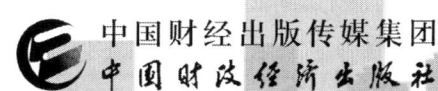

中国财经出版传媒集团
中国财政经济出版社

图书在版编目（CIP）数据

河北省特色小镇培育研究/孙娜，刘政永著.—北京：中国财政经济出版社，2019.5

ISBN 978-7-5095-8836-9

Ⅰ.①河… Ⅱ.①孙… ②刘… Ⅲ.①小城镇－城市建设－研究－河北 Ⅳ.①F299.272.2

中国版本图书馆 CIP 数据核字（2019）第 036828 号

责任编辑：彭　波
封面设计：孙俪铭
责任印制：刘春年
责任校对：胡永立

中国财政经济出版社 出版

URL：http://www.cfeph.cn
E-mail：cfeph@cfemg.cn

（版权所有　翻印必究）

社址：北京市海淀区阜成路甲 28 号　邮政编码：100142
营销中心电话：010-88191537
北京财经印刷厂印装　各地新华书店经销
710×1000 毫米　16 开　15.75 印张　258 000 字
2019 年 5 月第 1 版　2019 年 5 月北京第 1 次印刷
定价：68.00 元
ISBN 978-7-5095-8836-9
（图书出现印装问题，本社负责调换）
本社质量投诉电话：010-88190744
打击盗版举报热线：010-88191661　QQ：2242791300

前　言

　　习近平同志就建设特色小镇作出重要批示，强调特色小镇建设对经济转型升级、新型城镇化建设都具有重要意义。2016年2月，国家发展改革委召开专门的新闻发布会，重点推荐浙江和贵州特色小镇建设。2016年7月，住房城乡建设部、国家发展改革委、财政部共同发布《关于开展特色小镇培育工作的通知》，明确提出到2020年培育1000个左右各具特色，富有活力的现代制造、教育科技、传统文化等特色小镇。2016年8月中共河北省委河北省人民政府出台《关于建设特色小镇的指导意见》。特色小镇建设在省内外如火如荼发展。

　　各地区各有关部门认真贯彻落实党中央国务院决策部署，积极稳妥推进特色小镇和小城镇建设，取得了一些进展，积累了一些经验，涌现出一批产业特色鲜明、要素集聚、宜居宜业、富有活力的特色小镇。但在推进过程中，也出现了概念不清、定位不准、急于求成、盲目发展以及市场化不足等问题，有些地区甚至存在政府债务风险加剧和房地产化的苗头。为此，2017年12月，国家发展改革委、国土资源部、环境保护部、住房城乡建设部四部委联合印发《关于规范推进特色小镇和特色小城镇建设的若干意见》。

　　截至目前，河北省一共有12个国家级特色小镇。河北省第一批国家级特色小镇为4个，第二批为8个，占全国两批403个国家级特色小镇的2.98%。河北省特色小镇不仅数量少，而且在培育过程中还存在不少问题：编制规划缺乏，质量有待提高完善；镇区与园区、新镇与旧镇如何协同发展；镇区环境需要不断整治和生态环境需要提升；产城融合不足，房地产化、园区化。

加快河北省特色小镇建设，实现"产城人文"融合发展，有利于实现新型城镇化与城乡统筹示范区建设；有利于河北省提升城镇综合承载能力和服务能力，更多聚集先进生产要素，弥补城市经济"短板"，加快经济强省、美丽河北建设进程；有利于河北省探索破解城乡二元结构的方法和路径，创新城乡发展一体化体制机制，为全国其他地区提供经验借鉴和试点示范，具有重要的实践和应用价值。

本书研究的出发点是如何促进河北省特色小镇培育发展。本书首先从特色小镇发展历程、本质及路径入手，对特色小镇的培育目标、原则、路径及策略进行分析；其次在借鉴浙江省特色小镇发展经验的基础上，对河北省六类特色小镇培育进行剖析；最后构建特色小镇评估体系，对河北省特色小镇发展进行评估，并提出加快河北省特色小镇培育发展的政策建议，引领河北省新型城镇化的发展。

本书共分为十一章。

第一章特色小镇概述。本章主要介绍特色小镇的相关理论、发展历程、特色小镇本质及发展路径。

第二章特色小镇的培育。本章从特色小镇的培育目标入手，在培育原则和要求的指导下，分析特色小镇的培育策略。

第三章浙江省特色小镇的发展经验。本章以浙江省特色小镇建设的主要历程为切入点，分析浙江省特色小镇建设的积极成效，得出浙江省特色小镇的发展经验，为河北省特色小镇培育提供经验借鉴。

第四章农业类特色小镇培育。本章首先分析农业类特色小镇的概念，发展农业类特色小镇的意义，然后重点分析农业类特色小镇培育的思路和重点，最后以河北省农业类特色小镇典型案例为例，提出发展农业类特色小镇的政策保障措施。

第五章制造业类特色小镇培育。本章在中国制造2025背景下，分析发展制造业特色小镇的时代背景，提出制造业类特色小镇的培育思路、重点及策略。

第六章金融特色小镇培育。本章从河北省创设金融特色小镇可行性、培育指标体系设计、规划建议入手，结合金融特色小镇国内外范例，提出河北省金融特色小镇培育重点和思路。

第七章医疗康养特色小镇培育。本章在健康中国战略背景下，分析医疗康养特色小镇建设的背景，并借鉴国内外医疗康养特色小镇的发展经验和启示，提出医疗康养特色小镇的培育思路及策略。

第八章文旅特色小镇培育。本章从文旅特色小镇的类型特征入手，分析其培育思路，并结合典型案例和河北省历史文化优势，提出河北省文旅特色小镇发展策略。

第九章体育特色小镇培育。本章首先分析体育特色小镇的概念、类型特征，然后对体育特色小镇培育的重点、难点进行分析，最后并结合河北省体育特色小镇的典型案例，提出河北省体育特色小镇培育建议。

第十章特色小镇评估体系构建。本章从特色小镇的认证与评估需要出发，提出了特色小镇评价的原则、方法，并结合特色小镇评价指标体系的设计，提出了特色小镇分类考核评价和指数化综合评价的方法，对特色小镇进行评价并提出相应的政策建议。

第十一章特色小镇建设发展建议。本章从坚持品质为先、特色为王、创新为魂、市场为主四个方面，提出了河北省特色小镇培育发展的政策建议。

本书重点是总结提炼国外、国内以浙江省为代表的特色小镇建设的经验；提出河北省特色小镇培育的思路及政策建议。难点是河北省特色小镇培育存在的问题；河北省特色小镇培育特色如何体现，如何实现高质量发展。本书的创新性工作包括以下几个方面：一是综合运用实地调查方法、文献研究法、案例分析法、多学科归纳分析法，在对已有理论归纳、分析、总结的基础上，通过国内外经验借鉴分析，归纳河北省特色小镇培育建设中存在的问题，为特色小镇培育路径的实施以及优化提供有效对策；二是在借鉴浙江省特色小镇发展经验的基础上，对河北省农业类特色小镇、制造业类特色小镇、金融特色小镇、医疗康养特色小镇、文旅特色小镇、体育特色小镇等六类特色培育进行剖析，研究内容更加全面，更有针对性；三是结合特色小镇评价指标体系的设计，提出了特色小镇分类考核评价和指数化综合评价的方法，为特色小镇分析和综合评价提供了很好的方法；四是从坚持品质为先、特色为王、创新为魂、市场为主四个方向，提出了河北省特色小镇培育发展的政策建议，大大增强了政策建议的可操作性，很好地解决了当前特色小镇发展热度高、深度低的问题。

目　　录

第一章　特色小镇概述 ·· 1
　　第一节　特色小镇的发展历程 ··· 1
　　第二节　特色小镇的本质 ·· 15
　　第三节　特色小镇的发展路径 ·· 22

第二章　特色小镇的培育 ·· 26
　　第一节　特色小镇的培育目标 ·· 26
　　第二节　特色小镇的培育原则 ·· 27
　　第三节　特色小镇的培育要求 ·· 37
　　第四节　特色小镇的培育类型 ·· 38
　　第五节　特色小镇的培育策略 ·· 50

第三章　浙江省特色小镇的发展经验 ·· 54
　　第一节　浙江省特色小镇建设的主要进展 ······························ 54
　　第二节　浙江省特色小镇建设的积极成效 ······························ 64
　　第三节　浙江省特色小镇的发展经验 ······································ 69

第四章　农业类特色小镇培育 ·· 78
　　第一节　农业类特色小镇概念 ·· 78
　　第二节　发展农业类特色小镇的意义 ······································ 82
　　第三节　农业类特色小镇培育思路与重点 ······························ 84
　　第四节　河北省农业类特色小镇典型案例 ······························ 89
　　第五节　发展农业类特色小镇政策保障 ·································· 98

第五章　制造业类特色小镇培育 ………………………………… 100
第一节　制造业特色小镇的时代背景 ……………………………… 100
第二节　制造业类特色小镇培育思路与重点 ……………………… 106
第三节　河北省制造业类特色小镇培育策略 ……………………… 114

第六章　金融特色小镇培育 ……………………………………… 119
第一节　河北省创设金融特色小镇的可行性探索 ………………… 119
第二节　河北省创设金融特色小镇的培育指标体系设计 ………… 121
第三节　河北省创设金融特色小镇的规划建议 …………………… 123
第四节　金融特色小镇国外成功范例 ……………………………… 126
第五节　金融特色小镇国内创设范例 ……………………………… 128

第七章　医疗康养特色小镇培育 ………………………………… 134
第一节　医疗康养特色小镇建设的背景 …………………………… 134
第二节　国内外医疗康养特色小镇发展经验 ……………………… 136
第三节　国内外医疗特色小镇发展经验对河北省建设医疗康养小镇的启示 …… 143
第四节　河北省医疗康养特色小镇培育 …………………………… 145

第八章　文旅特色小镇培育 ……………………………………… 150
第一节　文旅特色小镇的类型特征 ………………………………… 150
第二节　文旅特色小镇的培育思路 ………………………………… 154
第三节　文旅特色小镇典型案例 …………………………………… 161
第四节　河北省历史地理和人文发展优势 ………………………… 170

第九章　体育特色小镇培育 ……………………………………… 174
第一节　体育特色小镇的概述 ……………………………………… 174
第二节　体育特色小镇的类型特征 ………………………………… 176
第三节　体育特色小镇培育重难点 ………………………………… 183
第四节　河北省体育特色小镇的典型案例 ………………………… 186
第五节　河北省体育特色小镇培育建议 …………………………… 188

第十章 特色小镇评估体系构建 …… 193
  第一节 特色小镇的认证与评估 …… 193
  第二节 特色小镇评价原则与方法 …… 194
  第三节 特色小镇评价指标体系设计 …… 196
  第四节 特色小镇分类考核评价研究 …… 202
  第五节 特色小镇指数化综合评价方法研究 …… 207
  第六节 特色小镇的评价及政策建议 …… 216

第十一章 河北省特色小镇培育政策建议 …… 220
  第一节 坚持品质为先，加快高起点规划、高标准建设 …… 220
  第二节 坚持特色为主，突出特色亮点、强化高端引领 …… 223
  第三节 坚持创新为魂，建设创意小镇、打造人才小镇 …… 227
  第四节 坚持市场为主，做到市场主体不缺位，政府引导不越位 …… 230

参考文献 …… 233

第一章

特色小镇概述

第一节 特色小镇的发展历程

一、特色小镇的理论发展

针对不同的研究主体,特色小镇理论发展主要有以下三类:第一,基于欧美等发达国家主体的经济社会发展状况,在小城镇发展进程中所提出的田园城市、卫星城和新城运动理论;第二,基于发展中国家或欠发达地区主体的经济社会发展状况,在小城镇发展进程中所提出的自中心发展、分享空间和灰色区域等理论;第三,通过总结反思之前所出现的各种理论研究,结合我国的经济社会发展状况以及分析我国小城镇建设实践中出现的各种问题等方面提出的各类小城镇发展理论。

(一) 田园城市、卫星城与新城运动理论

最先提出有关特色小镇相关理论的时间是 19 世纪末。1898 年英国的社会学家 E. 霍华德在他的著作《明日,一条通向真正改革的和平道路》中认为应该建设一种能够结合城市与乡村优点的理想城市,他称其为"田园城市"。田园城市实质上是城和乡的结合体,而且还促进了卫星城以及新城运动理论等与特色小镇有关理论的提出、发展和实践。卫星城,全称卫星型城镇,是指以大城市(在一定区域内起主导作用的城市,而不是在经济、政治或面积等仅单方面地位突出的城市)为中心、位于其周围区域在地理空间上呈卫星分布状

的小城市或县镇。新城运动是在卫星城建设进行之后出现的一个城市建设运动，该理论脱胎于霍华德"田园城市"理论，目的同样是解决发展大城市过程中出现的诸多问题。

有着这些日渐发展的理论支撑，欧美的一些国家和地区开始着手建设高度"田园化"的新兴城市。这些国家和地区掀起了"新城"建设的热潮，基于自身的经济社会发展状况规划建设了众多卫星城镇，并且在20世纪中后期蔓延到世界范围。这些基于欧美等发达国家主体的经济社会发展状况在小城镇发展进程中所提出的田园城市、卫星城和新城运动理论形成了主要架构。这些都为发展中国家探索城乡统筹和小城镇发展的道路中提供了理论和实践两个层面上的理论支撑和实践经验。

在中国，卫星城包括已有一定城市化进程的卫星市（盟、省会、直辖市、地级市、自治州和特别行政区）、卫星县（县、旗、特区、市辖区、县级市、自治县和自治旗）和卫星镇（镇和街道）。我国针对卫星城建设的想法出现在20世纪40年代末，随后在北京、上海等一些大城市的规划中加入了有关卫星城规划与建设的方面。改革开放之后，我国卫星城的规划与建设有了迅速发展，如一些大学城、工业园、开发区、生态城、文化创意产业园区等多种新型城市的规划建设。这些新型城市解决了部分的大城市发展进程中的问题，但仍是有部分问题无法得到解决，如协调平衡居住与工作之间的关系，因此相关理论的发展开始遭遇"瓶颈"。

（二）自中心发展、分享空间与灰色区域理论

由于相关理论的发展开始遭遇"瓶颈"，到了20世纪七八十年代，许多的外国专家学者开始反思，在对此前西方主流理论发展的基础上进行创新研究。第一，D. 圣海斯与H. 埃尔森汉斯在70年代提出来的自中心发展是指区域生产力发展进步的过程，强调小城镇内生机制。第二，米尔顿·桑托斯1979年认为发展中国家和欠发达地区要打破双循环约束以及强调能够突出自我地位的发展战略，也就是分享空间理论。第三，加拿大学者麦吉在80年代通过对印度尼西亚爪哇区域发展的长期研究后提出了灰色区域理论，灰色区域是指那些同时承受城市和农村作用的特殊空间区域，一般出现在大城市周围。并且在此基础上麦吉还总结出中国、日本、泰国等类型的灰色区域。这些理论研究都是针对发展中国家主体的社会经济发展状况所提出来的，在城市发展方

面对于发展中国家以及欠发达地区来说是十分宝贵的经验借鉴。

我国特色小镇的发展建设是以自身资源、特色产业与文化为基础，既有自中心发展与分享空间理论所强调的内生机制，也有灰色区域理论中所说的兼有城市与农村特征与功能的"城乡融合区"发展形态。我国特色小镇的发展建设实际上是这些国内外相关理论基于我国国情大背景下的新实践与新发展。

（三）我国小城镇发展理论

1983年，费孝通在《瞭望》周刊上发表了四篇文章，首次系统地阐述了有关小城镇发展的理论研究。他认为我国小城镇发展的核心要点是解决农民问题，目标是实现城乡一体化，要走"小城镇为主、大中城市为辅"的道路，要遵循"自下而上"的发展模式，以农村工业化与乡镇企业的发展壮大为直接推动力。费孝通的小城镇理论深化了我国有关方面的研究层次，得到了中央的高度赞扬与政策支持，并且引发了学术界以及社会各界的广泛关注。此后小城镇的发展研究成为越来越多的学者的研究热点，不断丰富基于我国社会经济发展状况的小城镇发展理论。

综述我国的相关理论研究，可分为以下四个方向：第一，国内外理论研究综述以及经验借鉴。第二，发展模式研究。费孝通先生从1986年开始就对小城镇发展模式进行了广泛的调查和比较，总结出了三种传统模式，即"苏南模式""温州模式""珠江三角洲模式"。其他学者也基于所调研地区的基本情况，分别提出了其他各具特色的发展模式：费孝通、罗涵先（1998）提出以小型工业为主，发展家庭农副业为辅的"耿车模式"；由侨胞投资成立企业，大力开发工业小区的"侨乡模式"；以集资和股份制经营为特点的"晋江模式"、以"公司+农户"式的农业产业化发展为特征的"民权模式"；周一星、曹广忠（1997）提出集零为整的集地开发模式；可以有效地解决乡镇企业布局分散问题的"孙耿模式"；魏劲松、许宝健（1999）提出了将乡镇企业与农村产业相互协调结合以带动小城镇发展的"襄樊模式"；冯健（1998）结合江苏省的若干相关案例，提出了四种在转型期间的集镇发展模式，即"历史积累效应触发模式""小区域联动效应及配套发展模式""特殊大型项目建设带来的随机效应""区域周期性集市的时空协同机制"。第三，发展道路研究。当前城镇化的发展道路主要有三种：优先发展大城市、优先发展小城镇以及两者相互协调共同发展，其中第三种发展道路得到了大多数学者的支持。第四，发展动力机制研究。李怀（1999）和王勇（2002）指出促进小城镇发展建设的内在驱动在于小城镇的自我发展进步以及自下而上的农村工业化。除了以上四个大方面以外，还有部分学者研究了小城镇建设的阶段、地位、作用和意义等方面。

不论是国外学者基于欧美等发达国家主体的经济社会发展状况或者是基于发展中国家、欠发达地区主体的经济社会发展状况在小城镇发展进程中所提出的理论研究，还是国内学者通过总结反思国外相关理论研究，结合我国的经济社会发展状况所提出的各类小城镇发展理论，都为我国特色小镇建设的实践提供了理论支撑和经验借鉴，具有重要的指导意义。

二、特色小镇的实践经验

（一）特色小镇的历史传承

在改革开放之前，我国在城市发展建设中实施"小城镇"发展战略，改革开放后的重心转向是"重点发展小城镇"。2002年在党的十六大上我国的城镇化发展战略正式调整为"大中小城市和小城镇协调发展"，并且不断地丰富其内涵使其向多样化方向发展延续至今。特色小镇的发展是在小城镇发展的基础上有所继承且有所延伸的。当前特色小镇的发展建设的主要重心在于自身的产业基础，而不是政府财政，同时也不是只关注产业，还要强调生活和生态。

党的十八大以来，为应对经济社会发展进步的内在要求和外部挑战，解决城市建设中的突出矛盾和问题，党中央、国务院将推动新型城镇化建设当作加快经济转型升级、全面深化改革的重要抓手，提高到国家战略的高度。特色小镇兼具城市与乡村的功能，是城乡结合体，是两者之间的联系和纽带。建设特色小镇将会成为我国推进新型城镇化建设进程的突破口，成为我国走新型城镇化道路的主要力量。

在"十二五"建设期间，安吉县"美丽乡村"项目的成功创建影响和激发了各个地方政府进行"美丽乡村"建设的热情。特色小镇遵循五大发展理念，聚焦特色产业、特色文化和特色元素，是将生态、生产、生活融为一体的"三生"平台，追求"小而美"的形态，重视和保护美丽环境和传统文化。特色小镇发展建设的目标是改善乡村生态环境、推动乡村经济发展、提高农民收入以及促进乡村文明，有机对接了"美丽乡村"建设，成为乡村振兴战略的一个重要支撑点和谋求乡村发展、实现乡村振兴的新路径。

这样看来，特色小镇的建设和发展是伴随工业化、全球化、市场化的不断推进而进行的，是城镇化进程的重要组成部分。全国各地的历史探索为新时期特色小镇的建设和发展积累了宝贵的经验。

（二）"新常态"下特色小镇的发展

1. 起于浙江，兴于全国

2013年12月10日，习近平总书记在中央经济工作会议上的讲话中首次提出"新常态"，总结了我国现处于经济发展的新阶段，与此对应，我国城镇化建设也进入中后期，城市的发展建设方式亟待转变。在这样的大环境下，浙江省提出非镇非区多功能的特色小镇模式顺应了中央的政策方向，得到了中央的肯定，并且促使特色小镇的发展建设上升为国家战略行动。

浙江省与特色小镇的渊源始于2014年10月17日，"特色小镇"在浙江省省长李强参观"云栖小镇"时首次被公开提出。浙江省2015年的政府工作报告中正式提出"围绕全省七大产业、兼顾历史经典产业，规划和建设具有独特文化内涵、休闲旅游等功能叠加的特色小镇"。2015年4月22日，浙江省政府发布《关于加快特色小镇规划建设的指导意见》，提出了浙江特色小镇规划建设的总体要求、创建程序、政策措施、组织领导等重要内容。特色小镇建设迅速开展起来，并引起各方关注。

2015年5月，习近平总书记对浙江省进行特色小镇发展建设的工作给予了高度赞扬并且在中央经济工作会议上专门提及了特色小镇的发展建设。2015年9月，中财办副主任刘鹤开始对浙江特色小镇进行调查研究，并在11月上交有关浙江特色小镇的调研报告，得到习近平总书记、李克强总理、张高丽副总理的批示。2016年，国家及各省区市陆续出台重要文件支持特色小镇发展，希望能够加快推动城镇化发展进程并且促进产业结构转型升级。在此之后，特色小镇建设迅速成为全国开展城镇化建设的热点，开始兴盛于全国。

2. 政策推动，快速发展

浙江省特色小镇建设的成功开展得到了中央各部委和各省区市地方政府的高度肯定和重视。2016年5月6日，国务院发布《国务院关于深入推进新型城镇化建设的若干意见》提出加快推进特色小镇发展。2016年7月1日，住建部、发改委与财政部三部联合发布《关于开展特色小镇培育工作的通知》提出特色小镇发展建设总目标。2016年8月3日,住建部发布的《关于做好2016年特色小镇推荐工作的通知》分配了各省区市特色小镇的推荐名额。此后,特色小镇建设迅速成为开展城镇化建设的热点,推及全国。2016年年底,特色小镇的建设进入实质性的推动阶段。在地方层面,各地方政府陆续推出各类特色小镇规划和创建方案。在国家层面,国家各部委陆续发布了多项更加深化、在具体方面具有指导意义与支持导向的政策措施(见表1.1)。

表1.1　　截至2018年中央大力支持特色小镇发展政策汇总

时间	文件	内容
2015年11月	《关于积极发挥新消费引领作用加快培育形成新供给新动力的指导意见》	发挥小城镇联系城乡、辐射农村的作用,提高产业、文化、旅游和社区的服务功能,加强商品和要素集散能力。鼓励和支持有条件的地区规划建设特色小镇
2016年1月	《关于落实发展新理念加快农业现代化实现全面小康目标的若干意见》	引导和支持社会资本开发农民参加程度高、受益范围广的休闲旅游项目。增强乡村生态环境和文化遗产保护,创建拥有地域特点、历史文化、民族风情的特色小镇
2016年2月	《关于深入推进新型城镇化建设的若干意见》	加速培育中小城市与特色小城镇。因地制宜、突出特色、创新机制,要充分发挥市场的主体作用,推进小城镇的规划发展和疏通缓解大城市中心城区功能相联系、与当地特色产业发展相联系、与服务"三农"相联系。发展具有特色优势的魅力小镇,带动农业现代化和农民就近城镇化
2016年3月	《十三五规划纲要》	以提升质量、增加数量为方向,加速推动中小城市和特色镇的发展。因地制宜建设特色鲜明、产城融合、充满独特魅力的小城镇
2016年7月	《关于开展特色小镇培育工作的通知》	提出的目标是截至2020年,培育1000个左右各具特色、富有活力的休闲旅游、商贸物流、现代制造、教育科技、传统文化、美丽宜居等特色小镇,引领带动全国小城镇建设,不断提升建设水平与发展质量
2016年8月	《关于做好2016年特色小镇推荐工作的通知》	通知确定了2016年全国32个省区市特色小镇的推荐数量,合计159个名额

续表

时间	文件	内容
2016年10月	《关于加快美丽特色小（城）镇建设的指导意见》	"建设特色小镇应建立在以产业为依托的基础上"，"要把加快建设美丽特色小（城）镇作为落实新型城镇化战略部署和推进供给侧改革的重要抓手"，旨在推动大中小城市和小城镇协调发展，充分发挥城镇化进程对新农村建设的辐射引领作用
2016年10月	《特色小（城）镇经验交流会主要意见》	各地区在培育建设特色小镇与小城镇过程当中，一定要坚持因地制宜，倡导形态多样性，坚持产业建镇，加速发展具有特色优势的产业，推动城镇经济转型升级，避免千镇一面
2016年10月	《关于推进政策性金融支持小城镇建设的通知》	各地区要发挥政策性信贷资金对小城镇建设的重要支持作用，做好中长期政策性贷款的申请与使用工作，加大对小城镇建设的信贷支持力度，充分利用政策性金融支持，全面促进小城镇建设发展。为推动小城镇特色产业发展提供相应的配套设施与建议
2016年12月	《关于实施"千企千镇工程"推进美丽特色小（城）镇建设的通知》	"千企千镇工程"是以"政府引导、企业主体、市场化运作"为指导的新型小（城）镇建设模式，构建小（城）镇与企业对接的有效平台，引导社会资本参与规划建设，促进镇企协调发展、共同成长
2017年1月	《关于开发性金融支持特色小（城）镇建设促进脱贫攻坚的意见》	必须依照扶贫开发与经济社会发展相协调的要求，充分发挥开发性金融的支持作用，以特色小（城）镇的建设引领带动区域性脱贫，达到特色小（城）镇持续健康发展与农村脱贫的双重目标
2017年3月	2017年全国两会政府工作报告	李克强在报告中指出，要扎实推进新型城镇化。推动中小城市与特色小镇的发展建设，促进一批具备条件的县与特大镇有序设市，发挥城市群辐射引领作用
2017年5月	《关于推动运动休闲特色小镇建设工作的通知》	提出目标截至2020年，在全国范围支持建设一批体育特征鲜明、文化气息浓厚、产业集聚融合、生态环境良好、惠及人民健康的运动休闲特色小镇

续表

时间	文件	内容
2017年12月	《关于规范推进特色小镇和特色小城镇建设的若干意见》	各地区要综合考虑到特色小镇与小城镇接纳就业和常住人口的规模,从严把控房地产开发,合理制定住宅用地比例;要重点引入央企、国企和大中型民企等企业作为主要的投资运营商,尽最大努力避免政府举债建设而加重债务负担
2018年8月	《国家发展改革委办公厅关于建立特色小镇和特色小城镇高质量发展机制的通知》	特色小镇和特色小城镇是新型城镇化与乡村振兴的重要结合点,也是促进经济高质量发展的重要平台。党中央、国务院高度重视,国家发展改革委等部门先后印发实施《关于加快美丽特色小(城)镇建设的指导意见》《关于规范推进特色小镇和特色小城镇建设的若干意见》,引导特色小镇和特色小城镇发展取得一定成效,概念不清、盲目发展及房地产化苗头得到一定纠正。为进一步对标对表党的十九大精神,巩固纠偏成果、有力、有序、有效推动高质量发展

资料来源:国家相关文件。

这些政策主要从三个方面来指导或支持特色小镇规划建设发展。第一,政策性、开发性、商业性金融对特色小镇建设的资金支持。第二,制定特色小镇建设的相关目标与准则。这些政策强调特色产业的核心、对优秀传统文化的传承以及对生态环境的保护。第三,对特色小镇建设在专业方向的细化。我国特色小镇发展建设由住建部统筹推进,体育总局、农业部与林业局也分别开展了运动休闲、农业互联网以及森林特色小镇的创建试点工作,并且在一定合理的范围内给予优惠政策和财政支持。

3. 如火如荼,布局全国

近年来,在多方的努力推进下,特色小镇的发展建设在全国范围火热地开展起来。2016年10月14日,住建部发布第一批127个中国特色小镇创建名单;2017年7月27日,住建部发布第二批共276个中国特色小镇创建名单,因此国家级特色小镇数量已达403个(见表1.2)。此外,目前全国已有超过20个省区市提出特色小镇建设计划,总数量已超过1500个。再加上由企业主导操作的特色小镇,截至2018年年初,我国特色小镇项目总量达到2000多个,到2020年规划中的特色小镇将达到2500个。大部分省区市将小镇的建设时间划定为3~5年,其中共有15个省区市将时间限定在"十三五"期间完成百镇计划，与国家千镇培育计划时间保持同步。从人口规模来看，人口数量超 100 万人的特色小镇有 32 个，人口数量超 20 万人的特色小镇有 6 个。

表 1.2　　　　第一、第二批特色小镇在各省区市的分布　　　　单位：个

省区市	数量	省区市	数量
北京市	7	湖南省	16
天津市	5	广东省	20
河北省	12	广西壮族自治区	14
山西省	12	海南省	7
内蒙古自治区	12	重庆市	14
辽宁省	13	四川省	20
吉林省	9	贵州省	15
黑龙江省	11	云南省	13
上海市	9	西藏自治区	7
江苏省	22	陕西省	14
浙江省	23	甘肃省	8
安徽省	15	青海省	6
福建省	14	宁夏回族自治区	7
江西省	12	新疆维吾尔自治区	9
山东省	22	新疆生产建设兵团	4
河南省	15	湖北省	16

资料来源：国家相关文件。

从特色小镇的数量及其分布来看，华东地区的数量是最多的，有 117 个。这是因为长三角地区经济发展活跃、居民收入水平相对较高，为特色小镇发展奠定了经济基础。其中浙江省占据 23 个名额，居于首位。小镇数量并列第二的是江苏省与山东省，拥有 22 个特色小镇（见图 1.1）。而京津冀地区相较之下，特色小镇数量偏少，未来仍具备较大发展空间。

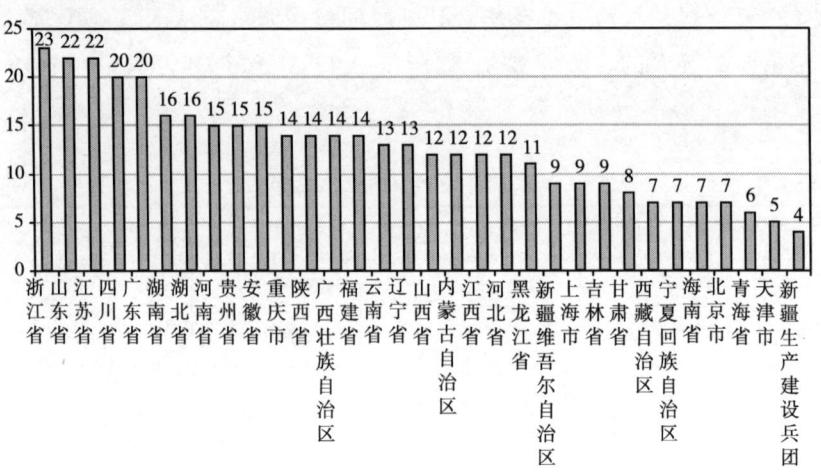

图 1.1 特色小镇在各省区市的分布

从特色小镇的类型来看,在第一批特色小镇中,从传统产业转型升级而来的超过60%,如旅游、文化、农林牧渔等,并且有37%的小镇以旅游产业为主,与以文化产业为主占比16%的小镇一起,仅文旅类小镇就占据特色小镇的半壁江山。以金融、健康、时尚、环保等新兴产业为主的特色小镇占比在30%以上,相比文旅类小镇较少。但是为了推动产业转型升级,在申报第二批特色小镇时,住建部办公厅发布《关于第二批全国特色小镇推荐工作的通知》,提出"以旅游文化产业为主导的特色小镇推荐名额比例不能超过1/3"的要求,给予新兴产业更多的政策偏向。同时,参考国家文件,特色小镇主要有以下六种:旅游发展型、历史文化型、工业发展型、农业服务型、商贸流通型和民族聚居型。通过分析整理分析第一、第二批特色小镇的类型(见表1.3和图1.2),旅游发展型特色小镇占比为38.5%,数量最多有155个;其次为历史文化型特色小镇,数量为97个,占比为24.1%。而工业发展型、农业服务型、商贸流通型和民族聚居型的四种特色小镇总共占比37.4%不足1/2。由此可见,文旅类小镇依旧是主流。原因在于:其一,旅游发展型特色小镇可以保护当地的生态环境和历史地貌并且激发出文化资源禀赋的最大潜力,吸引游客参观游览,提升当地的人民生活水平;其二,我国拥有深厚的文化底蕴,但是很多地方并未注重保护、合理开发,历史文化型特色小镇的建设,能使我国优秀的传统文化焕发出新的光彩和活力,有利于保护、传承和传播我们优秀的中华文化。

表1.3 国家级特色小镇类型分布

特色小镇类型	数量（个）	比重（%）
旅游发展型	155	38.5
历史文化型	97	24.1
工业发展型	69	17.1
农业服务型	51	12.7
商贸流通型	17	4.2
民族聚居型	14	3.5
合计	403	100

资料来源：前瞻研究院。

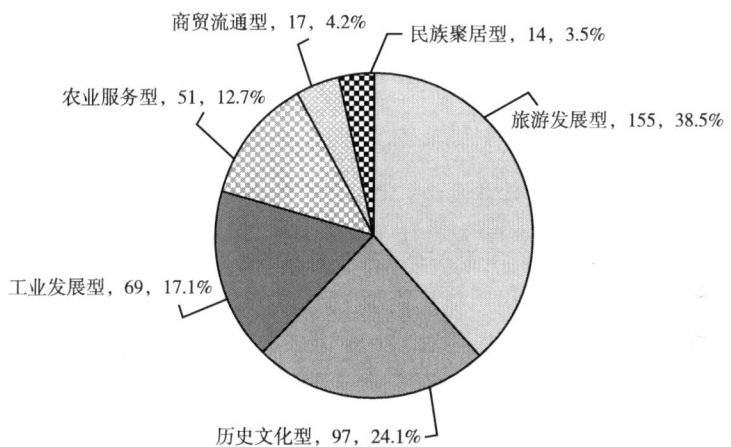

图1.2 国家级特色小镇类型分布

从投资规模来看，根据已经初步建成且企业已进驻运营的部分小镇的数据和资料，平均一个特色小镇的投资额为50亿~60亿元，规模较小的约为10亿元，而规模较大的可达百亿元以上。按照住建部总规划1000个特色小镇将产生5万亿~6万亿元的投资总额，占全国总GDP的7%。如果按31个省区市特色小镇的规划总和，2400多个特色小镇将产生12万亿~15万亿元投资总额，可以为经济增长提供强大推动力。另外，从对国内已建成的特色小镇的样本统计来看，总投资中基建设施投资占比为30%~50%，估计全国1000个小镇基建投资将有1.5万亿~3万亿元。

4. 引导规范，有序发展

2017年，全国各地掀起了特色小镇建设的浪潮。各类小镇规划蓝图满天飞，各类主题的特色小镇层出不穷。然而，很多地方政府并未真正领会特色小镇的本质，出现了偷换概念、定位不准、粗制滥造、急功近利以及政府过度干预等问题，甚至有些政府只是把特色小镇当作"政绩工程"和"面子工程"，存在政府债务风险加剧和房地产化的苗头，部分房地产项目还外包着某某小镇的名头，这些乱象与问题使特色小镇的建设遭遇"瓶颈"。

我国特色小镇的发展中存在的问题主要集中在三大方面：第一，定位同质化现象严重，缺乏创意；第二，产业联动不够，无法持续发展；第三，不能因地制宜，要充分结合当地的实际情况，充分利用当地的资源。此外，当前特色小镇仅两成初见雏形，有近八成仍处于在建、签约乃至意向阶段，并且小镇都说有产业支撑，但真正落地的产业其实不多。为此，国家出台了一系列的政策来引导特色小镇的建设。

2017年12月4日发布的《关于规范推进特色小镇和特色小城镇建设的若干意见》（以下简称《意见》）开始规范各地区特色小镇的建设发展。《意见》明确指出，不能把特色小镇当成筐、什么都往里装，必须严防政府债务风险，避免房地产化倾向，严格约束集约用地，严守生态环境保护红线。并且要求各地区准确把握特色小镇内涵特质，不能什么东西都扣上特色小镇的"帽子"。这就要求各级政府要从各地区实际出发，注重质量，突出区域特色，提倡形态多样，不可进行数量要求以及政绩考核，避免盲目发展、一哄而上。《意见》主要规范了以下六个方面：第一，拓展特色小镇的内涵及地理定位。通知里强调建制镇和重点镇，排除了城郊镇，而《意见》更重视"市郊镇""市中镇""园中镇""镇中镇"。第二，强调城镇化发展规律。《意见》强调遵循城镇化发展规律，正是出于对《国家新型城镇化规划（2014~2020年）》的通盘考虑。增强以工促农、以城带乡能力。第三，明确了政府与市场的边界，划出了政府和企业的职责。在特色小镇建设中政府只发挥制定政策、创造制度环境、给予设施服务支撑等作用，使特色小镇培育成为市场主导、自然发展的过程，而不是政府包揽，人为造镇。第四，明确了责任主体。明确了省级人民政府的主体责任，这就为特色小镇建设增加了资源供给。第五，限制性措施增强。针对前段特色小镇培育中的问题，提出严控房地产化倾向、严格节约集约用地、严守生态保护红线，严禁挖山填湖、破坏生态地貌。用地面积在3平方公里左右（建设用地面积在 1 平方公里左右），与旅游、体育和农业相关的特色小镇可以适当合理地放宽。严把产业准入要求，避免引进高污染高耗能产业，划定特色小镇和小城镇发展边界，避免另起炉灶、大拆大建，防范"假小镇真地产"项目。第六，明确特色培育的路径，提出去房地产化措施。以自身资源、区位条件、特色产业与文化为基础，在差异化定位与领域细分中形成小镇大产业结构，聚合高端要素与特色产业，结合特色文化、特色生态和特色建筑等特色魅力，找准、突出、发展"特色"，避免同质化竞争。在严防特色小镇向房地产转化的方面，主要有两个方面的举措：第一，合理地规划住宅用地的比例，从最开始用地供给环节把控房地产的过度开发；第二，重点把关与审核提交上来的有关产业类型、盈利模式与后期经营的方案，避免房地产开发混入其中。这两个方面的措施无疑都会发挥制约作用。

2018 年 3 月 13 日，发改委发布的《国家发展改革委关于实施 2018 年推进新型城镇化建设重点任务的通知》（以下简称《通知》）包含五部分的内容，分别是加速农业转移人口市民化、提升城市群建设质量、提升城市发展质量、加速推进城乡融合发展以及深化城镇化制度改革。其中，在 2018 年的重点任务中，提到要注重引导特色小镇持续健康发展，充分落实《关于规范推进特色小镇和特色小城镇建设的若干意见》，加强监督检查评估与规范纠偏，支持推动一批高质量特色小镇建设发展的内容。《通知》还指出：有必要对已经公布的 403 个全国特色小城镇、96 个全国运动休闲特色小镇进行定期评估，淘汰掉那些不符合建设要求、粗制滥造的虚假的特色小镇。这意味着已公布的 499 个特色小镇中部分小镇将面临被淘汰风险。其中，具有以下五种情况的小镇面临较大的淘汰风险：第一，政府债务风险增加。政府通过借款增加债务负担所创建的小镇，包含县级政府的综合债务率超过 100% 风险预警以及通过融资平台公司渠道变相举债创建的。第二，房地产化倾向严重。与重产业运营的特色小镇相悖的"假小镇真地产"项目。第三，简单堆砌与碎片化开发。政府干预严重、没有具体规划、盲目创建的。第四，不具备吸引力、特色不鲜明突出。在产业、文化、功能和建筑等方面都不具备独特性，内容雷同、形态类似以及同质化竞争的。第五，脱离实际生搬硬套。盲目发展、过度追求数量目标和投资规模，生搬硬套浙江经验，不具备相应的要素和产业基础的。

2018 年 8 月 30 日，国家发改委发布《国家发展改革委办公室关于建立特色小镇和特色小城镇高质量发展机制的通知》（以下简称《通知》），这标志着自2017年12月《关于规范推进特色小镇和特色小城镇建设的若干意见》发布以来，给特色小镇热潮的及时刹车及清理整顿已经取得阶段性进展。《通知》主要从以下九个方面引导和规范特色小镇的发展：第一，主导机关变更。《通知》表明，最开始由住房城乡建设部主导，而后由国家发改委、国土资源部、环境保护部和住建部四部委共同主导的特色小镇申报及审批工作，现今完全由国家发改委主导，随之而来的是特色小镇和特色小城镇发展探索的巨大改变。第二，规则改变：告别命名制，实行创建达标制。《通知》明确了未来特色小镇和特色小城镇的发展思路是建立达标机制。"逐年组织各地区挖掘并推荐模式先进、成效突出、经验普适的特色小镇和特色小城镇，按照少而精原则从中分批选择典型案例，总结提炼特色产业发展、产镇人文融合和机制政策创新等典型经验，以有效方式在全国范围推广，发挥引领示范带动作用。"由"多而广"的命名制转向"少而精"的创建达标制。这将意味着在创建达标制下，特色小镇和特色小城镇不再是一劳永逸的结果，而是一个持续不断的探索过程，是一个经验推广的过程，是一个不断提升的过程，也是一个优胜劣汰的过程。第三，明确特色小镇、特色小城镇的界定条件。《通知》明确了特色小镇非建制镇非产业园区，明确了特色小镇的利用国土空间和建设用地大小，也明确了特色小城镇为建制镇，明确了各自的定位与条件，这是自2016年开始探索特色小镇以来最明晰的界定。第四，设立标准化指标体系，更具指导意义。《通知》将整个指标量化细化，明确了推荐的特色小镇的六大方面：（1）主要运行模式；（2）特色产业发展；（3）宜居宜游水平；（4）特色文化风貌；（5）机制政策创新；（6）可复制性经验等从而进行推荐。并且将可量化评价指标类别及细化指标分别进行了列举，其中，特色小镇3大指标类型17个细化指标，3大指标类型为"宜业""宜居""宜游"；特色小城镇3大指标类别18个细化指标，3大指标类别为"经济发展""公共服务""绿色生态"。第五，关注产业健康发展。《通知》强调要纠正"房地产化的苗头"，"在创建名单中，逐年淘汰住宅用地占比过高、有房地产化倾向的不实小镇"，未来通过严控土地审批，加大产业发展在评定中的比重，将房地产化这一趋势逐步清理。并且表明产业发展思路清晰、低负债、高创新的小镇和产业健康、财政健康、产城融合、城镇带动乡村发展的建制镇将备受青睐。第六，严防风险。《通知》对特色小镇的融资情况进行全面摸排，严防前期特色小镇建设发展中出现的金融风险，对投资运营商、融资主体、融资意向金融机构、项目类型、产业发展内容、基本建设内容、预计总投资、预计建设周期、预期年化收益率等需要充分了解,从项目之初严防项目风险。第七,创新机制:"创建达标制"与"省级创建制"。《通知》提出了两个创新机制,第一个就是"创建达标制",第二个长效机制就是"省级创建制",明确了全国和省级特色小镇和特色小城镇的层级制度以及逐级建设的原则。第八,创新服务:搭建政银对接服务平台。《通知》还有一个重大创新,就是在金融方面"搭建政银对接服务平台"。国家不再对特色小镇和特色小城镇的发展,在金融方面采取放任态度,转而开始主动构建平台,提供政银对接服务。引导金融机构在可行条件下逐年为高质量的特色小镇提供长周期低成本融资服务,为产业发展以及设施服务建设提供支持。

梳理我国特色小镇发展历程中的相关政策,可以发现这些政策中从加速、推进、支持、指导到引导、规范、推动等关键词的变化,这意味着我国有关特色小镇建设发展的理念愈加理性。从特色镇、特色小(城)镇到特色小镇与特色小城镇的用词调整,这表明政策的制定者对特色小镇建设发展的认识愈加明晰,同时也体现了我国特色小镇建设发展的丰富内涵与其他地区特色小镇建设的不同之处。政府、企业与学术界应该相互协同,共同合作,深入研究,力求特色小镇这一新生事物可以生存下来并且不断发展壮大,确保我国特色小镇的建设发展取得预期成果,积极推进我国新型城镇化建设持续健康的向前发展。

第二节 特色小镇的本质

一、特色小镇的基本内涵

从相关的国家政策对特色小镇的定义来看,最开始2016年7月,国家文件《关于开展特色小镇培育工作的通知》中并未对建设特色小镇的条件、范围、大小进行界定。2016年12月发布的《国家发展改革委关于加快美丽特色小(城)镇建设的指导意见》提及:"以镇区常住人口在5万人以上的特大镇和镇区常住人口在3万人以上的专业化特色镇为重点,考虑多类型多形态的特色小镇，因地制宜创建美丽宜居的特色小（城）镇。"明确了特色小镇、小城镇两种形态，但并未区分。2017年12月四部委联合印发的《关于规范推进特色小镇和特色小城镇建设的若干意见》规定"规划建设用地面积在3平方公里左右，建设用地面积在1平方公里左右，与旅游、体育和农业相关的特色小镇可以适当合理地放宽"，界定了特色小镇的面积特征，但特色小镇和特色小城镇的标准仍是模糊的，没有明确的界定。2018年8月30日，国家发改委发布的《国家发展改革委办公室关于建立特色小镇和特色小城镇高质量发展机制的通知》（发改办规划〔2018〕1041号）明确规定了典型特色小镇与特色小城镇的基本特征与条件。

特色小镇的基本特征与条件："着眼于一定资源优势以及产业基础，与行政建制镇和产业园区进行区别，利用3平方公里左右的用地面积（其中建设用地范围为1平方公里左右），在差异化定位与领域细分中形成小镇大产业结构，聚合高端要素与特色产业，结合特色文化、特色生态和特色建筑等特色魅力，规划高效创业圈、宜居生活圈、繁荣商业圈、美丽生态圈，构建产业特而强、功能聚而合、形态小而美、机制新而活的创新平台。"

特色小城镇的基本特征与条件："着眼于工业化与城镇化的发展阶段与潜力，形成特色突出的产业形态、完善的各类设施服务、宜人宜居的美丽环境、底蕴深厚的传统文化、简单高效的体制机制，形成特色鲜明的支柱产业在镇域经济中占主导地位、在国内外市场上占据一定份额，拥有一批较高知名度品牌和企业的局面。镇区常住人口达到一定合理的规模，引领带动乡村振兴发展的能力较强，形成拥有核心竞争力的行政建制镇排头兵与升级版经济发达镇。"

《通知》明确了特色小镇非建制镇非产业园区，明确了特色小镇的利用国土空间和建设用地大小；也明确了特色小城镇为建制镇，明确了各自的定位与条件，这是自2016年开始探索特色小镇以来最明晰的界定。同时，特色小镇和小城镇之间又有着密切的联系，两者相互补充、相互推动、相互支持。特色小镇是小城镇发展的重要主体，小城镇是特色小镇发展的主要载体。

而且想要全面把握特色小镇的内涵，还需要理解"特""小"两个基础概念。特色小镇的"特"主要体现在历史、环境、产业等诸多因素相互作用、相互融合所形成的独特方面。特色小镇凭借其拥有的某种文化特质与价值追求，吸引了相应特定产业的资源、技术、人才等多种要素，形成了独具"特色"的多功能工作生活区域与创客空间。特色小镇的"小"，凸显的是一种空间限制。一般来说，特色小镇规划面积会控制在 1~3 平方公里以内，聚集人口在 1 万~3 万，且不受原有行政区划局限的"小"地方。在有限制的范围内，建立一个高度产城融合的空间，与此同时体现其独有的地区文化特征。

总之，特色小镇是指以某一特色产业或地区特色、生态特色、文化特色等因素为基础，依据创新、协调、绿色、开放、共享的发展理念，建立的具有明晰产业定位、文化内涵、旅游特点以及一定社区功能的综合体系，是"产、城、人、文"四位一体、有机协调结合的重要功能平台，是城乡一体化进程中的城镇化新型模式。

二、特色小镇的基本特征

以特色小镇的基本内涵为基础，特色小镇具有四个基本特征。

1. 产业"特而强"

从产业方面来看，特色小镇的产业要具有创新性与特色性，产业的经济开放性与生产效率较高并且能够与周边的产业或自身形成具有一定长度的产业链条，以绿色低碳型的产业为主，推动产业集群化共享产业生态圈，定位"一镇一业"，突出"特而强"。特色小镇的产业必须坚持特色产业与旅游产业两个架构。特色产业的选择应该以自身资源、区位条件、历史文化与原有产业为基础，逐渐向新兴产业、传统产业转型升级、经典产业回归这三个方向发展。这是我国经济发展水平达到一定阶段以后向消费主导转变以及人们对消费品质需求增强的必然结果。而旅游产业可以发挥消费聚集、产业聚集、带动就业、生态保护、价值提升的作用，同时也是引领带动发展的主要动力。也就是说，特色小镇应该选择一个具有鲜明特色与相较优势的产业为主要发展方向，促进其向两端拓展，形成一条具备一定长度较为成熟的产业链，发展成为支柱产业。并且还要紧随产业升级的潮流，定位于中高端方向，以单个支柱产业来为中心辐射建立完善的产业生态圈，或者抽离出产业链上的一个重要的环节，不断提高竞争力，发展成为行业内的领军者，成为带动产业转型升级的新引擎。

2. 功能"聚而合"

从功能方面来看，特色小镇是具有明晰产业定位、文化内涵、旅游特点以及一定社区功能的综合体系，融合了产业、文化、旅游、社区四大功能，而不是把功能随意地累加堆砌、强行拼凑。它的核心在于"功能融合"，从特色产业定位中发展，从产业内涵中拓展出文化、旅游与社区功能。其中文化是"内核"，而旅游功能可以使小镇具有更强的生命力，其拥有的"搬运"功能，能够刺激小镇内在体系与外部体系的协调融合。有当地的居住人口，有外来的旅客，就必然要形成可以满足生活与居住需求的社区功能，社区功能可以使小镇充满生活气息。再者，特色小镇的各类功能要结构合理、公共服务功能均等化程度较高并且具备一定的集聚度以及和谐度，在经济、社会与生态等方面各项功能可以相互协调共同发展。

3. 形态"小而美"

从形态方面来看，特色小镇要与文化传承接合，与生态及自然环境一致。需要在遵循生态原则的基础上，以小镇的"功能定位"为出发点，以小镇的"历史文化"为导向，以小镇的"地形地貌"为根据，全方位地表现出"特色"，建筑、空间、街巷、绿化景观与整体环境都要体现出与之对应的特色。并且形成个性化、艺术化、传承化，具有较为统一和鲜明的景观与建筑风貌，塑造"小而美"的小镇形态。相较于大城市的大规模建设，特色小镇的建设尽管规模有限，但是它具有相对应的生产、生活条件，并且它所能提供的城镇服务质量与大中型城市相比不能大打折扣。总而言之，特色小镇就是小而美，小而专。

4. 机制"新而活"

从制度方面来看，特色小镇应该围绕发展创建的目标，建立起与之相适应，可以激励相关产业、技术、资金与人才进驻，以及可以保证可持续发展的环境治理与收益共享机制。特色小镇的发展建设不仅仅是政府的行政行为，而是以政府为主导、市场为主体、社会共同参与的主办运营商开发模式。政府的主要任务是顶层设计、制度建设、服务管理，把握发展的整体方向、创造有力的制度环境、建设相关的基础设施、提供公共服务，创造公平高效有序良好的发展环境，使市场迸发活力，让企业可以按照市场需求自主决定生产经营与产品供给；企业（小镇开发运营商）能通过资源优化整合市场化的运营管理方式，成为特色小镇发展建设中的主角；而与特色小镇发展建设息息相关的当地居民，则承担参与建设以及社会监督的责任。

三、建设特色小镇的意义

建设特色小镇是经济社会达到一定水平的需要，是满足人民美好生活愿望的需要。兼具公共与商业属性的特色小镇，已经成为当前新常态下对经济发展的有益探索，是新型工业化、城镇化、信息化和绿色化融合发展的新形式，亦是中国新型城镇化战略实践的主战场之一。特色小镇的建设对于政府、企业、就业人员和农民都具有重大意义。

1. 推进新型城镇化建设与城乡统筹发展的重要举措与手段

我国城镇化具有整体结构向大城市靠近的明显特征。我国在20世纪80年代就提出了"小城镇大战略"的思想，后来逐渐转变为"大中城市同小城镇协调发展"的战略思想。从实践中的应用表现来说，我国小城镇相较于大中城市大多发展比较弱、比较差，小城镇在城镇化中起的作用相当弱，"小城镇大战略"这句话没有变为现实。在促进大中小城镇协调发展的方面，特色小镇建设是中央的一个重要抓手，具有重要意义。在城镇化发展过程中，大规模城镇建设无法较好地契合"创新、协调、绿色、开放、共享"五大发展理念，而小城镇的开发拥有降低成本、统筹城乡、绿色可持续等独有的优势与作用，所以因地制宜地创建特色小镇是必然趋势。特色小镇大多处于城市与农村功能重叠的区域，目标是建立将生态、生产、生活融为一体的"三生"平台，重视和保护美丽环境和传统文化，使经济、社会与生态等方面各项功能相互协调共同发展，追求市场主体多样化，完美契合符合现今人们的价值观念与生活追求，同样趋同新型城镇化的建设目标。此外，建设特色小镇还有利于企业在创新方面投入大量的资金和精力，使其降低经营管理等多方面的成本，提供就业机会提高就业人口，并且还可以带动附近农村的经济发展，有助于解决当前城乡二元结构、"大城市病"与农村"空心化"现象并存等多种问题，为新型城镇化开启新模式，为城乡统筹发展开辟新道路。

2. 提供有效供给的重要方式与供给侧结构性改革的新实践

我国的经济发展已经进入了新常态阶段，经济增速开始变缓，遭遇了有效供给不足、中高端要素无法融合汇集等方面的"瓶颈"，凭借着低成本优势发展的劳动力密集型传统产业已经很难维持下去，同时过去以牺牲生态环境来换取高速发展的粗放式生产所造成的危害开始逐渐显现。在这样的大背景下，我国迫切地需要新的经济增长点,需要通过供给侧结构性改革来增强内生动力。特色小镇一边连着需求、一边连着供给,正是改善市场环境、优化供求结构以及拉动经济发展的完美结合点。特色小镇以其核心特色产业为立足点,吸引高端要素汇集,吸纳多方面的高端服务人才。企业在研发创新上投入大量资金精力,升级产品、拓展服务,提供多功能、多样化的产品以满足市场需求,形成消费与供给良性循环,需求与产业相互推进升级的格局。同时还改变了过去传统的审批方法,采用创建制代替命名制,解决了此前特色小镇试点"争帽子睡大觉"的问题,并且坚持企业主体、政府引导、市场化运作的运营机制,使特色小镇培育成为市场主导、自然发展的过程,而不是政府包揽、人为造镇,为创造有效供给方面新方式、为供给侧结构性改革提供新动能。

3. 培育特色产业的重要载体与促进产业升级的新引擎

如今,社会经济增速变缓、传统产业增长乏力、中低端落后产能过剩、高端先进产能稀缺与随着收入不断增长而逐渐壮大的中产消费群体之间的矛盾日益激烈,并且高端化、多样化、个性化的消费观念开始兴起,现有的产业产品结构已经无法满足升级的消费需求。因此,对产业产品进行转型升级是主动与消费升级相适应的必要途径。特色小镇的发展建设以特色产业为内核,借助政策东风,将原有的特色产业进行产业转型与升级,提高竞争力,同时原来没有特色产业的小镇通过打造特色产业则可以实现产业结构升级,提高产业的发展水平。特色小镇还可以引进新兴科技产业,吸引高端要素汇集、接纳高端服务人才,大力研发创新、升级产品、拓展服务,加快推进特色产品与服务产业化、规模化、精致化,培育新产业和新业态。同时推动市场的有效竞争,对传统产业进行适当施压,促使其引入符合现下潮流趋势的元素,弥补创意设计、高端研发与运营模式等"短板",朝创新服务、高端精致、多元化方向转型升级,是产业创新升级的新引擎。

4. 推动大众创业万众创新的有效途径以及实施创新驱动战略的新抓手

推进大众创业创新,实施创新驱动战略,有利于我国产业转型升级,增强经济发展新动力,推动创新,它的关键点在于发展环境和生态竞争。在保护好优美生态环境的基础上进行发展和建设可以充分释放其内在动力,对外部高端要素资源也有很强的吸引力。特色小镇凭借成本低、门槛低、约束低、生态良好的优点引进与特色小镇的核心特色产业发展相关的新兴科技产业,吸引高端要素汇集、接纳高端服务人才,构建双创基地或空间,打造人才高地和资本注地，并且推动资本与智慧联动协调发展，是开放共享众创空间的新试点。同时有关大众创业万众创新的各种优惠与导向政策也助力特色小镇搭建创新和公共服务平台的载体空间，深化制度改革，加强社区功能，营造文化氛围，规划高效创业圈、宜居生活圈、繁荣商业圈、美丽生态圈，构建产业特而强、功能聚而合、形态小而美、机制新而活的创新平台，形成富有活力的创业创新生态系统，促进产业链、创新链与人才链的融合，实现小载体大创新，进一步释放"大众创业、万众创新"的新动能，推动特色小镇快速发展。

5. 有利于对我国丰富的历史文化资源进行再发现、保护、传承、提升和利用

优秀的历史文化、民风民俗、遗留建筑和古代遗迹是我们中华民族的无价瑰宝，很多都散布于农村地区，有的地方位置偏远、交通不便、经济落后。通过规划和创建特色小镇可以加强对这些地区文物古迹的修复、保护、开发以及大力宣扬我国的优秀传统文化。首先从保护的意义来说，特色小镇的建设能够有效地保护历史文化遗产，保护城镇历史风貌、街巷格局，保护地方习俗和历史文化风貌区。其次，特色小镇的规划建设要将当地的历史文化展示给世人，以发展特色旅游产业为主，通过对小镇的景观进行设计，在人们欣赏小镇美丽的景观和了解小镇历史的同时，潜移默化地影响人们的观念，使大家意识到历史文化资源保护的重要性，对谋求现代社会健康持续发展之路意义重大。

6. 树立生态优先观念的试验田与探索生态文明建设的新路径

特色小镇注重生活、生产、生态"三生"协调融合，构建宜居、宜业、宜游的空间，优美宜人的生态环境是必要的，这就要求在特色小镇的发展建设中一定要注重对生态环境的保护，特色小镇的规划建设要与当地的地形地貌特征有机结合，融入山、水、林、田、湖等自然要素，呈现出优美的自然风光和错落有致的天际线。开辟生态文明建设新模式、加速培育绿色发展新动能都需要不断地进行改革试验，而特色小镇正是树立生态优先观念与进行生态文明建设最理想的试验田。特色小镇遵循五大发展理念，聚焦特色产业、特色文化和特色元素，是将生态、生产、生活融为一体的"三生"平台，追求"小而美"的形态，可以高效地利用空间资源实现最优布局，提高资源节约集约利用水平。并且特色小镇建设还重视和保护自然生态环境，以小镇的"地形地貌"为根据，全方位地表现出"特色"，建筑、空间、街巷、绿化景观与整体环境都要体现与之对应的特色，形成个性化、艺术化、传承化，具有较为统一和鲜明的景观与建筑风貌，使小镇与自然生态和谐共处。特色小镇遵循五大发展理念，有严格的环保标准，鼓励引进新兴产业、汇集高端要素、吸纳多方人才，促进绿色、低碳、循环发展，积极探索一条经济、生态与社会和谐共存、协调发展的绿色转型升级之路，开辟了生态文明建设的新路径。

7. 满足人民美好生活需求愿望的重要探索与小镇所在地的新名片

党的十九大报告指出：中国特色社会主义进入新时代，社会的主要矛盾已经转变为人民日益增长的美好生活需求和不平衡不充分的发展之间的矛盾。特色小镇的建设以生态优先、以人为本，在保护自然生态环境基础上，以人才创新创业与舒适生活需求为导向，把生产、生活功能与生态自然有机结合起来，小镇中的人们在看得见山、望得见水、呼吸得到清新空气的绿色健康环境中生产、生活。同时鼓励当地的企业与居民积极参与小镇的规划、建设、管理，成为真正的参与主体，把自己对美好生活的向往寄予小镇，在小镇中落地开花。此外，特色小镇的发展建设还推进大众创业创新，实施创新驱动战略，重点解决发展不平衡不充分的问题，提高发展质量，促进产业转型升级，增强经济发展新动力，以求更好地满足人民日渐增长的多样化需求，更好地推动人的全面发展、社会的全面进步。特色小镇聚焦特色产业、特色文化和特色元素，以"功能定位"为出发点，以"历史文化"为导向，以"地形地貌"为根据，全方位地表现出"特色"，遵循先生态、后生活、再生产的规律，注重"三生"协调融合，构建宜居、宜业、宜游的空间，是"产、城、人、文"四位一体、有机协调结合的重要功能平台，将优美的自然资源禀赋转化为"美丽经济"。特色小镇吸引众多游客，必将成为展示地方经济社会发展与美好风采的新名片。

第三节

特色小镇的发展路径

特色小镇的发展建设是新型城镇化的重要组成部分，赋予了新型城镇化战略更加丰富的内涵，也同样是国家与各级地方政府推动城镇化建设的重要支撑。每一个特色小镇都是功能综合体且具有独特性，其主体功能相比较来说必然突出明显。目前特色小镇的主要功能定位类型有：大城市人口疏解型、城市功能补强型、农村人口集聚型、交通枢纽型、产业发展型、历史传统型、生态旅游型、文化产业型、红色基地型。不同类型特色小镇有不同的特色基础与不同的功能取向，那么所选择的发展路径不可避免地也会有所不同。目前，结合我国特色小镇建设的实践经验以及相关文献研究,发展路径主要有以下八个。

1. 第一个发展路径,由传统建制镇发展而来

大部分的特色小镇原来基本上都是有行政区划和一级政府模式的城镇,社会服务延续政府管理的传统模式。它的优势在于城镇之间,行政和社区管理机构的明确划分,覆盖全面。它的劣势在于实行传统的行政管理模式,没有实施市场化的管理,无法对资源进行高效配置。传统建制镇过于强调行政管理区域边界,无法满足现代城镇建设要求,所以这就要求政府转变职能,推动城乡一体化以及促进社会经济协调发展,推动传统建制镇向现代化城镇或特色小镇升级转变。

2. 第二个发展路径,由产业园区发展而来

选择这种发展路径的特色小镇一般具有明显的产业集聚特征,其中发展迅速突出的小镇逐渐成功地转变成为产业发展型特色小镇。这是一条比较快速和成功的发展路径,它为产业园区的升级改造找到了新的突破口,提供了新的发展路径,是经济社会发展进步到一定水平后开发区治理模式的突破性升级改造,可以积累相关经验给将来的开发区模式转型升级开辟新的途径。

3. 第三个发展路径,伴随交通枢纽站场建立发展而来

近年来,在国家对交通基础设施建设的大力支持下,各地对于创建空港新城、高铁新城的热情空前高涨。这些小镇大多需要国家交通规划部门的参与,一般是当地政府、交通部门、企业、当地居民四方主体共同参与。一些地区凭借着交通枢纽的建成所带来资源、人口集聚的效应不断发展壮大从而形成了具有一定规模的特色小镇与社区,以补充和辅助当地主城区的功能,从而使特色小镇发展起来并且带动周围地区经济的发展。

4. 第四个发展路径,城市功能分区型特色小镇

在城市的建设过程中,由于规模的不断扩大,原先所划分的功能区已经无法承受社会经济发展的需要,出现了功能衰退、划分不合理甚至是存在空白环节的问题。因此,为了改善和扩大城市功能,许多大型城市开始创新,提出了不少新兴概念,如度假区、步行街、大学城、金融中心、物流中心、国际社区等。这些相对独立的社区与主城区功能协调互补,可以发展成为城市子中心或是某一特定的功能中心,是现代城市建设的重要组成部分,高效有机地联结了城乡,逐步发展成为一批特色鲜明的现代化城镇。

5. 第五个发展路径，由独特的自然资源禀赋发展形成的

许多小镇或地区拥有着奇特迷人的地理地貌、复杂多样的生态环境、博大精深的传统文化、特色鲜明的民风民俗等，是仅属于自己的特色标签，具有不可替代性和垄断性，特色小镇的建设要与文化传承接合，与生态及自然环境一致，努力提高知名度、扩大影响力，使其成为某一资源特质的"代言人"，形成具有鲜明特色、闻名中外的特色小镇。

6. 第六个发展路径，由市场机制自发形成的

在部分特色小镇的创建和发展的过程中，市场力量起到主导作用，政府主要是起到辅助作用，如一些产业集聚地、功能集散镇区、区域性市场与物流中心等。在一些城镇建设初期，只有一些自营户或大户从事地方特色产业，然后通过"传帮带"等手段，拉拢越来越多的当地人从事这一特色产业，从而逐渐形成一个大型特色工业城镇。这个发展路径要求当地政府辅助市场力量充分发挥作用并且与之配套地进行有效宣传和引导，推动"传帮带"，逐步扩大当地的特色产业。

7. 第七个发展路径，依托于特殊的地理区位形成的

部分城镇占据特殊重要的地理位置，并且借此引进新兴科技产业，吸引高端要素汇集、接纳高端服务人才，逐步形成具有一定规模的现代城镇。如许多非主城区的较大城镇远离主城区，附近没有其他大城市发挥辐射作用，所以它可以代为发挥辐射带动作用吸引周边地区的资金、技术、劳动力、人口等资源，发展成为当地一个具有一定规模的城镇。此外，位于大城市附近但不属于特大城市的一些城镇也可以更快更好地发展，如上海附近的江苏花桥和北京附近的河北燕郊等地。

8. 第八个发展路径，由产业资本投资形成的

一些资金实力雄厚的投资集团在分析某一城镇所拥有一些特质的发展潜力的基础上，认为潜力巨大并且能够在未来带来巨大的回报，所以对其加大投资力度，逐渐形成规模经济与范围经济效应，最后形成颇具特色的产业镇，如度假区、影视城、产业"谷"等。产业资本投资发展路径兼具偶然性和必然性，城镇首先必须满足资本追逐利益的内在要求，能够吸引资金，这样才有可能发展壮大起来。因此，产业资本投资发展路径要求有专业的投资顾问和规划团队以及研究宏观经济规律的专家学者的参与。

总而言之，不同的特色小镇在特色、功能和路径都有所不同，它们之间既有相同点又具有差异化,绝不能生搬硬套其他特色小镇所采用的某种模式和路径,应该聚焦特色产业、特色文化和特色元素,以"功能定位"为出发点,以"历史文化"为导向,以"地形地貌"为根据,全方位地表现出"特色",因地制宜合理地谋发展。因此,各地应该对特色小镇还能进行更加深层次的调查研究,把握好新型城镇化的新特点、新变化和新要求,明确功能定位,选择好合适的发展路径,切不可盲目规划、盲目投资,这样才能可以促进中国特色城镇的优质高效建设,更有效地促进中国城镇化、城乡一体化以及经济社会协调发展。

第二章

特色小镇的培育

特色小镇的培育是指通过公共政策及制度安排协调特定区域内各主体的行为及其与内外部环境的关系建构、完善创新生态系统的过程。特色小镇的培育和发展是一种社会需要，是经济社会不断进步的历程需求，同时也是实现人民对美好生活向往的需要。本章将从特色小镇培育的目标、原则、要求、类型以及策略五个方面来简要分析特色小镇的培育问题。

第一节 特色小镇的培育目标

一、国家培育目标

2016年7月，国家发展改革委和住建部以及财政部联合发布了《关于开展特色小镇培育工作的通知》，该通知制定了2020年的特色小镇培育目标，即到2020年，要成功培育约1000个各有风采、充满活力的现代化制造、商业物流、传统优秀文化、科技技术教育、美丽生态宜居以及休闲旅游等类特色小镇，推进全国范围内的小城镇建设发展进程。

2016年10月11日，由《住房城乡建设部 国家发展改革委 财政部关于开展特色小镇培育工作的通知》中所传达精神和相关规定，各地方首先进行择优推荐，然后相关专家对这些小镇准备复查审核，之后再经国家发展改革委、财政部会签，最终包括位于北京市房山区的长沟镇等127个镇经过层层审核被确定成为第一批中国特色小镇。2017年8月22日，《住房城乡建设部关于保持和彰显特色小镇特色若干问题的通知》和《住房城乡建设部办公厅关于做好第二批全国特色小镇推荐工作的通知》中对小镇提出了新的相关要求,在此条件下同样由各地方优先推荐,之后经由现场答辩、专家审核以及信息公示等一系列相关流程,最后将北京市怀柔区雁栖镇等276个镇审核评定为第二批全国特色小镇。

二、河北省培育目标

根据省委、省政府《关于建设特色小镇的指导意见》和国家发改委等四部委发布的《关于规范推进特色小镇和特色小城镇建设的若干意见》中的有关要求,为进一步厘清思路、明确重点、优化布局、加强引导,推动特色小镇高水平建设、高质量发展,河北省发展和改革委员会在2018年5月30日发布了《河北省特色小镇规划布局方案》。该方案对河北省特色小镇的培育目标进行了科学规划,即到2022年,特色小镇建设要取得不错成效,竭力争取创建发展约为100个产业特色明确、功能融合多元、传统文化浓厚、体制弹性有效、生态环境良好宜居的特色小镇。

同时该文件对特色小镇的目标要求也做出了相应指示,主要包括以下四个方面:第一,布局结构更为合理。全省特色小镇培育建设的总体布局基本达到形成并逐步完善,小镇的业态结构同样也发展得较为合理,最终培育成一批连城带乡的卫星镇、人气兴盛的明星镇以及产业聚集的专业镇。第二,聚集能力显著增强。创新创业环境优良,公共服务高效便利,基础设施服务完善全面,生态环境优美适居,并且具有较强聚集产业、吸纳人口的能力。第三,发展活力相继迸发。比较优势得以充分利用,创新能力不断提升,创新创业氛围保持稳定,新技术、新业态、新模式持续发展,最终形成具有核心竞争力的独特产业模式和较好运营形态。第四,带动效应充分显现。有效发挥对全省产业更新升级、城乡统筹规划的带动作用,最终培育建设成一批产业层次高、建设形态美、带动效应大、在全国具有一定影响力的特色示范小镇。

第二节

特色小镇的培育原则

特色小镇发展进程不断推进,其相关培育原则也在与之相对应地进行着调整与改进。2016年7月1日，住建部、国家发改委和财政部联合发布了《关于开展特色小镇培育工作的通知》，该文件中将特色小镇培育的基本原则初步设为坚持突出特色、坚持市场主导以及坚持深化改革；2017年12月4日，国家发改委、国土部、环保部和住建部联合发布了《关于规范推进特色小镇和特色小城镇建设的若干意见》，该意见书将培育的基本原则做出调整，即坚持创新探索、坚持因地制宜、坚持产业建镇、坚持以人为本以及坚持市场主导；2018年8月30日，国家发改委发布《关于建立特色小镇和特色小城镇高质量发展机制的通知》，该文件依据特色小镇发展现状对特色小镇培育的基本原则作出新的调整，最终调整为坚持尊重规律、坚持产业立镇、坚持规范发展、坚持典型引路和坚持优化服务。本节内容将对特色小镇培育原则进行简要介绍。

一、坚持遵循规律的原则

（一）遵循规律，自然发展

1. 特色小镇培育建设一定要尊重产业的发展规律

特色小镇的培育发展是把特色产业放在主导位置，因此就一定要重点关注研究产业的未来发展走势以及市场发展的规律，准确定位特色产业。例如，浙江省特色小镇的产业定位就十分明确，其将健康服务、信息服务、时尚信息、文化旅游、金融经济、科学环保以及高档设备制造等产业作为主导产业，同时还囊括茶叶和丝绸等具有历史文化传承色彩的产业，从而最终构成了"7+1"形式的特色产业状态。以上特色产业可以简单地概括归纳为"新+古"两大类。通过强大的创业创新要素使7大新类得以植入发展，同时全新的市场运作模式也为传统的历史经典类产业的推陈出新铺就了道路，从而重新焕发出崭新的市场竞争力。

2. 特色小镇的发展一定要尊重城镇化的自然发展规律

城市周边的城郊结合处是一个十分重要的地理位置，它的规划发展建设对于特色小镇来说十分重要，并且在大城市的郊区这一特点更加明显，因为城市成功进行有机分离疏散城市功能的空间落脚点就在城郊结合处，城镇化发展规划需求是产生这一现象的主要原因。城郊结合处这一地理位置既能与城市的中心维持着十分密切的城市相关因素关系，又可以提供给特色小镇的规划建设发展以足够的使用土地以及良好的生态环境。城郊结合处的独特区域位置能够给特色小镇带来有关生活、教育、医疗、商务等方面高质量的条件，为小镇的发展引进人才提供基础支持。以上基础条件十分重要，因为特色小镇能够成功建设发展的关键点是可以吸引充足的相关创新创业资源，并且实际上资源的核心本质是人才资源。如果特色小镇的地理位置远离城市中心或者是其交通网络不够发达，那么吸引有资格才能的创业人才，尤其是青年人才的参与加入对小镇来说就会非常困难。因此，以核心产业为主导的特色小镇的培育发展，必须着重研究不同城市城镇化发展增长以及生活方式规律，定位在与城市中心区域可以实现紧密联系的地理位置，实现"近乡不离城"，保证特色小镇的创业就业人口能够同时享受城市生活状态以及城市公共设施服务和良好的郊区生态环境。

3. 特色小镇的发展一定要尊重规划与运营并重的规律

现在很多区域的特色小镇培育建设工作刚刚启动不久，并且大部分还处于规划状态，还没有将工作重心转移到小镇运营上。然而实际上，特色小镇的招商运营和管理都是非常重要的。因此，最优的方案是形成规划工作和运营工作的同步开展形式。规划与运营团队之间非常有必要对小镇建设发展中有关特色产业研究、小镇建设管理、空间区域规划、招商运营情况、小镇环境治理等多方面问题开展密切交流与探索，既不可以完全分离开规划和运营，也不能只注重规划而放松运营管理，科学的做法是在小镇培育开始阶段就确定规划与运营同样重要的理念，或者更加深入地培养"以运营作为指导方向进行规划"理念。即特色小镇的地理位置确定、产业规划安排、基础建设施工的目的是为更优地推进"生产、生活、生态"相融合以及"产、镇、人、文、生态"实现整体化。为了实现特色小镇的可持续发展，就需要不断地探索促进小镇相关因素间的有机结合、互补互助的方法，进而成功地完成特色小镇的培育。

（二）实事求是，因地制宜

各地要根据自身所处发展阶段的特点，在遵循经济运行发展规律以及城镇化发展进程规律的基础上，实事求是、因地制宜、量力而行，让特色小镇的建设发展呈现出市场主导、自然发展的状态。浙江特色小镇随着经济发展不断完善,其达到目前的发展目标是由于具备一定的要素和产业基础。但我国地区发展存在着不平衡的特点,因此各地就必须遵循发展规律,根据各地自身情况进行建设,同时领导者也必须树立正确的成就观,科学地借鉴浙江小镇已有经验的可复制与不可复制的项目,参考学习其相关理念理论和创新精神,严禁不顾自身实际情况照抄做法经验。尤其是位于中西部的一些地区必须要从自身所处阶段的真实状况出发,稳步开展特色小镇规划培育建设,坚持少而特、少而精、少而专的发展思想,避免出现只顾追求数量与规模的乱象。以各地区自身实际情况为出发点,严格遵循客观发展规律,实事求是、根据自身实际确定目标,形成不同区域具有差异性特点,鼓励形式丰富多样性,不要求达到区域平衡或产业平衡,不限定数量,并且不采取政绩考核评价机制,避免出现盲目发展、一哄而上的现象。

各地在规划培育特色小镇的过程中,也不能急于求成,而应该依据目前基础进行规划,对基础优良、条件较好的小镇开展培育,要注意培育特色小镇并不是人为创造,还需明确的是,培育发展特色小镇是发展起点而不是终点,要有长时间的发展思想准备。

二、坚持产业立镇的原则

以各地自身的要素优势为基础,探索基础扎实、具有优质潜力和成长能力强劲的特色产业,将主导的特色产业发展得更有实力,创造具备强大综合竞争力和能够实现可持续发展得独特产业形态,避免出现小镇雷同化或者房地产化倾向。

(一) 相关文件要求

积极推进特色小镇,必须发展特色产业。国家和地方在出台的有关特色小镇培育的政策文件中对特色产业的定义做出了相关指示。住建部、国家发改委和财政部所发布的《关于开展特色小镇培育工作的通知》中,指出特色产业的形态必须有特点鲜明典型,并不断沿着更加精细、更加强大的方向发展,同时要使用"互联网+"等新兴科技方法,从而促进产业的思维创新。国家发改委发布的《关于加快美丽特色小(城)镇建设的指导意见》中也提出,要大力巩固特色产业的基础,探索并打造本地区基础扎实、潜质优异、成长力强劲的特色产业，发挥主导特色产业引领作用，构建具备强大核心竞争实力和可持续发展的产业形态。由此可见，特色产业对于特色小镇的建设发展具有重要作用。

（二）特色产业选择的原则及要求

1. 选择原则

特色小镇发展的首要任务是对特色产业的选择问题，而当前各地区都普遍存在一些容易形成不良竞争的乱象。因此，在对小镇特色产业选择问题的探索上，各级政府应该以客观科学的态度考量本地真实的发展情况以及市场需求；用严谨缜密的思维预测产业未来的发展前景；鼓励创新思维，推动特色产业引领前进。除了特色产业选择的相关基础理论外，特色产业还应遵循以下六个原则：一是适应原则，产业要与小镇的发展情况及未来规划相适应，要力争因地制宜，积极顺应市场；二是特色原则，要做到特色鲜明，优势显著；三是关联原则，产业之间的关联度要强，要形成较强的经济联动性；四是创新原则，产业要具备较强的创新能力，同时还需要持续地推进技术进步；五是生态原则，要注重实现产业发展和环境保护的平衡；六是需求原则，特色产业的现实市场需求要比较高，同时未来预计需求也需可观。

2. 选择要求

各地区要在充分了解本地自身发展状况以及市场相关需求的基础上，强化创新能力，推动特色产业的创新发展。特色产业选择还有以下四个要求：一是要顺应未来的发展走势；二是要接近市场；三是要具有紧密的关联性；四是产业结构规模化容易实现。

三、坚持规范发展的原则

统筹规范和整顿特色小镇的培育工作，紧紧围绕内涵、及时纠正偏离差错，坚决去除产业未来前景不佳、偏离建设初衷的小镇。建立规范纠偏机制，以正确把握、合理布局、防范变形走样为导向，统筹调整优化有关部门和省级现有创建机制，强化年度监测评估和动态调整，确保数量服从于质量。

（一）目前"走形变样"风险出现原因

尽管近年来大部分地区正在按照党中央、国务院决策部署和国家发展改革委《指导意见》提出的原则要求，积极稳妥推进特色小镇和小城镇建设，但也有很多地方在推进过程中出现了一些值得重视和警惕的倾向性问题。特别是对发展特色小镇的认识不准确、理解有误差，因而导致了一些不当倾向的出现，如政府包揽全程、盲目扩张、重数量轻质量和房地产化等不当倾向，这些"走样变形"的风险突出表现在以下几个方面。

1. 概念不清，定位不准

有些地方将特色小镇视作什么都可以包揽的包装，而且这一问题在基层层面更为突出。例如，有的地区将特色小镇与一般的小城镇建设混为一谈，将小镇的规划空间范围扩展到很大的范围内，有的甚至达到了上百平方公里；再如，直接将特色小镇发展培育为旅游景点或休闲地点，仅考虑了小镇的某一方面的作用而遗漏了其综合作用。这些做法都一定程度反映出对特色小镇概念的理解有所偏差，因而期望这些小镇在其所集合的范围内，促进供给侧改革以及产业转型的目标就很难达成。

2. 盲目发展，质量不高

一些地区为了争抢国家政策的红利，不断加码发展数量，以期获得更多利润。而有些地方政府也存在跟风发展、相互攀比的乱象，对当地是否有基础、是否有能力建成都未进行实际考量。也会有部分地方急于求成，迫切希望在短短三五年时间内建成几十个甚至上百个特色小镇。一些地方用地粗犷，只重视增加新项目数量进行扩张而轻视对已有项目改造，只顾开辟新区域，因而造成新的用地浪费。还有些地方不注重生态环境的保护，甚至有少数地区还存在填湖等破坏环境的不当现象。以上的这种极端做法都会一定限度地劳民伤财、破坏环境，最终留下败笔、造成遗憾。

3. 同质化较严重，特色不鲜明

有些地区只是对浙江经验的经验进行抄袭复制，"只学其形不学其魂"。例如，许多小镇均把小镇打造成文旅、休闲或是养生类小镇，它们的内容相同、形态类似，从而导致小镇的产业和功能与实际情况不相符不适应。再如，小镇没有充分利用自身特色，将一个规划设计方案运用在小镇各个区域，从而使小镇没有鲜明的产业特色和独特的建筑结构，甚至连小镇的整体风格也不具备差异性。小镇没有其独有的特色不仅会增大浪费资源的概率，还可能会错过发展机会。

4. 政府主导过重，市场化水平低

许多地区还是以陈旧的思路对小镇进行规划建设，忽视了市场的作用，尤其是一些中西部地区的特色小镇。例如，将领导的想法视为市场规律要求，只自顾自地发展有良好前景的特色产业。再如，在融资筹集资金问题上，政府的投资数额占比非常高，而且小镇对上级的项目支持依赖性太高。这些做法都有可能会导致小镇最终不能实现可持续运营。

5. 不重视以人为本，过多在意形象工程

部分地区没有做到遵循坚持以人为本的原则，只重视物质建设以及建筑的美化，没有切实考虑小镇居住人口的实际生产生活需要。例如，完全放弃小镇本身具备的良好经济文化基础，按照创建新城镇的思维从开始建新镇。再如，少部分地方忽略了原住居民生产生活的需要把镇区原住居民整体全部迁出。这些行为实质上都容易导致大量"形象工程"的产生，实际上并不能实现人民群众对城镇生活的期盼。

6. 房地产企业不当参与，小镇地产化

一些房地产企业假借培育发展特色小镇的名义开发房地产，使房地产的库存不断增多。例如，在某些地方，小镇关注的重点是如何使用土地以及如何通过房地产开发来创造收入。再如，城镇房地产用地过高，行业及相关配套设施不足。任由房地产公司以培育小城镇进行圈地将增加房地产库存量，同时将给政府带来基础设施维护和社会治理的负担。

（二）相关纠偏措施

国家发改委于 2018 年发布的《关于建立特色小镇和特色小城镇高质量发展机制的通知》中提到了以下两种解决办法：一是对省级创建机制的规范调整，各地方要以特色小镇含义本质的差异性为依据，对目前省级特色小镇创建名单现状进行相应的调整以及分类，从而使各小镇形成确定的功能定位和独特的发展模式；逐步除去创建名单中住宅用地所占比例很高或者存在房地产化倾向的不实小镇和特点不突出或产镇不相符以及对生态环境有消极影响的问题小镇；对创建名单外的小镇，加强监督检查整改。二是对部门创建机制进行优化改造，国家发改委与国务院相关部门优化现阶段的有关机制，以防各地区只顾小镇建设初期的申报而不管中后期的发展与纠正偏差现象的出现。相关部门按照《关于规范推进特色小镇和特色小城镇建设的若干意见》要求，在已公示的全部特色小镇名单中，不断进行评定监督指导以及优胜劣汰，并及时对整改名单进行公布，有关情况要及时反馈交至国家发改委。对于名单以外的小城镇，同样也要加强监督管理，并根据实际情况及时对外公示警示清单。

四、坚持典型引导的原则

进一步探索成功的特色小镇经典案例，总结概括提炼要点、树立典型示范标杆、大力推广积极经验、正面开展引领指导，确保沿正确轨道健康前行。以正面引领高质量发展为导向，持续挖掘典型案例、总结有益经验、树立示范性标杆，引导处于发展过程中的小镇向典型学习。

（一）相关文件要求

国家发展改革委发布的《关于建立特色小镇和特色小城镇高质量发展机制的通知》中主要提到了以下两点：一方面对典型特色小镇的经验进行大力推广，有序地安排鼓励各地区对具有先进的发展形式、产业成效较为显著、经验具有普遍适合特征的特色小镇积极进行探索和择优推荐，然后对各地推荐的典型案例进行分批次挑选，总结特色产业发展、人文整合和机制政策创新的典型经验，并在全国范围内快速有效地推广，发挥引领示范带头作用。另一方面也要不断探索挖掘不同类型丰富多样的小镇经验，在倡导各地区不断探寻多样化优秀小镇案例的同时，也要防止模式相同、推广受限现象的产生。要对不同种产业门类分类开展探索选择推荐，不仅持续探索农业类、先进制造类等第一、第二产业，还要更加关注金融、教育和信息等现代服务业类型的案例；根据不同的地理位置特点，探寻"市中镇"和"镇中镇"等典型小镇的案例，以及有关的专业型或者卫星型等案例；依据多样化的运行模式，探索在政策创新和投融资模式等角度的特色案例。

（二）典型小镇举例

特色小镇建设的主要作用有两点。

一是以独特的产业以及优质的服务吸引创客集聚，以小载体推动大创新，聚合了广泛的各个方面的优质要素资源，建设开创发展新产业、新业态、新模式，同时也反作用来推动增强了小镇在外的影响力。例如，乌镇互联网小镇、杭州玉皇山南基金小镇、北京房山基金小镇就是这类成功的例子。乌镇互联网小镇，小镇重点项目包括智慧会展服务平台、互联网新品首次发行平台、智慧旅游销售平台等，主要服务于打造互联网会展小镇、互联体验小镇、智慧示范小镇、互联网产业特色小镇等；杭州玉皇山南基金小镇，小镇重点引进和培育私募证券投资基金、私募商品基金、对冲基金、量化投资基金、私募股权投资基金等五大类私募基金，打造私募基金产业链以及生态圈，与上海国际金融中心形成对接，对上海等地在为中小企业提供服务方面的缺陷进行了弥补；北京房山基金小镇，小镇依托区位、政策、产业、环境、人文、科技等核心优势，重点引进和培育证券投资基金、私募股权投资基金、对冲基金、创业投资基金、政府引导基金、产业发展基金六大主导产业，同时，北京房山基金小镇还将打造股权交易平台、基金发行服务平台、基金交流平台、基金业研究创新平台以及实体经济金融服务平台，整合基金产业链上下游资源，服务实体经济提质增效，助力基金业科学健康发展。

二是对于基础设施、公共服务、现代文明向农村扩展、包含以及辐射，促进城乡一体化统一发展具有积极的推动作用。例如，广东省以及浙江省的很多乡镇都已经对外省籍人口医疗和教育的有关制约进行了开放，使其均能够得到平等的公共医疗和教育服务，并且在有些乡镇，外来务工人员子女同样可以享受当地的免费义务教育服务。

五、坚持优化服务的原则

正确把握政府功能定位，顺势而为，将工作重点着眼于概念指导、设立规划、构造平台和改革升级政策上，使特色小镇能够在政府的正确指引下高质量、高成效地发展。

（一）企业主体、政府引导

特色小镇的培育发展要充分发挥市场对资源配置的决定性作用，坚持企业主体、政府引导和市场化运作的模式。政府主要开展科学合理规划引领指导、保护改善生态环境状态、完善基础服务配套设施、不断优化提升投资环境等工作任务，创建更为公正有效的创业环境，不断激发市场鲜活动力，从而促进企业依照市场的真实需求来完成对自身生产经营以及产品供应的相关决策。与此同时，也需要把引进人才这项任务重视起来，重点为企业构造创业平台、聚合创新因素资源，从平台建构、文化培育、社区建设等各个角度倡导小镇内的企业以及相关从业者等的全面加入，树立小镇自治的发展理念。市场发展规律下要准确认定特色小镇的培育主体为企业。在充分竞争市场的调整下，去除劣质的企业，挖掘出综合竞争实力强劲有力的企业，打造出在全国乃至全世界都具备良好竞争优势的产业链。

（二）相关文件指导措施

《关于建立特色小镇和特色小城镇高质量发展机制的通知》文件中主要提到了以下两种指导措施：一是鼓励地方机制政策创新，不断充分改善运营环境，增强引导、优化服务、共享资源。改进升级政府相关资金的扶持方式进行，由之前的事先补贴转换为事中或者事后的弹性奖金补贴。对之前的用地方式进行改变升级，科学安排统筹规划建设。二是构筑相关的综合服务平台，从而为那些有着高标准发展目标的小镇提供在其相关风险能够控制的基础上得到一些金融机构长期较低成本的融资要求，进而对小镇内公共设施和智能化设施开展建设。

例如，杭州政府发布的《关于优化特色小镇发展服务的意见》，该文件就市场监管部门优化特色小镇发展服务提出如下意见：首先，要统一思想认识。全市各地市场监管部门要把服务特色小镇创业创新发展作为服务经济转型升级发展的重要任务抓好落实，要坚持改革引领，把特色小镇作为创新服务的试验田，努力为特色小镇发展营造良好营商环境。其次，明确工作目标。围绕支持特色小镇发展，市场监管部门优化服务的目标是做到"两不一优"，即服务不出镇，驻镇开展服务，确保企业就地办好审批事项；审批不过日，简化手续、优化流程、提升审批效率，做到审批事项当日办结；环境更优化，紧扣企业需求，提供"店小二式"服务，让准入更便捷、融资更便利、维权更有力、竞争更有序，营造良好创业环境。最后，还提到具体落实服务举措，主要包括以下几点：设立驻镇市场监管服务室、推行远程审批服务、试行全程电子化登记、下放名称审批服务、支持特色产业发展、鼓励投资者灵活出资、优化股权出质和动产抵押登记服务、支持企业股权运作和重组并购、指导培育商标品牌、加强企业知识产权保护、加强企业信用管理指导和建立特色小镇办事服务会商制度等。

第三节 特色小镇的培育要求

在住建部、国家发改委和财政部2016年发布的《关于开展特色小镇培育工作的通知》中,将特色小镇的培育要求总结概括为以下五点。

一、特色鲜明的产业形态

特色产业要准确选择培育,其自身特点必须鲜明显著,特色产业的发展方向是更加有特色、更加精准和更加强劲。一般来说,战略型新兴产业的发展速度比较快,而传统产业也具有独特的特点,其更新升级成效显著,同时将"互联网+"等科学技术新手段与其发展相结合,最终实现推进产业链向研究开发以及营销方向扩展的目标。产业发展的自然环境和竞争状态均良好,小镇内投融资、创新就业人才和相关服务等因素能够高强度聚合。随着产业的不断发展,小镇不断提升其对周边农村剩余劳动力就业的吸引水平,最终实现带动农村发展进步的目标。

二、和谐宜居的美丽环境

小镇的空间结构安排设计要实现与周边自然生态环境的协调统一,同时总体的布局风格也要具备独特的典型优势,交通规划要科学合理,建筑的高度以及密集程度要适中得当。小镇内的人口居住区域要实现既开放也统一融合,整体建筑要能够完整地彰显小镇本身的优秀传统文化和独特的地域特色。有关门面结构布局有条理、有规律,并保持小镇镇区内及周边环境风景优美、清洁规整,实现小镇的发展建设与产业发展的统筹协调统一。

三、彰显特色的传统文化

充分探索寻求、分类整合、如实记录优秀传统文化，对优秀历史文化的遗存进行保护和充分利用，同时小镇也要主动担任起该承担的传承发扬非物质文化遗产的任务与责任。将文化与小镇的产业统筹融合协调发展，形成小镇独有的文化标识，这也可以给小镇带来一定的积极作用。将传承与弘扬优秀的历史传统文化贯穿于社会经济规划发展和社会发展管理的过程之中，不断扩充增加公共文化传播推广的方法途径，不断提升居民的思想道德水平和文化素质修养。

四、便捷完善的设施服务

相关基础服务设施完备，饮水水质达到基本卫生标准，小镇居住生活的废水能够实现达标处理排放，各类垃圾可以完成生态无害化处理，道路交通网络布局科学合理，相关设施先进便利，防洪涝防干涸以及消防安全保护等防范预防灾害的设施均满足相关标准要求。

五、充满活力的体制机制

小镇的发展观点理念要不断进行调整改革创新，同时其经济发展的模式也要随着进程的推进开展创新升级。规划安排建设管理要依据发展实际情况进行更新调整，倡导多类规则协调统一并行，推进社会管理有关的服务有所提升。以充满活力的体制机制建设推进小镇的健康快速有序发展，不断激发小镇发展的动力。

第四节

特色小镇的培育类型

特色产业是特色小镇发展的基本，从产业分类入手，可以将特色小镇分为 7+X 类型，如图 2.1 所示。

第二章 特色小镇的培育

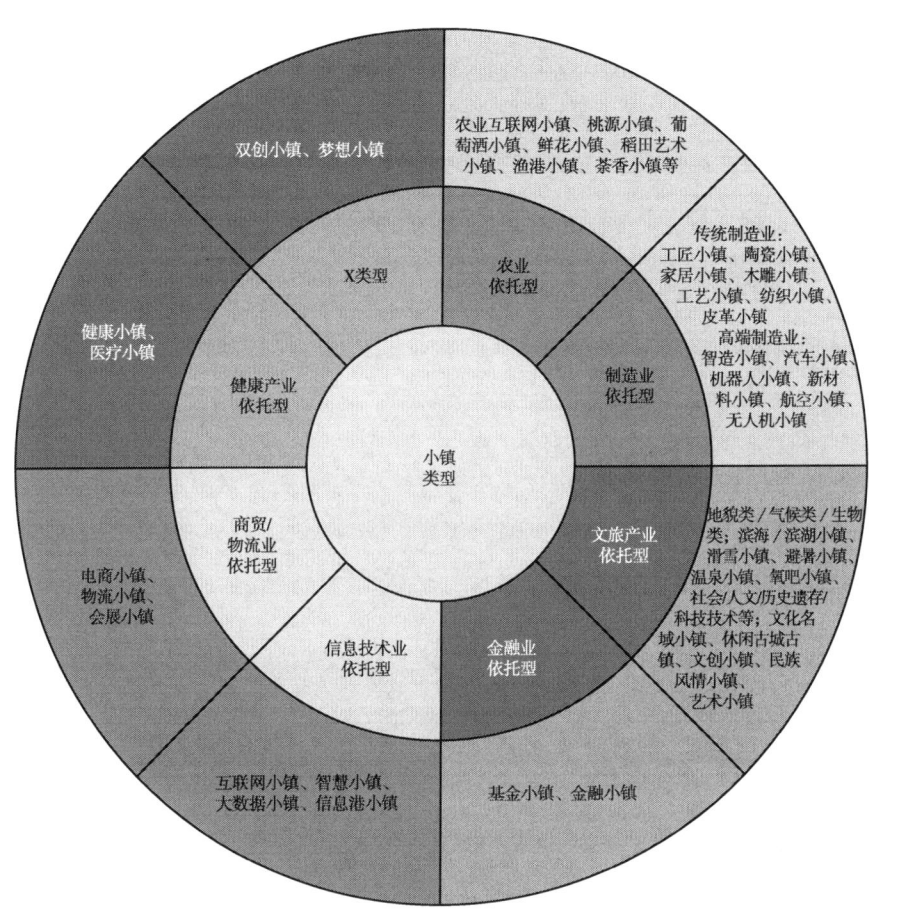

图 2.1　特色小镇分类

资料来源：前瞻产业研究院。

一、农业依托型小镇

（一）运行模式

农业依托型小镇，它的特色在于联系城乡和带动农村发展，因而农业生产、农业科技、农业服务等行业在其发展中具有十分重要的作用。

农业依托小镇发展的关键点是根据当地自身独特的农业特色，打造一种远不同于一般城市生活的自然生态乡村生活状态。在空间层面上，该状态是一个多层系统。第一层是农户业态,主要为农户们提供农产品和民宿等方式;第二层是以村落为中心的自然生态生活部落;第三层是范围进一步扩大的地理范围内的复合功能区结构。在产品业态层面上,该状态主要有耕种体验、民俗民风体验等。同时,这种状态必须有完备的标准化的公共服务相关配套设施作支撑。

(二) 典型小镇

典型的农业依托型特色小镇有:农业互联网小镇、葡萄酒小镇、鲜花小镇、渔港小镇、茶香小镇等。各小镇特色如下所示。

1. 农业互联网小镇

该类小镇指的是将互联网科技技术应用于农业生产、加工、销售等产业链中的有关环节,实现农业产业发展的智能化、科技化、信息化。正在如火如荼进行中的"海南互联网农业小镇模式"是城镇互联网建设中的重要组成部分,是实现"互联网+"具体、有效、特色的手段,"海南互联网农业的新版'村淘'模式"的方法,将成为海南现代农业最重要的基础设施之一,互联网农业产业化将是海南农业未来的主旋律,各市县的农业产业都会面临着互联网改造升级与流程再造。

2. 葡萄酒小镇

位于重庆市涪陵区蔺市镇梨香溪与长江交汇处,小镇的得名因为周边的土地大面积种植葡萄,就像一座童话小镇,其打造的其实就是"好玩"的平民化娱乐方式。

3. 鲜花小镇

国外熟知的鲜花小镇有科尔马小镇(因其境内运河和花船而得名)、吉维尼小镇(是法国印象派大师莫奈最后栖身的地方,所以也被称作莫奈小镇)、伊瓦尔小镇、埃吉桑小镇等;国内有南通鲜花小镇、篁岭"四季花海"等。

4. 渔港小镇

目前发展良好的渔港小镇有沈家门渔港小镇,该小镇将坚持"特色为本、品质为要、产业为魂、项目为基"的创建原则,全力打造"时尚全景渔港、魅力东方渔都"。

5. 茶香小镇

全国首个以茶为主题的特色小镇的龙坞茶镇,作为杭州文化的一个载体,让世界人民感受和分享。龙坞在传承公元 1300 年前的文人辞赋，领会 178 年前的茶商文化之外，结合当下杭州的高速信息化发展，联结龙坞本地人的古早生活，共同打造现代人所向往的"世外茶园"生活。

二、制造业依托型小镇

（一）运行模式

随着科技的发展和制造技术的不断进步，可以将制造业分为传统制造业和高端制造业。制造业依托型小镇即依托于小镇特色制造业，以特色制造产品及技术为主要发展方向，并以此为主导产业的特色小镇。其中，传统制造业类的特色小镇代表有工匠小镇、陶瓷小镇、木雕小镇、皮革小镇等；高端类特色小镇有智造小镇、汽车小镇、机器人小镇、新材料小镇、无人机小镇等。

（二）典型小镇

1. 工匠小镇

在如今新形势经济社会环境下，工匠精神被提出并上升到了国家层面，一方面这是制造业进行业态改革转型升级的必然要求；另一方面这也是推动供给侧改革得以真正实现的方法。工匠小镇首要的任务是对传统原生手工业以及工艺艺术的进行传承和发扬推广，在这一过程中，小镇要注重文化的创新与新体验，从而最终将小镇建设成为工业企业与工匠人构成的特色群落，该类小镇的重点因素是完成匠人的聚合。小镇想要实现对高水平匠人的聚集，前提是要构成并不断完善创新就业人才引进和培育体系。例如，位于广东省深圳的叮梆小镇，该小镇是一个传统工匠人与创新创意人的集合小镇，它将创作手法和互动体验融为一体。为了对匠人的原创品牌进行鼓励和支持，该小镇实施很多极具吸引力的优惠政策方法，如远远低于附近平均租金等，并将小镇故事进行情景化打造，并对此配备博物馆、创意园等空间，使小镇布局更加完善。

2. 陶瓷小镇

陶瓷的发展史在中华民族发展史中占据着重要地位，我国在科学技术方面所取得的很多成就和对美的追求及塑造，许多层面都是经由陶瓷制作体现出来的，并且构成了各个时代十分典型明确的技术和艺术特点。景德镇陶瓷享誉全世界,是世界著名瓷都,制瓷历史悠久。近年来,广西玉林北流市不断做大、做强、做优陶瓷产业,在北流市民安镇打造集陶瓷生产、陶瓷研发、日用陶瓷贸易、陶瓷文化展示等于一体的特色陶瓷小镇,探索一条生产、生活、生态"三生融合"的制造业富民新路。目前,北流陶瓷小镇已建成多条全自动生产线、陶瓷博物馆(一期)、陶瓷文化教育实践基地等,所产陶瓷产品深受国内外消费者青睐。

3. 木雕小镇

我国木雕小镇主要指东阳木雕小镇,其依托东阳国际木雕产业基地的优势和木雕红木产业优势,定位历史经典类产业,做好"文化+旅游+产业聚集+产业创新"文章,着力打造独具东阳本土特色的历史文化产业新标杆。

4. 智造小镇

中国智造这一战略对于我国发展来说十分重要,该战略在加速推动产业构造的调整转变,逐步适应需求结构的变化趋势,更加完善现代产业整体体系,推进传统的产业技术改造升级,推动战略性新兴产业创新发展,稳步提升中国"智造"水平和全面提高原有产业技术水平以及国际综合竞争实力等方面具有非常重要的作用。2016 年佛山市顺德北滘镇以"智造小镇"排名全省第一,北滘镇以传统家电制造业和高端装备制造业为基础,正构建起"智能制造+智慧家居"和创新创业的"双智+双创"特色产业体系。在传统产业智能制造转型升级探索中,北滘除了做大做强家电特色全产业链外,同时实行智能制造与新兴产业"两条腿走路"战略。

5. 汽车小镇

即把"汽车智慧产业、汽车后服务业、汽车文化产业、汽车运动产业"作为重点,努力实现生产与生活的有机统一协调融合,构建全球极具影响力的汽车产业的特色小镇。2018 年 10 月 27 日,碧桂园在顺德三大科技创新集聚区之一的南方智谷打造的顺德新能源汽车小镇正式开园,汽车小镇将聚焦新能源汽车产业链,协同新一代信息技术、高端服务业共同构建创新生态体系,发展科技研发、前沿示范、创业孵化、大数据业务运营、总部经济、智能制造等业态,打造大湾区创新产业集群和策源地。

6. 机器人小镇

"智能制造"是现在及今后的焦点之一,机器人、人工智能等新技术将加速与实体经济的融合,并与特色小镇等创新平台擦出更多的产业火花。中国首个机器人小镇位于浙江省杭州市萧山经济技术开发区,主要发展工业机器人、服务机器人,以及机器人关键零部件,致力于打造集机器人研发设计、孵化放大、生产制造、系统集成、终端应用、展示展览、会议论坛、休闲娱乐等功能于一体的机器人全产业链的特色小镇。

7. 新材料小镇

新材料产业是战略性新兴产业的基石产业,发展新材料特色小镇战略意义重大。新材料产业已经被定性为"国民经济的先导产业",它不仅仅参与构成战略性新兴产业,同样也为其他的战略性新兴产业发展提供了基础和借鉴。我国新材料产业的规模不断扩充,这将对新材料小镇的建设发展提供强有力的支撑。新材料产业在相当长的时间内将作为高增长的支柱性产业发展,这是新材料特色小镇保持活力的源泉。典型新材料小镇有常州市西太湖东方碳谷小镇(以西太湖科技产业园为实施主体,高举"石墨烯"发展大旗,围绕纳米碳材料、碳纤维及其复合材料、碳/碳复合材料、特种石墨等领域,加速培育和壮大先进碳材料产业)及兰溪光膜新材料小镇(产业涉及新能源材料、高性能有色金属材料、数控机床、能源设备、环保设备等相关行业,为光膜新材料制造及新能源材料产业发展提供有力的产业链支撑)等。

8. 无人机小镇

无人机的快速普及,已经为很多行业带来了新的改变和突破,传统的人工巡检存在很多弊端,无法做到全天候、全覆盖的巡检,也很难快速、实时发现一些隐患,随着无人机技术的迅猛发展与应用扩张,城市安防巡检、河道巡检、公路巡检迎来了新的篇章。延庆区正在筹建北京市首个无人机小镇,核心区位于中关村延庆园,将建设包括研发、试验、演示应用等的无人机全产业链,为即将到来的2019年北京世园会、2022年北京冬奥会提供保障。

三、文旅产业依托型小镇

(一)运行模式

以"文化旅游+小镇"为发展模式,成熟的景区为小镇带来充足的游客流量,小镇补充了观光景区的不足,为游客提供了吃、住、娱、购等功能。依托独特的区位优势、景区稳定的市场客源和自然生态环境,借力景区的泛旅游延伸，可以打造以服务接待为主的文旅小镇。根据所依托文化种类的不同，又可以将其分为依托自然景观和依托人文的文旅小镇。其中，依托自然景观背景的特色小镇代表有滑雪小镇、避暑小镇、氧吧小镇等，依托人文背景的特色小镇有文化名城小镇、休闲古城古镇、文创小镇等。

（二）典型小镇

1. 滑雪小镇

我国目前规模最大的综合滑雪度假区是位于河北省张家口市崇礼区的太舞滑雪小镇，同时该小镇也是2022年冬奥会项目主场，该小镇拥有崇礼区最高山峰玉石梁（海拔2160米），山体垂直落差高达510米，积雪时间长达150天，与全球闻名的落基山、阿尔卑斯山一样均位于北纬40~50度，被世界公认为"山地度假"的绝佳地带。

2. 避暑小镇

特指夏季适于开展避暑休闲、康养、旅居活动的行政乡镇、村庄休闲聚落、新兴特色产业小镇、城郊特色旅游园区与景区、田园综合体、农业公园等。2018年百佳避暑小镇榜排名前三为云南省昆明晋宁区七彩云南古滇文化旅游名城、山西省长治县振兴乡村生态文化旅游区和河北省秦皇岛市北戴河区戴河镇。

3. 文创小镇

甘坑新镇是华侨城文化集团的精心打造下蜚声国内外的"中国文创第一小镇"，华侨城甘坑新镇以建设"新型城镇化的国家级标杆"为目标，集文化、生态、科技、旅游四位一体，致力于打造六张国家级名片，即国家级生态保护与建设示范区、国家5A级旅游景区、国家级新兴产业示范区、中国历史文化名镇、全国重点特色小镇。

四、金融业依托型小镇

金融业依托型小镇主要类型有金融小镇和基金小镇。

1. 金融小镇

金融小镇是指依赖金融特色产业和特色环境因素（如地域特色、生态特色、文化特色等），以财富资产管理为核心业务，金融类企业总部为特色，金融产品创新研发等知识外包服务为支撑，金融国际交流、金融商务活动、金融人才培训为外延功能，全力打造金融产品、技术、管理和人才的泛金融国际化平台和区域内具有重大影响力的金融产业聚集地。基金小镇是指利用私募基金集聚惯性，按市场化方式设立运行，能吸引各种创业投资基金、私募股权投资基金、证券投资基金等及相关金融机构聚集，拥有"精而美"软硬件环境的金融和资本资源聚集地。

2. 基金小镇

在新一轮特色小镇的发展热潮中，基金小镇别具一格。据不完全统计，全国目前已经有不少于10个的特色小镇区域有意图进行基金小镇的创建，进展较快的小镇有浙江杭州的玉皇山南基金小镇、上海的对冲基金产业园等。完善的商业配套服务相关基础设施、优惠的税收政策、良好优美的生态环境，金融小镇的发展离不开这些具有吸引力的条件，同时这些也是引进金融机构的重要基础。以上的积极因素最终能够真正有效发挥作用还需要一个重要的前提条件，即该小镇位于一个可以依托的金融中心或较为成熟的金融城市的周边，因为只有在此条件下，金融小镇才可以对这一中心的有关重要金融资源实现真正的分散和承接，为其提供相应的便利中介服务或者有关资金支持服务等。

五、信息技术业依托型小镇

（一）运行模式

信息技术依托型小镇将特色小镇建设与创新信息技术结合，利用现代先进技术和信息管理推动小镇的发展。目前这类小镇有互联网小镇、智慧小镇和信息港小镇等。

（二）典型小镇

1. 互联网小镇

互联网小镇是新型城镇化的基本载体、智慧城市的典型应用。其核心理念是开放与连接。互联网小镇将基于数据资产中心，融合各产业数据价值为各产业的商业升级提供全景视角的数据指导，建立面向全社会的数据服务平台，提供多维度社会服务,构建数据融合的新常态,从而提升政府的管理与服务职能、决策与执行职能。创建互联网小镇是落实国家"互联网+"战略的重要举措,是建设智慧城市的突破口,能够实现公共信息基础设施水平大幅提升、政务管理与民生服务全面互联网化、电子商务快速发展、信息网络安全充分保障、居民互联网文化素质明显进步、互联网小镇特色优势广泛传播的目标。例如,乌镇互联网小镇是指按照走集约、智能、绿色、低碳的新型城镇化道路的总体要求,以打造浙江省互联网经济特色小镇为目标,以世界互联网大会永久落户乌镇为契机,充分利用云计算、移动互联网、物联网和大数据等新一代信息技术的"互联网会务会展小镇、互联感知体验小镇、智慧应用示范小镇、互联网产业特色小镇"。

2. 智慧小镇

智慧小镇即利用信息以及通信科学技术方法测量、分析、整合小镇运行核心体系的有关重要信息,以此对包含民生、工商业活动、公共安全、小镇服务、环保在内的各种相关需求做出智能及时响应。其本质就是以先进信息技术手段来实现小镇的智慧管理及运行,最终为小镇居民打造出更美好便利的生活,推动小镇的和谐可持续成长发展。从技术发展的层面来看,智慧小镇的建设需要通过以移动信息技术为代表的云计算等新兴科学信息技术应用来完成全面感知、泛在互联、普适计算以及融合应用。从社会发展的层面来看,智慧城市还要求通过社交网络、Fab Lab 和综合集成法等工具方法的运用,来促成以开放创新、用户创新、大众创新、协同创新为特点的知识社会环境可持续创新,来实现以人为本的小镇经济、环境、社会的全面综合可持续发展。丁兰小镇是"美丽杭州示范区·智慧江干"的最初试点小镇,该小镇在智慧园区、智慧景区、智慧社区的协调发展方面开辟了一条崭新道路。

3. 信息港小镇

位于浙江省杭州市萧山区,国家级经济技术开发区萧山经济技术开发区内。小镇依托杭州湾信息港为主要载体,以新一代信息技术为主导,以"互联网+"为特色,将小镇打造为萧山两化深度融合的主平台、科技创新驱动的新引擎、杭州互联网经济的新硅谷、大众创业的新空间、跨境电商的先行区。

六、商贸/物流业依托型小镇

(一) 运行模式

利用其自身交通优势,将某一种类型的产品打造成商贸物流产业,或者充分运用其优秀的相关商贸文化,构建以文旅为中心的产业,从而建设生态环境良好、优势独特的"产、城、人、文"协调统一的商贸物流特色小镇。商贸物流小镇一般有自己的产业发展优势,并依托原本的产业发展同旅游相结合。物流小镇有自身的资源和产业优势,发展过程中更为注重产业自身的集约化。目前发展更多的是倾向于旅游和产业的结合,形成较为突出的、具有鲜明特色的、功能多样的产业集中区域。保持特色小镇主要特征,结合生态、生活、生产三大方面,打造出一个具有完整配套服务的典型产业区域。目前主要类型有电商小镇、物流小镇、会商小镇等。

(二) 典型小镇

1. 电商小镇

典型的电商小镇有义乌国际电商小镇,该小镇由义乌市国际陆港集团有限公司投资建设,位于义乌市城西街道,毗邻义乌快递物流园区和义乌国际生产资料市场,义乌国际电商小镇一期工程规划选址位于义乌国际生产资料市场西北侧,园区规划布局电商、互联网、金融、餐饮配套等行业。

2. 物流小镇

典型的物流小镇有安徽合肥商贸物流开发区,第十四届中国国际物流节暨第十七届中国国际运输与物流博览会、2017亚洲物流双年展在四川成都召开,安徽合肥商贸物流开发区荣膺"中国物流特色小镇(商贸物流小镇)"荣誉称号,成为全国首批5个物流特色小镇之一。开发区重点建设全省电子商务快递物流园、邮政速递物流邮件处理中心,以及申通、圆通、中通等9大品牌快递公司区域中心或分拨集散中心。目前,国内20余家知名快递企业落户,总投资28亿元,日处理件量达200万件,承担着合肥市70%的快递物流分拨业务。

除了物流园外,开发区里正在积极与华夏幸福共同打造的机器人小镇、以民族文化为核心的民族特色小镇、戴上眼镜环游世界的VR小镇等多个特色小镇。形成按照"产、城、人、文"深度融合理念，集投资、创业、研学、居住、休闲、体验、旅游于一体的特色小镇生态体系。开发区将重点建设公路商贸物流区、铁路转运物流区、港口加工物流区、物流信息服务区四大物流功能区，构建商贸、工业、港口、保税四大物流体系。

3. 会展小镇

近年来，会展经济的热度不断飙升，它以会展产业为核心，推动区域迅速发展，形成会展经济集聚区，同时也是城市展示区域经济实力、城市风采的国际化对外窗口。通过举行重要会议、开展展览活动，引入源源不断的商流、物流、人流、信息流和资金流，从而推进商贸以及旅游业的向前发展，进而创造出新商机，吸引投资资金流入，带动其他产业的发展，最终组成将会展活动作为重点要素的经济群体。欧洲大陆最繁忙的展览城市——法兰克福，会展经济的驱动力，让法兰克福不仅仅是一座国际著名的会展城市，还是德国乃至欧洲重要工商业、金融和交通中心。位于上海虹桥商务核心区的国家会展中心，由商务部与上海市人民政府合作共建。会展产业的溢出、衍生、放大效应，让"上海会展"成为国际知名的城市名片。从法兰克福到上海虹桥，都展现出了会展经济的巨大活力，对区域发展的快速推动。南京也从中得到启发，开启了会展经济的建设。南京市"十三五"枢纽经济发展规划明确指出，要加速建设以及完善现代综合化的集合体系，加大力度积极推动枢纽设施产业与城市功能的融合快速发展。2017年下半年，南京举办"小城镇、大梦想"——中国特色小镇发展研讨会，会上部署了特色小镇战略。时隔仅半年，空港会展小镇正实施一期核心区建设，包括智能化展馆、会议中心及五星级酒店、其他相关配套和市政设施等。可以预见，空港会展小镇在完成建设后，会展经济所带来的推动力，将使南京经济更加繁荣，南京的城市形象也将得到巨大的提升，国际化程度也会登上新的台阶，亦如法兰克福、上海虹桥，变成一个国际化大都市。

七、健康产业依托型小镇

（一）运行模式

该类小镇的设计分类标准是核心区的功能，即健康之"芯"、养生养老区、休闲配套区，主要目的是将医疗、养生和休闲协调起来，推动健康产业与卫生公共服务业的有机融合发展,将健康产业依托型小镇最终构建成为医学人才创业的良好落脚地、医学成果的有效转化场地以及生态休闲养生基地。主要有以下三大主流模式。

1. 天然资源引领的健康养生小镇

该种模式的特点是依赖当地自身的资源条件,如自然、人文、历史和文化等,打造以优势资源为主题引领特色的健康养生小镇。特殊要求为:此类小镇的建设发展对业态的区别化定位、特色元素打造及长期运营能力均有特殊要求。该类小镇的核心业态主要有休闲养生、文化娱乐和医疗旅游等。

2. 产业科技驱动的健康科技小镇

其特点为以当地具有较强的生命科学或大健康产业为基础和发展引擎,依托现有产业及人才基础,打造具备科技价值含量特色的健康科技小镇,而且多具有或毗邻较为优质的大学和科研资源。特殊要求为:此类小镇的打造对于吸引、聚集和协同产业及人才落地的能力有特殊要求。其核心业态主要有生物科学技术、医药研究开发、教育科学研究以及医疗服务等。

3. 医疗服务导入的医疗健康小镇

该模式的特点是以当地自有的自然环境和交通承载能力作为依附点,规划、引入并打造良好综合性的医疗健康服务体系,为当地和所覆盖或引入的指定医疗服务受众人群提供服务,创建有效高质量的医疗健康小镇。特殊要求为:此类小镇对吸引优质合作伙伴、构建较强的医疗品牌及长期高品质运营能力有着特殊的要求。核心业态以医疗服务、康复护理和养老养生为主。

(二) 典型小镇

桐庐健康特色小镇,背靠大奇山国家森林公园,与桐庐县城无缝对接,是桐庐富春山健康城的核心区域。小镇以所涵盖区域内的良好生态环境以及原有健康产业为基础,充分利用"桐君"的国药文化,将医疗服务业作为重点发展产业,将养生、旅游和健康管理等内容作为辅助补充,促进产业融合、产城融合和城乡融合,最终构建宜居、宜业、宜养、宜游的健康服务业集聚区。

八、X 型小镇

该类小镇因非依托于传统产业而为划入以上七种小镇类型之中,但也是特色小镇的重要组成部分，主要类型有双创小镇和梦想小镇。

1. 双创小镇

"大众创业、万众创新"已经是中国实现经济转型升级的新动力。双创小镇的构建核心是旨在打造为创业人群和机构提供相关服务的平台。首先，该类小镇为创业者提供培训、政策申请、投融资对接以及法律财务等一系列服务；其次，其为创业者构造更为方便高效的工作、生活以及资源共享空间，有利于思维的创新。例如，浙江杭州的梦想小镇将小镇的布局结构设计为办公、商业、公共空间各占1/3，办公间进行开放式设计，特意突破行业内企业间与企业内的物理隔阂，同时还"留白"部分空间来灵活改动。在居住层面，其引入小米的"U+公寓"和"拎包客"理念居住设计，为创业者构建更加方便交流探讨的青年公寓，倡导企业实行"房东+股东"的盈利模式。在商业和公共配套层面，其重视和互联网的结合，在镇区引入书店、便利店和健身房等休闲服务配套设，同时积极推进共享精神，构成了"我为人人、人人为我、团结互助"的和谐创业生态系统。

2. 梦想小镇

"梦想小镇"包含互联网创业小镇与天使小镇两个内容，其中，互联网创业小镇着重倡导支持"泛大学生"人群开发创造有关电子商务、信息服务、大数据、软件设计、云计算和网络安全等新兴科技领域的企业；而天使小镇着重培育和发展科技金融和互联网金融，聚合天使投资基金、股权投资机构以及财富管理机构，着力打造一个有效并涵盖企业发展初创期、成长期和成熟期等各个不同发展阶段的金融服务体系。

第五节

特色小镇的培育策略

一、重视规划，科学培育和发展特色小镇

依照关注科学规划、重视特色产业、突出特色文化的发展规律，用科学合理的方法途径对特色小镇建设的规划安排进行编制，要将特色产业发展作为核心目标，准确选定特色、突出显示特色、培育发展特色，实现小镇产业"特

而强",明确小镇特色产业的培育核心和升级趋势,根据产业重点建设项目提出相应建设内容以及布局结构;要对小镇的空间利用进行合理安排,实现小镇功能"聚而合",要实现小镇内产业、文化和社区区域的有机统一,同时要明确建设占地、生态占地与其他占地的范围及位置;要重视小镇独有特色风格的设计,实现小镇形态"精而美",要建设与小镇的特色定位和原生态环境风貌相融合统一的建筑特色;同时还要不断完善丰富小镇功能,逐渐推进小镇展示中心和休闲服务等方面配套设施的引入。特色小镇的规划要以产业特色为导向,打造成为生态良好且产业高端的聚集区。

二、精准招商,培育发展主导特色产业

特色小镇的重点即发展特色产业,要把特色小镇的发展方向引导到建设基础强大、特色鲜明和潜力强劲的领军特色产业上来。而产业培育的关键是特色招商,是实现特色产业有关项目的最终建设。要进行特色准确招商,根据构建产业链的真实需求,探索并补充产业链中的缺口部分,从而将特色产业链做精做强,最终形成特色产业的连锁积极效应;要积极培育发展新兴技术产业,引导特色小镇开展优质项目,引入高端要素参与,构建出具备显著竞争优势的产业链条和产业集群,推进新兴产业的迅猛发展;要依据当地的特色将传统产业进行创新改造,积极引入产业链中的研究开发设计等处于端头的企业,延伸扩展产业链条,推动产业向高端方向发展;要注重把互联网融入产业建设中,推动生产模式和发展方式的创新,培育有关新业态和新产品,使新经济能成功落地于特色小镇。

三、人文影响,培育发展小镇品质和生命力

特色小镇不能完全照搬城市建设理念建筑过多的高层大型建筑,同时也不能打造成不适应本地特色的国外风格,更不能简单拼凑为"园区+景区+居民区+博物馆"之类的大杂院,而是要以自身原有的自然和历史资源为基础,深入挖掘其人文内涵,打造小镇特有品质与特色。要注重对自然生态环境的保护工作,将生态保护理念贯穿到小镇的建筑设计、资源利用和保护等各个方面,要以小镇的自然生态为基础进行科学规划安排布局;要积极培育建设绿色

产业，关注循环发展；要探索寻求小镇本身的文化内涵，通过生活风俗习惯和传统历史文化等要素探索独有特色文化；将文化要素引入小镇特色产业中，实现独特的生态风光、科学合理的空间结构布局与丰富的历史人文文化的有机融合，让小镇居民享受到城镇的美好生活。

四、项目带动，培育有效投资拉动小镇发展

项目是特色小镇能够培育和发展的关键性要素。特色小镇要着重引入产业类项目建设，同时也要完善基础设施和基本公共服务设施的建设。要加强项目动态管理，推动拟签约以及拟开工项目的及时签约与开工，督促在建项目加快速度进行建设，推进项目不断提高层次、提升安全管理水平以及增大社会效益。有效发挥特色小镇平台的集聚效应和带动效应，策划一批有潜力的新项目、好项目和大项目，加强特色小镇的发展后劲。

五、体制创新，培植特色小镇的发展活力

特色小镇是一种随经济社会发展而出现的新生事物，需要不断地改革创新。特色小镇建设成功与否，关键不在于政府的相关政策或文件，而在于企业是否有动力、市场是否有热情以及小镇是否有活力。

特色小镇培育发展的核心在于特、理念在于新、根本在于改，一方面要做好特色小镇的规划建设和产业培育；另一方面要重视体制机制的改革与创新。首先，要创造良好的条件来吸引有着雄厚实力的企业加入特色小镇的建设中。企业是特色小镇建设和运营的主体，因此特色小镇通常需要选择运营能力强大、经验丰富的大型央企、国企、外企或龙头民企等投资主体来引领特色小镇的建设营运。要更好地发挥政府职能，准确区分政府与市场的边界，政府要在编制小镇各个方面规划、配套基础服务设施、保障相关资源要素、挖掘保护传承原有文化内涵、保护生态环境等方面有效发挥其应有的作用，要在明确特色小镇的产业定位、专业人才的需求基础上，精准制定各类扶持政策并提供定制化服务，努力打造特色小镇良好发展环境，倡导大中型企业独立或领头构建特色小镇，积极为特色小镇培养优质投资运营商，有力引导产业链中其他企业积极参与小镇项目建设以及产业发展。其次，积极争取政策性金融和社会资金支

持。资金融资是推动特色小镇项目建设真实开展的关键。政策性金融机构的资金量大、成本低而且周期长，企业资金使用灵活弹性大，适合应用于特色小镇基础设施的建设中，各特色小镇要积极主动与政策性金融机构和大型的国企民企对接，联合探索研究科学的方式参与小镇建设。最后，设立特色小镇建设基金。创新拓展融资方式，支持运用财政资金结合社会资本异同发起设立特色小镇建设基金。探讨研究设立特色小镇的特色产业引导基金和特色小镇的建设基金。有许多央企和实力雄厚的民企都有意愿以设立基金等的形式参加到特色小镇培育发展之中。这些企业的加入一方面为小镇带来资金；另一方面也为小镇引入了产业项目，这种方式恰好与特色小镇发展的理念和需求相符合。因而通过市场化运作，能更好地发挥政府资金的引导作用，吸引社会资本等各类资金共同参与到特色小镇的建设中。

第三章

浙江省特色小镇的发展经验

第一节
浙江省特色小镇建设的主要进展

一、浙江省特色小镇的背景及建设

随着我国经济社会的发展,特色小镇从起源发展到今天的"非镇非区的多功能创新空间",乃至成为现代的焦点经历了较长的过程。从古时的"小镇市""小镇店"到新时代下具有鲜明特色的小镇,再到改革开放经济建设大潮下的新型小镇,直到2015年,在政策的指导下,浙江省全面启动并创建了一批符合当代发展意义的特色小镇,让"特色小镇"一词成为当今中国社会经济高度关注的焦点。

时任浙江省省长李强答记者说:"建设特色小镇,是贯彻落实习近平总书记对浙江'干在实处永无止境、走在前列要谋新篇'指示精神的具体实践,是浙江推进供给侧结构性改革的一项探索与实践。"并指出:"特色小镇不是行政区划单元和产业园区,而是产业发展载体和同业企业协同创新、合作共赢的企业社区;同时,它不是政府的行政平台,而是以企业为主体、市场化运作、边界清晰的创新创业空间。"还强调:"特色小镇生于改革、成于改革。因为改革是它的灵魂,所以要以改革创新的精神来推进特色小镇的建设。"

（一）浙江省特色小镇建设提出的背景

近年来，浙江省特色小镇之所以能够快速崛起、发展，乃至成为各省区市学习效仿的楷模，是因为它有着深刻而又意义深远的背景。

一直以来，浙江省的经济发展在国内都是名列前茅的，但2008年的国际金融危机，使浙江省的经济发展进入了阶段性的经济结构调整期，原有的经济发展所需的内在机理和其外部环境均发生了重大的变化，随之经济发展略显疲态，这不仅与整个国家宏观经济的起伏有关，更与浙江省自身的因素有关。

这一系列重大改变都预示着浙江省经济在发展过程中面临着重大挑战，具体可以分为以下几个方面。

1. 空间资源不充足

浙江省陆地面积不大，大约是10.55万平方公里，而且多山多水，耕地面积很小。在这样的自然环境里，经济社会的发展越来越受到空间和自然资源的制约。浙江省若要持续更好地发展，就必须在已有资源的基础上去创新，以全新的姿态来应对未来经济发展的模式。

2. 自然资源较匮乏

浙江省自然资源缺乏，不论是农耕还是能源均不如平原地区。资料显示，浙江省的"人均资源拥有量综合指数"为11.5，居全国倒数第3位，仅高于上海（10.4）和天津（10.6）。就基本自然资源的丰富度而言，浙江省是一个典型的资源小省，其自然资源非常有限。据资料显示，煤炭矿产储量只占到全国总储量的0.01%，铁矿石储量占0.14%；森林资源方面，浙江省只有全国森林总面积的4.79%；尽管浙江省位于中国的东南方沿海，但是，淡水资源方面，人均仅为2128立方米，比全国人均淡水资源占有量还要低330立方米；耕地资源也是十分稀缺，不到全国人平均耕地面积的一半，浙江省的人均耕地面积仅为0.54亩，比联合国粮农组织规定的人均可耕地警戒线0.7965亩还要低。自然资源的匮乏严重影响了经济发展，特别制约了常规的经济，尤其是在浙江省这种沿海经济发展比较快速的地区。

3. 产业结构不完善

根据2018年2月27日浙江省人民政府网站所公布的《2017年浙江省国民经济和社会发展统计公报》可知，截至2017年年底，初步核算出，2017年全年浙江省的地区生产总值（GDP）是51768亿元，比2016年增长了约7.8%。

其中，第一产业增加额 2017 亿元，第二产业增加额 22472 亿元，第三产业增加额 27279 亿元，第三产业对 GDP 增长的贡献率为 57.0%。三次产业增加值结构由上年的 4.2∶44.8∶51.0 调整为 3.9∶43.4∶52.7。人均 GDP 为 92057 元（按年平均汇率折算为 13634 美元），增长 6.6%。全年全员劳动生产率为 13.7 万元/人，按可比价计算比上年提高 6.9%。

2017 年全年"三新"（新产业、新业态、新模式）新增的经济值占 GDP 的 24.1%。其中，核心的信息经济产业增加了 4853 亿元，占 GDP 的 9.4%。规模以上服务行业的收入额度高达 13288 亿元，约比上年增长 25.5%；利润总额达 2202 亿元，约增长 21.4%。

第三产业比重提高 1.7 个百分点，第二产业比重提高 0.6 个百分点，相比上年有了很大的改进，但在浙江省整体国民经济的发展仍然占有相当大的比重，这其中必然有很多高端制造业，如信息制造业、高端制造业等，但是这其中也肯定有许多传统的产业，例如，纺织业、食品工业以及化工业等，它们所占的比重相对来说还是比较大，而这些产业的能耗一般都比较大，污染也相对比较严重，不太适应未来经济的趋势，显然，在未来经济的发展中，浙江省若要持续、快速、高效地发展，还是要在现有基础上不断创新、改造，加大新产品、高端产品的生产和发展。

为了化解危机，使经济走向正常之路，坚持党中央的领导，在政策的指引下走创新之路是当下最为有效和正确的途径，因此浙江省特色小镇的发展正是顺应时代进步的产物。

浙江省的自身因素给了浙江省挑战，但同时也给了浙江省机遇，如何能够将挑战转化成蓬勃发展的动力，将机遇转化成创新发展的引擎，浙江省将会在未来的经济发展中再创新高。然而，特色小镇正是浙江省在以上重大压力下，面对机遇和挑战，在产业结构调整和产业升级中，根据政府"供给侧结构改革"的政策指引所做出的努力。

（二）浙江省特色小镇的建设

2015 年 4 月，浙江省政府积极响应党"万众创业，大众创新"的号召，首次出台《关于加快特色小镇规划建设的指导意见》，为浙江省特色小镇的创建和发展打下了坚实的基础；2015 年 5 月，习近平总书记前往浙江考察，对浙江省特色小镇给予了充分的肯定，并在中央经济工作会议上，大段讲述特色小镇,其中浙江省提出的梦想小镇、云栖小镇以及黄酒小镇等均被点到;2015年9月,中央财经领导小组办公室副主任刘鹤前往浙江省调研特色小镇,其得出的关于浙江特色小镇的调研报告,在 2015 年 11 月得到了习近平总书记、李克强总理以及张高丽副总理的肯定和批示;自 2015 年以来,中央媒体及各大地方媒体对浙江省特色小镇展开了大量的报道,"特色小镇"一词逐渐从社会热点成长为社会焦点,"特色小镇"概念的推广与具体的建设工作也迅速得到落实。经过短短一年半的实践摸索,浙江省特色小镇建设工作取得了很明显的成效,在新产业的引进和原有产业的更新方面都取得了很好的成绩,浙江省特色小镇已经逐步成为各省区市学习效仿的经济创新新形式和经济发展新榜样。

1. 特色小镇建设的政策指引和要求

特色小镇与以往的城镇不同,它的产业定位明确,是一种具有社区和旅游功能的发展平台,它相对独立于市区,区别于以往的行政区和产业园区,具有特殊的文化内涵。

虽然 2015 年年初在《政府工作报告》中已系统地提出关于创建特色小镇的重大政策方针,但这项工作作为浙江省推动全省经济升级创新发展的重大战略,仍然缺乏相应的适应性和操作性。因此,浙江省人民政府在 2015 年 4 月 22 日,以省政府名义公开发布了《加快特色小镇规划建设的指导意见》的相关文件,在文件中系统地规划和分析了可能会与特色小镇建设、发展有关的一系列问题。

为保证浙江省经济持续发展,省政府对特色小镇的建设有一定的要求,具体来说有可以分为以下两个方面:首先,明确特色小镇的产业定位,创新发展原有产业,引进可发展新产业,以丰富浙江省产业类别,改善原有产业结构不均衡的现状;其次,科学规划特色小镇建设工作,特色小镇的建设不是一朝一夕的事情,更不是随随便便的一项工程,而是要根据浙江省的实际情况,创造出来能推动浙江省经济持续发展的一种新的产业形式,这具有重大的战略性作用。

2. 特色小镇创建的程序和政策

在政府政策的指引和广大有志之士的努力下,浙江省先后培育了 100 多个特色小镇,按照"宽严相济"审核原则进行分批筛选。其具体操作流程主要通过以下四个环节来实现:一是先由各地区自愿申报。这个环节主要是各个地方政府根据省政府下发的总体文件指示,结合自身的实际情况以及当地想要创新创建的项目,作出相应的书面材料,并且制定出合理的创建方案,然后将其上报给浙江省特色小镇规划建设工作联席会议办公室,由浙特办来审核建设工作中的相关问题。二是由特色小镇规划建设办公室分批审核相应材料,将审定通过的特色小镇纳入省重点培育的创建名单中。三是年度考核。对已经纳入重点创建名单的对象,单独制定相应的年度考核制度和指标,并由浙特办来监督考核。四是验收命名。浙特办制定出相应的考核政策以后,将会分别给予每个考核对象3年的时间,对于3年后考核达标的对象,浙特办会对其进行组织验收,然后,将其命名为省级特色小镇。

特色小镇的建设不仅仅是一项工程,更是一项应对未来经济变化的重大举措,这项伟大的工程必须要有相应的政策来指引和扶持。其中,最主要的就是土地保障和财政支持两个方面。

3. 特色小镇建设的组织领导

特色小镇的创建是一项复杂而又伟大的工程,要把这一系统性工程做好必须要加强相应的组织领导。为此,政府特意建立省特色小镇规划建设工作联席会议制度专门负责该项工作的开展,这项制度主要由常务副省长担任召集人,省政府秘书长担任副召集人,省发改委、省委宣传部、省财政厅、省经信委、省国土资源厅等单位负责人担任成员。各地方政府是特色小镇培育及创建的责任主体,需要建立和实施一个机制来推进工作进展,做好规划,确保各项工作有计划、有秩序进行,并不断取得新的成果。

4. 特色小镇建设的具体实施

(1) 依据政策,科学规划。

浙江省政府出台了《关于加快推进特色小镇建设规划编制工作的指导意见》,严格要求各地方政府要加强对特色小镇的认识,加强对特色小镇的宣传力度,明白这项工程是省政府在面对经济发展新常态时所做出的一项适应未来经济发展的重大决策。

具体来说,就是要做好选点工作和重点规划工作。在选点方面,要明白特色小镇的定位和选点会直接影响特色小镇的功能的发挥,所以在工程开始之前,必须要先解决好这项前提工作。原则上可以着重考虑城镇体系布局、城乡布局、特色产业和基础设施条件这四个方面,即要让它们相互结合,共同发挥积极的作用;另外,要强调特色小镇工作规划的重点。这具体可以表现在以下四个方面:①精确定位特色小镇的发展方向。②加强多方面规划的融合度。将小镇的产业发展与经济发展、土地利用、生态环境保护以及历史文化名城保护等原则相互衔接协调。③着重突出小镇的特色产业。根据浙江省地区的现实情况，结合小镇的历史背景和时代特征，创新创造特色小镇的创建工程。④优化设施。小镇的发展不仅仅与整体布局有关，还与它的基础设施有关，因为基础设施不但会影响小镇的发展进度，还会影响小镇对人才的吸引力，所以必须要在整体布局的前提下尽可能地改善小镇的基础设施配套。在《关于加快推进特色小镇建设规划编制工作的指导意见》的指导下，各地方政府及其规划部门均根据当地的实际情况来规划特色小镇的建设工作，同时，也在原来的基础上从思维、理念、方法、内容及工作机制等方面进行创新。

特色是小镇建设的根本和主旨。因此在制订计划的过程中，要注意将每个特色小镇的产业都与历史经典密切地联系起来，着重发展其原有的最基础、最具优势的产业，但是要注意区分特色，避免出现大同小异、自相矛盾的情况。即便是选择了同一类型的行业，发展中也要注意差异定位，着重发展其不同之处，在共同之中求不同，相辅相成。与此同时，对于一些正准备建设的特色小镇，其项目必须是事先选出的好项目，不能随意地模仿抄袭先前的小镇，要注意发展自己的特色和不同之处。因为只有好的项目才能在以后的竞争中凸显出其优势，从而带来长久的发展和较高的收益，同样，也只有这种具有成长性、发展型的好的项目，才能吸引到更多、更优秀的人才前来创新创业。

（2）因地制宜，选址选业。

正所谓"一方水土养一方人"，每个地方都有其独特的地理环境，因此浙江省特色小镇的建设能否达到计划的目标，还要因地制宜，根据其独特的环境来选择合适的地址及其相应的产业。

对于选址，一般情况下是要选择在城乡结合的地方来建设特色小镇。但不同的产业都有不同的基础，所以在打造具体产业的时候要根据各自的特长和基本条件来创建，使各个产业各具所长、各有其特色。具体而言，像环保业、旅游业以及一些历史经典类的产业，一般比较适合选在城乡交接的地方或者是离城市较远的地方。相反，对于信息经济类和金融类的产业，由于其原有产业并不怎么发达，但它的发展要求又比较严格，需要在比较繁华的、交通发达的地方，那么这就比较适合选择在繁华的城市内部。另外，对于时尚类的产业，由于它们的发展特色都不尽相同，有的比较追求现代化奇特感和美感，有的则追求自然风光的美好，所以它们的选址会相对灵活一点，可以选址在城市，也可以选址在乡镇，具体根据其发展特色来决定。

对于选业，总体上就是创新发展其原有产业，引进有相关基础的、具有活力的新产业。特色小镇在选择主导产业时会根据其具体情况酌情而定，一般都会比较倾向于选择一些有一定产业基础的优势行业作为主导产业，尤其是历史经典产业、旅游业以及制造业。但是，这些选出的产业与特色小镇的标准相比较，还是达不到要求的，在未来的发展中还有很大的进步空间，要想在未来经济发展新常态下走得更久、更长远，还需要进一步去创新、去开拓。此外，还有一部分金融类、信息经济类产业，它们选业的原则主要是根据当前经济发展的需要，随着互联网行业的发展，导致这些相关的产业都开始有了新的形式，这类产业的创新也是未来经济必然会经历的阶段。为了给各个行业的创新发展营造一个良好的空间和氛围，浙江省早在2013年就开始部署规划，对上城区原有的仓库、厂房以及民用房等进行了一定的改造，道路梳理和环境绿化更加符合新时期的特征。例如，余杭梦想小镇、西湖云栖小镇的产业定位就是在杭州市政府推进金融改革创新的政策指引下，在上城区金融机构强化先发优势的基础之上进行定位的。

（3）创新运作，各司其职。

过去，经济和社会政策主要是财政政策、计划生育政策、社会保障政策、产业政策和新型城镇化政策，与现在的特色小镇相比，它具有非常大的差异，即现在所倡导的特色小镇应该根据原有的经济和社会政策改变过去政府一路领导的方式，采取新的运作模式，即由政府来指导，以企业为主导的市场化运作模式。

在这个过程中，政府的主要作用是引导、服务及保障。具体可以体现在以下几个方面：①整体布局。从外国特色小镇的发展情况可以看出，其形成过程可分为两个阶段。早期阶段是一个自然过程，这意味着它最初是经济发展自然选择产生的。后期阶段是政府政策引导的过程，针对特色小镇的发展，政府对其税收给予一定的优惠政策和扶持政策，尽可能地发挥其特色小镇的功能。然而，我国特色小镇的发展顺序则不太相同，在我国，首先是政府引领，先是政府根据当地情况提出相应的概念，然后再进行政策指导。政府政策落实的第一步就是根据整个国家的实际情况和当地经济社会发展情况，制订详细的规章和计划。②配备基础设施。在我国，政府是公共产品和服务的提供者以及相应的担保人。在特色小镇建设中，水、电、交通等公共设施必须由政府提供，这样才能为企业和人才的引进奠定良好的基础。③保障资源要素。资源要素主要是水、材料、燃料、动力、人力和财力等，它是一个企业进行正常的生产经营的必不可少的条件。在社会主义市场经济条件下，虽然政府无法提供所有资源，但政府可以提供各种服务，确保资源充分到位。④挖掘传承文化内涵。浙江省是一个历史悠久、自然景观优美的地区，这里蕴含着许多的文化内涵，政府在指引特色小镇的建设的基础上还要深入挖掘其原有的文化内涵，并赋予其新的时代精神，然后加以传承和弘扬，让其发扬光大。⑤保护生态环境。我们在发展经济的同时要注意保护生态环境，要做到人与自然和谐一致，这不仅是社会主义科学发展观的重要内容，更是我们长期生存可持续发展的必要条件。在浙江省特色小镇的建设过程中，浙江省各级政府也高度重视这方面的影响，对于一些不利于生态环境的产业，如嘉兴的海盐核电小镇，政府则采取了一系列有效对措施加以改造和防范，来保护生态环境，以免遭到破坏。

与此同时，特色小镇在创建的过程中要突出产业的与众不同和企业的主体地位，开展各种以企业为主导的产业项目，吸引社会各方积极地参与其中。例如，云栖小镇以及浙江嘉兴的一些小镇就是在政府扶持、企业引领的战略指导下快速发展起来的。此外，还有一些以旅游业和人工智能产业为主的特色小镇，它们充分发挥当地创业者的主动性和积极性，将原有产业建设得越来越好，并且还成功地引入大量的社会力量。特色小镇从创建以来在政府资金扶持、设施配备以及各种创业技能的培训下得到了良好的发展，在充分发挥其作用的同时也吸引了大量的有理想、有抱负的有志之士前来创业。

二、浙江省特色小镇的发展及类型

自2015年浙江省启动建设特色小镇以来，其发展速度受到全国高度关注。其按照"培育一批、创建一批、命名一批"的工作要求，建立梯度创建工作机制，并在工作中分期分批公布省级特色小镇创建对象、省级特色小镇培育对象、市级特色小镇创建对象三个层次的名单，在全省形成梯度培育、上下联动、滚动推进的特色小镇创建格局。自从浙江省创新性地提出并实践"特色小镇"以来，先后于2015年6月、2016年1月公布了两批共79个特色小镇创建名单，已涉及金融业、旅游业、高端业、时尚业以及服务业等各个行业，并先后取得了良好的成绩。

（一）浙江省第一批省级特色小镇

自从浙江省省长李强于 2014 年 10 月首次提出特色小镇概念以来，特色小镇就已经在浙江省的经济发展中开始萌芽，直到 2015 年 6 月建设出首批 37 个省级特色小镇，其发展模式便开始肩负起探索经济转型升级的使命。

1. 浙江省第一批省级特色小镇

2016 年 10 月 10 日，浙江省特办发布公告，根据《浙江省人民政府关于加快特色小镇规划建设的指导意见》（浙政发〔2015〕8 号）文件精神，经省特色小镇规划建设工作联席会议及省政府审核通过，公布了第一批省级特色小镇创建名单。

据了解，浙江省 37 个首批省级特色小镇在 2015 年全年完成固定资产投资金额 477.92 亿元，这其中不含商品住宅及商业综合体项目，申报时自定的年度投资目标为 426.18 亿元，与此相对应，实际投资已经超额完成了 51.74 亿元。

2. 第一批特色小镇的综合效益统计

整体来说，特色小镇的综合效益是逐渐上升的趋势。初步统计显示，2015 年全年，37 个首批省级特色小镇的税收收入额达 53.09 亿元；到小镇旅游的游客越来越多，2015 年全年共接待旅游人数高达 2768.61 万人次。其中，嘉善巧克力甜蜜小镇被列入特色小镇创建名单，在这段时间的发展中，前往当地的游客人数大量增加，成功地入围长三角一带的又一旅游新贵，而且还获得了中国食品协会的认可。

3. 第一批特色小镇的特色产业指数

特色产业一直都是特色小镇发展的重中之重。浙江省首批特色小镇在金融、时尚、健康等多种产业领域均有涉及，其所占比重也各不尽相同，具体如表 3.1 所示。

表 3.1　　浙江省首批特色小镇产业分类情况及其所占比重

产业类别	高端装备制造	信息经济产业	金融产业	旅游产业	健康产业	时尚产业	历史经典产业	小计
数量（个）	6	5	4	8	2	5	7	37
占比（%）	16	14	11	22	5	13	19	100

资料来源：规划研究：《浙江省第一批特色小镇产业类型及占比解析》，2017 年 10 月。

统计显示，截至 2015 年年底，浙江省 37 个首批省级特色小镇共吸引了 8776 家企业。在企业全年的营业收入方面，工业企业主营业务收入额约为 352.18 亿元、服务业收入额约为 629.89 亿元。2015 年全年，37 个首批创建对象共完成特色产业投资额为 287.95 亿元，约占投资总额的 60.25%；其中，特色产业的工业企业主营业务收入额为 238.90 亿元，大约占特色小镇工业企业主营业务收入额的 67.83%；特色产业服务业收入额为 415.24 亿元，约占特色小镇企业服务业收入的 65.92%。

4. 第一批特色小镇的人才引进情况

特色小镇吸引大量人才，同时也是在无数人才的共同努力下托起了特色小镇的发展。据统计显示，37 个省级创建对象所拥有的技术人员已经达到 4139 人，国家级、省级"千人计划"人才共 49 人，国家级、省级大师共 91 人。截至 2015 年年底，37 个省级创建对象共吸引创业团队高达 2116 个，引进个体工商户 23468 个。其中，单单是余杭梦想小镇就引进了 521 个创业项目，拥有超过 4550 名创业人才和 176 个金融机构。

5. 第一批特色小镇的发展指数

为了响应党和政府的号召，特色小镇必须具备特色鲜明的产业形态、和谐宜居的美丽环境、彰显特色的传统文化、便捷完善的设施服务和充满活力的体制机制，浙江省对特色小镇的发展实施了严格的监管，自实施以来，在产业类别、基础建设和政策环境等方面均取得了良好的效应，其综合指数也有了较高的提升。

（二）浙江省第二批省级特色小镇

第一批特色小镇试运行成功之后，2016 年 1 月，浙江省又拟订创建了第二批特色小镇，在第一批特色小镇的基础上，对浙江省各个行业的发展进一步补充和渗透。

1. 浙江省第二批省级特色小镇名单

2016 年 1 月 26 日，浙江省特办发布公告，根据《浙江省人民政府关于加快特色小镇规划建设的指导意见》（浙政发〔2015〕8 号）文件精神，经省级特色小镇规划建设工作联席会议和政府审核通过，公布了第二批省级特色小镇创建名单。

盘点近三年来浙江特色小镇的发展路径，浙江省已经先后创建和培养了数百家特色小镇，将浙江省的经济发展又拉上一个台阶，更进一步地为浙江省发展特色产业、引进人才做出了很大的贡献。

2. 第二批特色小镇的综合效益数据

2016 年，浙江省 79 个特色小镇创建对象入库税（国税、地税）收入高达 160.7 亿元，同比增长 13.5%，这一年内浙江小镇的平均纳税额已经超过了 1 亿元；其中税收高达 132.2 亿元，同比增长 14.5%，这个数值远要比浙江全省同期税收增幅高出很多，说明了特色小镇的产生和发展的确是顺应了当前的整体趋势，同时，也展现了它强有力的发展势头。

根据浙江省地税局数据显示，2016 年浙江省特色小镇平均入库税收 1.7 亿元，税收收入高于平均值的特色小镇有 22 个，占全省特色小镇税收收入的 77.7%；从税收增速来看，特色小镇总体税收增速可观，分区域来看，衢州、杭州特色小镇税收增长较快，均达到 32% 以上；湖州、舟山处于第二梯队，增幅达 10% 以上。

3. 第二批特色小镇的发展指数

在第一批特色小镇的发展经验和基础之上，第二批特色小镇的创建于培育工作更加有成效，此次特色小镇基本具备良好的发展基础、区位优势和特色资源，并且在各个产业区域均有覆盖，其综合效益指数再上新台阶。

第二节 浙江省特色小镇建设的积极成效

一、浙江省特色小镇的发展丰富了浙江地区的产业类型

作为推动浙江省产业转型、升级的重要策略，特色小镇在第一阶段取得了优异的成绩，特色小镇的产业架构比起以前的发展规划更加合理，而且在产业链集聚程度方面也有了更高的进步。浙江省特色小镇的建设吸取了其他国家和地区专业化小镇发展经验，并且在此基础上，结合浙江省各个地区现有的资源禀赋特征，进行了相应的本土化改造，最终使浙江省的特色小镇成为供给侧结构改革的重要战略，在此过程中，产业创新、升级是它的目标，各级政府职能转型和定位是它的导向。

特色小镇规划的政策逻辑一般为从地区自有的资源禀赋出发，以其区位和既有产业优势为基础，通过将各经济部门模块化，来推动产业集聚、转型并升级，进而在提高资源利用率的同时，还能对经济生产的外部效应进行消化和相应治理，既提高了各经济部门和经济区域的专业化水平，又能促进各经济区域之间的相互合作。这不仅可以提高小镇的整体经济效率，还能使各项产业相辅相成，均能有组织、有规划、有特色地发展起来。由此，特色小镇才能真正显示出其在浙江省供给侧改革中的重要价值和意义。

虽然新时代充满了挑战，但同时也带来了很多机遇，将机遇变成能够带动产业经济再次蓬勃发展的动力和引擎，才是当今时局应该有的谋划和智慧。而特色小镇正是浙江省在面临经济转型的重重压力下，应对机遇和挑战所作出的努力和成果。特色小镇的建设产生了很多正能量的效益，它不仅仅使内在的发展动力得到了充分释放，而且对外在的高端要素资源也形成了强劲的吸附力。在当今全球经济的背景下，在中国经济发展进入新常态的大趋势下，浙江省制定的特色小镇战略布局恰到好处地为下一阶段的经济发展提供了规划和蓝图，并为我国其他地区的产业改革提供了可以借鉴的思路和范本。在此趋势下，特色小镇的全面展开和成功建设必将为当今社会的供给侧结构性改革提供可行的思路和有力的支撑，也为经济和环境的和谐发展提供有利的途径。

新型城镇化从开始发展到现在历经了多个阶段，小城镇的发展也逐步得到相应重视，并且取得了相当显著的功效。尽管如此，在这个过程中，小城镇的发展依然面临着一系列的"瓶颈"和障碍，例如，产业单一、结构不合理、重点不突出；人才引进难、科技创新动力不足；管理系统落后、生态问题严重；文化内涵不丰富、城镇特色不突出等。而特色小镇的发展，较好地解决了这些问题，因为特色小镇的发展丰富了浙江省的产业类型，使浙江省由原来的单一产业发展成为今天特色鲜明的、文化内涵丰富的多元化产业。

根据2016年3月3日浙江省人民政府网站所公布的《2015年浙江省国民经济和社会发展统计公报》可知，截至2015年年底，浙江省全年的地区生产总值（GDP）为42886亿元。其中，第一产业增加值为1833亿元，第二产业增加值为19707亿元，第三产业增加值为21347亿元，分别增长1.5%、5.4%和11.3%，第三产业对GDP的增长贡献率为65.7%。三次产业增加值结构为4.3∶45.9∶49.8，全年信息经济核心产业增加额度为3310亿元，增长15.1%，占GDP的7.7%。经过近三年的发展，虽然产业结构仍然存在一定的不足，但相比 2015 年已经有所提高和改善，根据 2018 年 2 月 27 日，浙江省人民政府网站所公布的《2017 年浙江省国民经济和社会发展统计公报》可知，截至 2017 年年底，浙江省全年地区生产总值（GDP）为 51768 亿元，比 2015 年增加 8882 亿元，增长率为 20.7%，可以看出浙江省近三年来总体经济发展进步很快。其中，第一产业增加值 2017 亿元，第二产业增加值 22472 亿元，第三产业增加值 27279 亿元，均比 2015 年增加有所增加，但第三产业对 GDP 增长的贡献率比起 2015 年有所下降，约为 57.0%，由此可见，虽然整体产业结构比起以前有很大的调整和完善，但是总体上还是存在不足，仍然需要进一步调整和改进。

特色小镇与传统意义上的小镇有很大的区别。从形态上来看，它既可以是大城市周围的小社区，也可以是城市内部比较独立的小街区；从产业上来看，它主要是在原有产业的基础上进一步创新，突出其特色，依次打造完整的、具有特色的产业生态链，尽可能地吸引更多的人才，推动经济创新发展；从环境上来看，特色小镇的发展要求与生态环境的发展和谐一致，着力打造 3A 级以上的景区，以此来推动小镇环境问题的解决。从宏观上分析，特色小镇的建设与发展刚好顺应目前大趋势下所提出的新型城镇化，并且与该过程中的"农民市民化""产业转型升级化""创新创业化"等大战略、大方针是相辅相成的。这一系列战略的实施均可通过"特色小镇"这一"抓手"来促成，反过来，"特色小镇"的建设也有这些大战略、大方针的"保驾护航"。政府正是通过这一相互促进的模式，最大限度地推动经济社会创新升级，并且有力地解决城镇化过程中的一系列问题，最终实现其重大的现实意义。

同时，浙江省特色小镇的创建具有相当大的推广价值。首先，浙江省的特色小镇发展到今天也已日渐成熟，早已累积了大量的实践经验，可以在一定程度上得以推广和供以借鉴。其次，特色小镇与行政意义上的"镇"有很大的区别，推广过程不会存在行政障碍。更为重要的是，特色小镇的发展具有土地要素保障与财政支持。在土地要素方面，确定需要土地之后，先由各地办理农用土地转用以及供地手续，对于按时完成年度目标的，省政府将会按照实际使用指标的 50% 给予奖励，其中，对于信息经济类产业、环保类产业和高端装备制造类产业等，特色小镇将会按实际指标的 60% 给予奖励；但是，如果 3 年内未能完成任务的，政府将会按规定扣除其一定的用地指标。在财政支持方面，特色小镇从建设到验收命名，其新增收入上交省财政部分，前 3 年将全额返还，后2年将会返还一半到当地财政。这样的财政政策保障体系，一方面极大地调动了申报特色小镇的积极性；另一方面也不会增加地方政府的负担，极大地增强了推广的可能性。

二、浙江省特色小镇的发展开发了浙江省的自有资源

浙江省推出特色小镇建设，其目的十分明确，就是要充分利用浙江省的信息、经济、资源、历史等独特的优势，探索出一条能够更好地适应和引领经济发展的新路径，以此实现经济的可持续发展，从而使当地的自有资源得到充分利用。

首先，在生产力方面，特色小镇的发展优化了生产力的整体布局。浙江省"七山一水两分田"的地理环境，使长期的经济发展受到限制。纵观浙江省的经济发展状况，从块状经济和县域经济，到工业区和高新区，再到集聚区和科技城，浙江省要用最小的空间资源实现最优化的生产力布局。而利用特色小镇来实现这一目的的思路正是来源于瑞士和法国，尤其是法国的普罗旺斯小镇。这些特色小镇精致独特、产业特色鲜明，具有独特的文化韵味和生态魅力。浙江省特色小镇的建设，就是要在有限的地理空间里充分发挥产业、文化、旅游和社区四大功能，并在构建产业生态圈的同时，构造出令人向往的优美环境和极具动力的创业氛围。

其次，在产业结构方面，特色小镇的发展使产业结构的不均衡得到了调整。像绍兴纺织、大唐袜业以及海宁皮革等，都是在浙江经济的最初发展中做出了很大的贡献的。然而，随着经济新常态的发展，最初的制造业类型的区块经济已经慢慢进入低谷，在适应新常态的经济背景下，要想继续发展下去就必须进行产业转型升级、调整产业结构。

再次，在创新创业方面，特色小镇的发展使产业生态链进化了创业生态。在"大众创业、万众创新"的政策指引下，竞争的关键就是要有"生态"。一方面，良好的创业生态可以使内在的动力得到释放，并对外在的要素资源形成强有力的吸附。近几年，之所以会有越来越多的年轻人到浙江省创业，就是因为这里有极具吸引力的创业生态。另一方面，特色小镇的关键就是特色的产业生态。一直以来，特色小镇严格要求其产业建设和生态环境要相辅相成、和谐发展，例如，建成3A级以上景区，打造出自然生态；通过"创建制"等制

度,打造出政务生态;强化小镇的社区功能,打造社会生态。

最后,在人居环境方面,特色小镇的发展使原有的人居环境得到一定程度的改善。特色小镇是建立在城市与乡村之间的,不仅使独立的生产、生活和生态进一步融合,使生活功能得到了强化,又使自然景观在一定程度上得到了美化,使城镇的发展更加符合现代都市人的生活追求。

三、浙江省特色小镇的发展增加了其居民收入

特色小镇的建设响应党和政府脱贫攻坚的政策,提高当地居民的生活质量并且成功地引进了大批的资金和人才,具有明显的成效和积极的意义。

一是成为加快产业创新、转型、升级的新载体。据初步统计,特色小镇所吸引的创业群体总数已超过万人,主要是大学生、大企业高管、科技人员、海归人员等;目前创业团队总数已突破2000个,大量高质量人才的流入,正在浙江地区逐渐形成培育新产业和催生新业态的孵化器。同时,省内各地也正在进行特色小镇建设,他们将特色小镇作为传统产业创新、升级的新契机,尽可能地引进新技术、融合新功能以此来促进产业更好、更快地转型升级。二是成为推动有效投资的新引擎。2016年,浙江省首批37个特色小镇吸引的新企业达到3258家,其中国家级的高新企业达66家,企业总量已达到近1.9万家。2016年,浙江省79个特色小镇创建对象入库税(国税、地税)收入高达160.7亿元,同比增长13.5%;其中税收(国税、地税)收入高达132.2亿元,同比增长14.5%,这个数值远要比浙江全省同期税收增幅高出很多,说明了特色小镇的产生和发展的确是顺应了当前的整体趋势,同时,也展现了它强有力的发展势头。2018年第三季度,浙江省旅游人数高达17680万人,该季度旅游收入达2180亿元。特色小镇经济发展总体势头旺盛,招商引资的能力也在不断提升。三是成为推进供给侧改革的新实践。特色小镇聚集了产业、旅游和社区功能,已经成为"一产二产三产联动、生产生活生态融合"的集合体。小镇主要以加快产业创新、转型、升级为目的,汇集高端要素、高新技术,以提供高质量的产品,来满足个性化的需求,在产品质量上有新的突破和提升。四是成为展示浙江经济发展的新代表。特色小镇的优异成绩,不仅赢得了党中央的高度肯定,还逐渐成为主流媒体关注的焦点,并多次在中央电视台的《新闻联播》和《焦点访谈》等栏目中播出。

第三节

浙江省特色小镇的发展经验

一、浙江省特色小镇建设独特的优势

特色小镇的发展除了要有政策引领和特色创新外，更加不能缺少的还有各地区的自身条件，要坚持因地制宜、稳妥推进。从各地实际出发，遵循客观规律，加强统筹协调，科学规范引导特色小镇开发建设与脱贫攻坚有机结合。浙江省特色小镇的发展显然离不开其独有的自身条件。

（一）原有的经济基础

浙江省的经济发展水平在全国领先，有比较发达的经济实力，城市建设基础好，具有一定的经济基础。据统计，2017年浙江省的经济总量达到51768亿元，居于全国第4位，仅次于广东省、江苏省和山东省；浙江省的人均国内生产总值约为13634美元，位于北京、上海、天津、江苏之后，居全国第5位、省区第2位；浙江省的人均可支配收入约为42046元，在省区方面居全国第1位。同时，浙江省还是全国发展最为成熟、经济市场化最高的省份。浙江省是国家第一个实行省管县体制的省份，产业竞争力得以提升，为城乡差距的缩小起到很大的帮助。此外，传统上浙江人就比较善于经商，浙江人的商业活动非常活跃，在国内外都能看到不少浙江商人的影子，这些浙江人又深受传统文化的影响，一般会落叶归根，将在国外获得的利润带回家乡，进而大大增加了浙江的经济实力。浙江省位于中国东南部，地理位置优越，开发较早，有比较发达的交通运输网络。这些基础对特色小镇的建设大有裨益。

（二）独特的产业基础

浙江很早就开始在某地集中兴办了以生产或销售一种产品的块状经济，这种块状经济以各地区不同的地方特色为基础，在改革开放初期就有很大的商机，也因此使当地的经济获得很大的发展。这种经济发展模式在浙江省内被广

泛引用,也逐渐推动浙江全省的经济发展,使之具备这种经济特征。开发区、工业园区、产业园区的不断兴建加快了产业集聚速度,这类产业集群典型的有宁波杭州湾产业集群和绍兴滨海产业集群。同时还有一些省级产业集聚区,例如,漳州产业集聚区、台州湾循环经济产业集聚区引进了上海大众、东风裕隆汽车以及世界500强瑞士ABB集团等一批具有较强竞争力的大型集团。浙江省全省工业化和城市化的发展也逐渐基于这种独特的经济模式之上,浙江省这种以块状经济为特征的产业基础,在一定程度上符合特色小镇"特而强"的要求,已逐渐成为浙江地区坚实的产业基础。

(三) 美丽的人文景观

虽然浙江省山多、陆地小,农业发展和经济发展均受到空间狭小的限制。但浙江省东部沿海,其海岸线高达6486公里,超出我国总海岸线的11.3%,受地势的影响,浙江省环境优美,有着独具特色的文化景观,如莫干山、天目山、普陀山、雁荡山以及天台山等。此外,浙江地区的西湖、千岛湖、嘉兴南湖、钱塘江、乌镇、西溪湿地以及富春江等景观,优美如画,别有一番江南水乡的韵味。此外,浙江省还是我国历史文化悠久的地区,有许多著名的人文景观,如雷峰塔、灵隐寺、岳王庙、南宋御街以及绍兴黄酒博物馆等,都是人们耳熟能详的景观,它们背后的故事更加会引人深思。这些自然风景和历史名胜必将为旅游业特色小镇的发展打下坚实的基础。

(四) 深厚的文化底蕴

浙江省历史悠久、文化繁荣,是中国较早的人类发源地。早在东晋南朝时期,国民经济重心迁至江南,自此浙江省便得到有力的经济支柱,一直走在世界的前列,长期以来经济发展繁荣昌盛,这种经济趋势一直延续到近代仍是如此。也正是浙江省长期的发达经济,促进了它长期以来文化的发展。从古至今,浙江省出现了许许多多重要的思想家、科学家、文学家及教育家,如王阳明、龚自珍、茅以升、钱学森、陈省身、鲁迅、茅盾、蔡元培等。这些文化先驱和特殊的自然环境培养了浙江人坚韧不拔和开拓创新的精神。浙江人自改革开放以来,就敢于突破思想和体制的束缚,敢于尝试不同的经商、交易模式,不断地创新各种经济体制,不断地走出去体验、学习不同的经营方式,长期积累下来形成了浙江经济发展的重大基础和基石。同时也极大地促进了当今浙江经济的发展,为特色小镇的建设和发展奠定了坚实的基础。

(五) 坚实的政策基础

任何一项事业的发展都离不开政策引领和坚实的基础,特色小镇在浙江省率先兴起,这不仅有其客观的和现实的条件,还有其坚实的政策基础。

浙江人勇于创新、绕开"繁复的旧体制",这也是特色小镇能够在浙江兴起的内在因素。如一些具有特色小镇雏形的杭州梦想小镇、云栖小镇、山南基金小镇等,都是在当地深厚的文化经济背景下自发形成的雏形的特色小镇,同时,它们也是许多经济社会政策的产物,如供给侧结构性改革、经济转型升级以及新型城镇化政策等。例如,主要体现在2014年3月16日新华社发布的《国家新型城镇化规划（2014～2020年)》,这一新型城镇化政策所阐述的"镇"的概念、本质以及目标功能,与目前的特色小镇都具有很大的相关性和一致性。特色小镇若要成功地建设和可持续地发展,是必然离不开国家政策支持的,因此它必须和国家宏观政策相吻合,也要与浙江省的具体政策密切相关。这也就为特色小镇建设和发展奠定了坚实的政策基础。

(六) 可借鉴的经验

横向追踪特色小镇的发展,可以发现特色小镇并不是首创于浙江省,而是浙江省在探索创新的过程中吸收、借鉴西方国家的一种经济运营形式。它其实是西方国家在工业化、城镇化过程中出现的一种经济社会现象,对优化生产力的整体布局起到了非常重要作用。我国作为发展中国家,在现代化、多元化、全球化经济社会发展过程中,不能一味地因循守旧,也不能盲目地照搬照抄,而应该从我国的实际国情出发,制定出一系列符合本国国情的方针和政策,这是我国的国情,是短时间内不会改变的主题,在围绕这个不变的主题的基础上去汲取历史发展中所积累下来的一切优秀的文明成果,当然,这其中包括西方发达国家所积累出来的成功经验。

二、浙江省特色小镇存在的问题

浙江省特色小镇的整体发展情况还是不错的,但还是存在一些问题。"我国的小城镇发展模式确实存在一些问题，小城镇在建设上缺乏财力、在发展上缺乏活力、在经济上缺乏实力、在形象上缺乏魅力。"国家发展和改革委员会国土开发与地区经济研究所综合研究室主任——贾若祥在接受采访时表示。

（一）整体规划不够科学，导致特色元素不突出

特色小镇建设的关键是要突出其"特色"。然而，在实际的创建过程中，部分地区产业定位尚不明确，主营业务发展不明朗，导致其在后期的发展中很难成为独特而又独立的产业区。一方面，主题规划经常变化，明显存在拼凑现象。特色小镇与传统的小镇不同，它不要求地域面积的大小，而是要表现出其专有的"小、精、强、美"的特征要求。目前，很多特色小镇在申报时大多是概念性的规划，没有对其主营业区和产业发展做具体的规划，往往投资目标过高，但实际上没有相应的小镇的实体规划，只能在后期操作中不断向外延伸，最终导致面积过大，不符合特色小镇的标准。另一方面，核心经济不明朗，特色产业不突出。特色小镇建设的核心就是突出其特色，不能千篇一律。但是在实际操作的过程中，有些小镇不设置明显的标志，仅仅用图片或视频来代替；有些小镇将核心区域当作是项目的占地面积，导致小镇整体看起来没有新意，缺乏特色元素。

（二）项目不够集中，导致功能融合不足

有些小镇在建设的过程中没有完全将特色小镇和传统意义上的小镇区分开来，并没有很好地将产业、文化以及社区功能融合起来，而是继续沿用传统的产业集聚区的思路来规划特色小镇，导致小镇项目集中度不够、功能融合不足。一是没有与旅游功能高度融合。有些工业小镇，由于其特殊的产业和天然条件，对游客吸引力很有限，很难在旅游项目上做过多的开发和投放，但如果随便将周边的成熟旅游景区纳入现有规划中来拼凑项目和客源，只会增加后期的工作量，而且很难在以后的发展中实现长久。二是没有与文化功能紧密结合。有的小镇在建设时并没有真正揭示其特色产业的特色文化内涵，多是经过后期包装整合，以"高大上"的时尚中心来代替其自身的产业特色。这种做法也的确在一定程度上改善了小镇的外在形象，但从本质上来说，它并没有将特色小镇的根本性产业与文化紧密结合起来。这种时尚小镇多依托于传统文

化，而不是突出自身特色的做法，使特色小镇的发展在空间和时间上都存在着很大的问题，导致"传统文化"和"时尚文化"不能很好地结合起来。三是产业与社区功能融合不够。特色小镇的建设与传统的小镇不同，它是具有社区功能的空间创新创业平台，而不是传统的产业园区。然而，有的特色小镇会在其园区内建造一些员工宿舍、人才公寓之类的建筑，甚至将周边的农民用房纳入其中，然后美其名曰"创新创业空间"，但其实质上还是停留在原来的产业市场上，用着原来的管理理念，走着原来的经营路子，在本质上并没有真正发生改变，并没有形成完整的社区生态、产业生态。

（三）行政干预过多，导致运营主体偏差

特色小镇的建设要求以企业为主导、运营以市场为主体，一般而言，都是由具有强大优势的企业作为行业的核心，然后小企业围绕其优势产业组织开展工业生态活动。但是，在实践过程中，由于对特色小镇的预估不准确，一般建设投资额比较大，这在一方面使特色小镇的建设速度很快，成效明显；另一方面，对特色小镇的投资主体的实力要求很高。这正是因为有些小镇的发展定位不准确或者产业生态不成熟，导致它们不容易在短时间内引进相对稳定的高质量产业主体。同时，政府干预太过积极，在这个过程中会经常出现一些传统政府投资，这很明显不符合特色小镇的发展特点，但尽管意识到这些问题的存在，政府干预的力度仍未得到调整，例如，一些项目细碎化严重问题和核心产业凸显不出等问题，均在一定程度上导致实质性产业主体的缺失。在市场上，有的小镇也设立了开发公司，然而，尽管一些小镇有名义上的市场化实体，但管理仍然受到政府很大程度的影响。

（四）创新力度不够，产业层次不高

特色小镇的原则应该是凸显特色和创新力度，其特色产业就是要在较短的时间里具有明显的质量提升和规模扩张的潜力产业。但是，目前还有一些小镇的产业仍然不具备这种高质量和潜力，影响力也很普通，并且，其管理经营和专业创新都有待于提高。一方面，一些特色小镇由于规划不足，其产业发展还是基于集聚区和工业园区的传统状态，还是带有原来企业的小、低、散的问题，受到这些因素的制约特色小镇很难在短时间内完成突破。为了特色小镇能更好地发展，在这之前已经建立了相应的研究院、孵化器、创新中心等创新发

展的空间平台，但实际操作中并没有与企业紧密结合，很多小镇仍然延续旧时的生产经营模式。另一方面，随着经济的发展，目前创新创业的竞争力也越来越强，创业者对创新创业的环境要求也越来越高。当然，特色小镇的发展管理也需要一批精干的高层次人才，因此，吸引和留住高端人才，也已经成为地方政府和企业应当考虑的重点。尤其是在市县级，由于地方产业基础薄弱、地理优势不足以及设施不齐全等因素，导致它们对行业人才的吸引力严重不足，因此，更加需要政府政策的辅助和引领。

（五）要素资源保障不足，导致长远规划面临挑战

要素资源对特色小镇的建设工程影响很大，由于受到这方面的制约，很多地区很难按照原计划完成任务。

在具体的建设工作中，用地指标和产业布局往往会受到上级的限制。还有各地区生态保护压力的程度不同，所以很难创建其核心产业。就资金而言，任何项目引进都需要一定的投入，但是，很多地方区域财力薄弱，且融资能力又十分有限，因此，迫切需要财政支持。就土地而言，土地指标对特色小镇的工程建设相当重要，但是，土地问题是很难在短时间内得到解决的，这就会在很大程度上影响项目的进程。同时，在解决土地问题时，通常会涉及居民的安置补偿问题，而征迁农民安置点用地也是一大难题，这些都大大影响了土地供给的速度。

（六）招商动力不足，运行机制不顺

一是高质量招商比较困难。随着经济社会的发展，招商工作也发生了很大的变化，不能仅仅按照原来的思路进行，因为传统的方式已经跟不上时代的进步，很难满足目前发展的新需求，地方政府由于受到财政、基础设施、地理环境等因素的影响很难吸引到高质量的项目，这种单一的运营方式，很大程度上会出现应付的情况。要弥补这种缺陷、改善这种状况，就必须要在原来的基础上进行创新。二是机制不灵活。特色小镇作为供给侧结构性改革的"试点区"，政府与企业在其中的作用尚不明朗，运行机制也不明确，这个过程中缺少政府的针对性管理，政府部门应该设立专门的机构对特色小镇的建设和发展进行针对性的管理服务，进而激发基层的内生动力。

三、加快推进特色小镇建设的对策建议

(一) 突出特色产业，使生态与文化相融合

首先，要明白特色小镇的建设要点是"特而精"，而不是传统的"大而全"。在创建过程中，要重点打造特色产业。其次，要有长远的发展眼光，定位高端产业链，引进行业核心技术和高端人才，将"国际招商"和"全球营销"落实到实际的发展过程中。再次，要根据地方的实际情况，在原有产业转型升级的基础上，努力开拓新兴产业，打造前沿产业，提高发展速度，为特色产业健康发展奠定坚实的基础。最后，要学会融入大城市的产业体系，取长补短，寻找竞争优势。要因地制宜，充分利用好当地特有的优势。同时，还要在发展的过程中保护好当地的文化遗产，将其转变为当地独特的标志，与其产业紧密结合，真正打造出特色鲜明的潜力型小镇。

(二) 突破传统发展模式，科学谋划居住环境与区域发展

特色小镇在发展中要做到"聚而合"，尽可能地将生活功能、生产功能和生态功能科学合理地融合到一起。在功能体系方面，要突破传统的行政区划，注重发展具有原有特色的特色产业，并以此为载体吸引世界各地的相关企业加入，重点关注创新与集聚。在空间布局方面，要协调小镇布局和周围自然环境，道路布局要科学合理，建筑物的高度和密度要适应，当地传统的文化特色和地域风光要相互呼应，服务设施要便捷完善，从总体上打造出多功能的小镇。

(三) 政府要找准定位，实现多元化管理

江苏省省委书记李强曾说："特色小镇不是政府大包大揽的行政平台，而是以企业为主体、市场化运作、空间边界明晰的创新创业空间。"特色小镇的建设不仅仅要表现出创新，还要尊重其自然规律，在其原有基础之上突出发展特色。在具体的过程中，政府所扮演的角色就是管理、指引、服务。例如，在土地置换方面，可以借鉴浙江的经验，对决定创建特色小镇的区域，可让其先行办理农转非供地手续；在资金融资方面，可以参考东山碧螺春原乡小镇的做法，首先介绍一些社会资本，然后鼓励银行和其他金融机构参与其中。在运营

管理上，可以学习萧山信息港小镇的经验，采用"政府主导，企业运营"的模式，聘请专业的管理团队，实行高效的管理机制，提供与众不同的个性化服务。

（四）制度设计新颖，体制机制创新

从近三年来特色小镇的发展经验可知，在创新创业的新常态下，一些制度体系也应该与时俱进，才能跟得上新形势的发展。其中，特色小镇考核制度就是很重要的一部分，在新的形势下政府可以采用动态考核倒逼机制。以"政府引导、企业主体、市场化运作"的体系，打造出公平、有序的市场环境。对于发展理念，要明确产业定位，政府在掌握政策的同时摒弃旧模式，并试图突破旧发展理念的局限。在税收方面，可以参考浙江省税收优惠政策的方法，实施"一城一策"的制度供给，创建动态创新机制，激发创业者的积极性，为特色小镇的长期发展保驾护航。

四、浙江省特色小镇的发展经验

（一）依托产业基础，实现分类发展

本书将特色小镇按照产业类型分为几个不同的类别：一是"创意设计、时尚游娱"型，如以时尚产业为主体的包含市场贸易、商务休闲以及工业研发制造的时尚产业文化中心；二是"文创体验、工业旅游"型，如具有创新创造和旅游度假两大功能的，与生产、研发、展示、体验、休闲度假相结合的，婚庆度假基地和文化产业基地；三是"产业集聚、生活驿站"型，如为基金人量身定做的、具有花园式的办公条件的生活、工作环境，它主要围绕基金产业定位，包含办公运营以及生活娱乐等因素在内的宜居、宜业的空间环境；四是"设计研发、工业旅游"型，如以特色产业的比较优势为主，形成能够将服务、文化等融合为一体的产业基地。

（二）突出市场主体，强化资源整合

创建特色小镇的原则是政府引导、企业主体、市场化运作，政府应加强对规划、设施和资源要素方面指导和保障，使企业充分发挥主体作用。在具体的

实施中，要因地制宜，避免传统的运营模式，通过两种方式加以体现：一是由具有实力的公司引领，如由实力雄厚的公司领头开发，或由于产业和项目的特殊性，以国资央企为主体进行开发建设；二是若干集团公司联合投资，如以发展公司等组团式开发、联合投资建设。

（三）建立多级联动机制，加快创建工作落实

特色小镇自成立以来，备受各级政府的高度关注，早已形成了各级联动的工作机制。政府对此还建立了特色小镇规划建设工作联席会议制度，加强了建设工作的领导和协调。各级政府还在联席会议的基础上，成立了相应的工作领导小组，其成员单位包括宣传部、经信委、科技局、财政局、国土资源局、商务局、文化局、统计局等，共同负责好各地的监管协调工作。为将特色小镇的责任落实到各地，政府还设立了特色小镇创建工作领导小组及办公室等，认真筹划相应的策略办法、充分考虑与之相对应的解决方法。同时，明确各成员的职责，建立监督协调机制，加大动态监管力度，打造梯度创建、上下联动的特色小镇发展格局。

从浙江地区的发展经验来看，特色小镇的发展才刚刚起步，在取得一定成果的同时，也存在着诸多问题。例如，通过分析浙江省的发展经验可以看出，一些特色小镇的创新水平还是不高，依然存在着"等、靠、要"的思想，这些小镇在抓了工程设施之后就显得相当乏力，产业升级动力不足。这也说明要支持特色小镇长久发展，光有顶层设计是远远不够的，还要基于各地历史，结合现状的政策体系，合理规划创新产业和特色产业的发展。当然，政策也不能一蹴而就，需要根据实际情况因地制宜、与时俱进，不断进行大方向的引领和政策服务保障，以此来推动特色小镇健康、长久的可持续发展。

浙江特色小镇的建设是对习近平总书记针对浙江提出的"干在实处，走在前列，勇立潮头"要求的落实，也是对五大发展理念的贯彻落实和对实现城乡统筹发展的积极探索，同时也是推动供给侧结构性改革又一重要战略方针。经过近三年来的摸索和发展，特色小镇已经取得了一定的成绩，值得肯定。但从整体来看，特色小镇还是处于起步阶段，目前存在的问题和面对的形式也都比较复杂，所以特色小镇的建设工作还有很长的路要走，在今后的发展中还需要继续探索和实践，不断改进、不断完善。

第四章

农业类特色小镇培育

第一节 农业类特色小镇概念

一、农业类特色小镇内涵及其实现可能

（一）农业类特色小镇的内涵

所谓农业类特色小镇或者说特色农业小镇是以农业资源较为丰富、环境较为优美的城市及其周边乡镇为基础，以具有特色的农业产业为依托，结合绿色生态、美丽宜居、民俗文化等细节特征，打造具有特色农业产业定位、农业文化内涵、农业旅游功能的"宜居、宜商、宜业、宜养、宜游"的新型现代农业发展空间平台。可以看出，特色农业小镇并非单独地建立一个镇并在这个镇中发展所谓特色农业，真正意义上的特色小镇指的是在原有特色农业产业的基础上，集聚各类发展要素，如人力、资本、技术，进一步打造出来的一个新型发展空间平台。对于农业类特色小镇来说，它通过整合农业、城镇、科技、文化、创新等要素，构建"产、城、人、文"四位一体，农业与旅游产业协同发展的综合体，以新理念、新机制、新载体推进农村三次产业深度融合发展，是农业经济发展的新引擎，是现代农业发展的新平台，是推进农业供给侧结构性改革的有效路径。

（二）特色农业小镇理论层面实现可能性

德国农业经济学家杜能于 1826 年提出了农业区位理论，该理论认为通过农业地域分工，在区域地块大部分面积上专门种植一种或少数几种农产品可以形成规模效益，且在市场上具有价格优势；进一步，通过该推论，未来农业发展的目标就是形成规模更大、分工更细、布局更集中的特色农业区域。埃比尼泽·霍华德于 19 世纪末提出了田园城市理论，该理论认为不应盲目扩大城市区域，应通过合理规划，控制合理的城市规模，在具体结构设计方面，他认为，一方面可以通过城市的发展为乡村提供市场；另一方面围绕城市建设完备的绿地、田地等保持整体生态平衡，同时他还提出了在建造田园城市过程中至关重要的是建立完善的土地制度，要形成一种有机与平衡相结合的发展模式。

通过前述理论可以看出，建立农业特色小镇是具有理论基础的，一方面，通过小镇本身所自带的传统农业属性可以进行大规模种植；另一方面，小镇通过与城市进行联动，可以建造更为健康、自我完善的生态体系以及更为平衡的发展模式。

（三）农业类特色小镇政策层面实现可能性

2015 年浙江省提出特色小镇概念并进行了建设，习近平总书记、李克强总理等就浙江特色小镇建设作了重要批示，其中主要精神是特色小镇是供给侧改革的重大创新，各地应因地制宜借鉴，这一批示充分指明了河北省进行特色农业小镇的现实可能性。

在具体的政策目标上，2016 年 2 月国务院出台了《关于深入推进新型城镇化建设的若干意见》，其中提到"积极推进农业转移人口市民化""加快培育特色小城镇""辐射带动新农村建设""完善土地利用机制"等若干城镇化目标，客观上对特色小镇的建设方向提出了要求。

2016 年 7 月，住建部、发改委、财政部出台了《关于开展特色小镇培育工作的通知》，其中明确指出到 2020 年要培育 1000 个左右各具特色的特色小镇，明确了培育特色小镇的任务，并提出了相应的要求与提供了相关支持。在这种条件下，河北省建设农业类特色小镇也有了实际要求与指导，从而可以付诸实践。

二、农业类特色小镇特征

特色农业小镇既有作为传统第一产业的共性,即农业,又有新型创新的内涵,这个内涵是因地制宜,不同的特色小镇各不相同。同时,农业类特色小镇既具有特色小镇的共性,又具有农业主题的鲜明特色,即具有彰显特色的现代农业(如机械化、生态式的农业发展类型),同时又兼有旅游、文化功能,并且基础服务完备、环境设施良好。一般来说,农业类特色小镇都具有以下特征。

(一)彰显特色的现代农业产业

农业类特色小镇的第一要义仍是农业,以农业为基础进行发展。农业类特色小镇就是立足农业这一永恒主题,发挥各地的资源优势、比较优势、独特魅力,在这些基础上运用现代产业理念打造农业的产业形态。通过发挥自身的比较优势,运用现代产业理念打造农业产业形态。例如,法国格拉斯小镇是著名的农业类特色小镇,其位于法国南部普罗旺斯区域内,是尼斯和戛纳之间的一个山区小城,背靠阿尔卑斯山,面对地中海,该特色小镇的产业基础是养花业,通过养花业的兴盛来发展其香水制造业,并因此被称为"香水之都",通过香水产业进一步发展旅游产业,并最终演变成以香水制造和旅游产业为核心的区域产业经济结构。格拉斯小镇在发展过程中对其基础产业采取了非常理性的做法,合理有效利用自然资源并进一步做出资源最优化的措施。鲜花既能用于提炼香水也能用于旅游观光,这是对资源的合理利用,但在这之前,还是鲜花的种植——这一特色农业基础产业起到了基石的作用。应该说,一个发展良好的农业类特色小镇无论何时都不能放弃最基础的得天独厚的自然资源所带来的农业产业。

(二)融入文化因素

农业特色小镇的文化氛围是一种吸引力。农业特色小镇应是三次产业融合发展的小镇,有明确的农业产业定位,同时文化创意元素一并融入现代农业,这种文化融入既代表了农业型特色小镇的文化特征,同时也是世界先进农业的发展方向。

具体而言，这种文化因素的融入有两层含义：一是传承地域文化特色，将历史的传统文化融入现代农业产业之中；二是传播产业文化，将文化创新元素融入整个产业链之中，如通过对农业产品的文化包装可以提供更多的增加值。例如，浙江义乌的上溪红糖特色小镇以当地盛产的甘蔗作为原材料制作手工红糖，其制作出的红糖物美价廉，这是它的基础产业，在此之上，当地政府大力宣传"红糖节"这一概念，加上其自古留传下来的红糖文化，使其名声得以广泛传播至义乌及周边的东阳、金华、浦江等地区，其生产的红糖也得以在全省乃至全国的范围内广泛销售，这是一个非常经典地通过融入文化因素促进农产品的加工品大量销售，并以此促进相关旅游业等产业发展的例子。

（三）兼具旅游功能

农业特色小镇除了农业产业之外，应该还有外部的正效应，即会带来额外的除纯粹农业产业外的效益，其中最为明显与最易达到的就是旅游。事实上，通过特色农业带动旅游业发展早已有之，例如，一直在实践的生态农业，通过有机健康的自然循环发展农业生态园，产出的农产品安全健康，富有营养，同时通过采取参观生态园林、农家乐等形式，当地旅游业也能蓬勃发展；再如浙江舟山的远洋渔业小镇的基础产业是渔业，共建设了9个产业项目和3个基础设施配套项目，其目标就是打造集生产、科研、物流于一体的海洋健康食品、远洋生物医药、新型海洋保健品等海洋健康产业，除了这些基本产业之外，它还以3A级旅游景区建设为载体的远洋渔业小镇，给舟山的滨海旅游贴上新标签——渔都健康休闲游，年接待游客达30万人次以上。从中我们可以看出，农业特色小镇在进行正常的农业生产过程中，辅以特色旅游概念，将带来更好的效益。

（四）基础设施完备

一个完善的农业特色小镇的基础设施是完备的，事实上，这同样拥有两层含义：一是以农业特色小镇为平台及其周边的居民的生活条件质量应该是良好的，近些年来，随着我国不断向全面小康社会靠拢，农村、小城镇居民的家庭条件都在不断提高，但与大城市仍有一定的差距，这由一定的因素决定，无法在短期内消除，但我们可以通过补贴、家电下乡等方式尽量缩小这种差距，这也符合发展为了人民的发展理念；二是特色农业小镇应有的与现代农业相匹配的生产设施，如大型灌溉设施、废弃物循环利用设施、大型播种设施等，更为广义的来说，基础设施还包括公共服务设施以及宽松、富有创新性的工作条件等。一般来说，大部分的特色农业小镇的基础设施都较为完备，应该说，这是特色小镇大力发展而导致的一个结果，正因为发展效益良好，才有充足的资金对小镇本身的基础设施、基础建设进行改造更新，这些完善的基础设施也进一步促进了小镇相关的附属旅游业发展。

（五）环境和谐宜居

一个发展良好的区域经济，其经济固然是发达的，但同时它也会具有周边环境、自然生态不被破坏的特征，不然，很难说其能够一直可持续发展下去。对于农业类特色小镇也是如此，农业类特色小镇作为新型城镇化载体与农村人口向城市化转换的有效途径，在发展过程中应当注意生态环境的改变。农业类特色小镇在发展的过程中，应该注意在合理利用自然资源的基础上，监控自然生态被破坏了多少，防止出现"得到了金山银山，失去了绿水青山"的情况。而发展良好的农业类特色小镇必然是符合这个条件的，也就是经济发达、生产效率高，同时又具有美丽的环境、健康的生态这一情况。

第二节　发展农业类特色小镇的意义

一、发展农业类特色小镇是提高生产效率的妙招

建设农业类特色小镇对于提高农业生产效率、提高农产品质量、改变粗放式经营、美化生产环境具有重大作用。我国是农业大国，河北省也是农业大省，2016年，河北省农业生产总值达3459.39亿元，占全国农业生产总值的5.89%，从图4.1中也可以看出，河北省农业在全国都处于较为突出的地位。2016年，河北省农村人均农业生产总值为9920.82元，相比较而言，江苏省的农村人均农业生产总值为14386.67元，黑龙江省的农村人均农业生产总值为18541.03元，而即使是全国农村人均农业生产总值也达到10188.13元，也就是说，河北省农村人均农业生产总值相比全国处于中等偏下水平，这也基本

反映了河北省农业发展的一个现状，即农业生产总量较高，但是人均总产量则较低，总的来说，即农业整体产业效率还处在一个较低的水平。

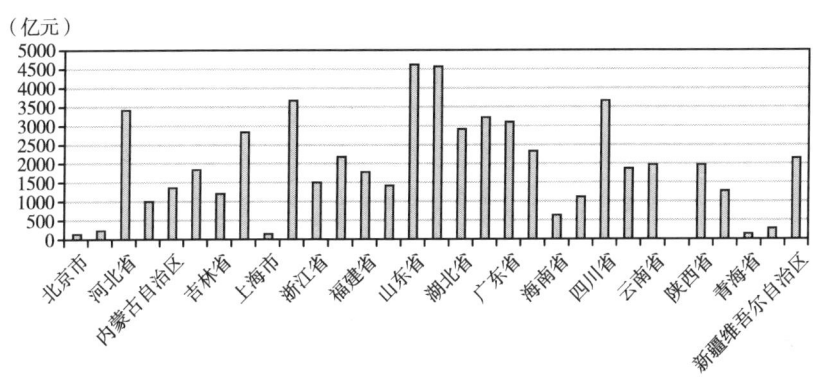

图4.1　2016年全国部分省区市农业生产总值

资料来源：数据来自国家统计局。

如何应对这种总量高、效率低的生产方式与人民对高质量、高附加值的产品的需要的矛盾？一个现实及成效快的方法就是发展农业类特色小镇，通过农业类特色小镇所特有的优势充分利用现有资源，生产高附加值的农产品及附属品，并以此发展其他的特色产业。

对于目前河北省所处于的特殊阶段，发展特色农业小镇对此会有很大帮助。特色农业小镇的建设可以推动农业可持续发展，加快形成产品质量安全、资源利用高效、产地环境良好、生态系统稳定的农业发展全新格局。建设农业类特色小镇是破解城乡二元结构的重要抓手，是推动小城镇建设的科学方法。

二、农业类特色小镇是适合我国作为一个农业大国国情的现实选择

首先，农业类特色小镇符合我国新型城镇化建设的总体政策要求。所谓新型城镇化，重点是突出人的城镇化，最要紧的就是让人民的生活环境能够达到城镇化、现代化的标准，而且要让居民的生活能够融入大自然，也就是既有健全、先进、现代的生活条件，又有充满自然美的环境；既能感受到传统的乡土气息，又能就地城镇化。利用农业类特色小镇这种方式改善农业有四点原因：

一是对传统农业的优化、提升，通过将工业化、农业现代化与传统农业结合起来的方式，再融合文娱、旅游等功能，创造出了一种新型的既能满足城镇居民的生活需求又能解决就业与收入问题的建设模式；二是这种农业类特色小镇符合当下农业供给侧改革的步伐，"田园综合体"概念在2017年被首次提出，该概念认为要依托农业村镇独有的资源优势，建立一个多功能、自循环的系统，这个系统集农业种植、生产、加工、深加工、物流、旅游等功能于一体，利用自然风光资源、人文历史资源与地方特色文化习俗结合后的文化氛围进行多功能开发建设，这实际上与特色农业小镇的建设内涵不谋而合；三是建设农业类特色小镇符合我国基础建设推进步伐的节奏，我国城乡一体化在不断完善，各级政府都在加大对农村基建的投入，并且实现了一系列成果，如公路的增加、电视网络的普及等，农村整体基建得到了极大的改善，通过建设农业类特色小镇，既是基础建设不断进步的体现，也是推动基础建设前进的动力；四是符合农村人们生活方式的改变，现阶段，我国正处于实现全面小康的重要阶段，人们的生活品质也得到了极大的提高，人们不再只是追求吃饱穿暖，而将需求更多地放在了教育、卫生、环境等方面，这也是我国现阶段主要矛盾，通过建设农业类特色小镇，可以让农村居民的精神世界得到丰富，满足人们生活、生产方式转变的需求。

第三节 农业类特色小镇培育思路与重点

一、农业小镇建设现状

近两年，"特色农业小镇"成为各级政府工作报告中的热词和媒体关注的焦点。如今在全国范围内，特色小镇都在以迅猛发展的姿态加入方兴未艾的新型城镇化建设中来。

四川省内江市西镇以无花果、白萝卜、大头菜等原生农产品为基础发展特色农产品，同时生产花生糖等二次加工产品；巴中市驷马镇以生猪养殖为基础，大力推动农副产品加工产业；南充市西充县多扶镇则创建了西部有机食品加工基地，主要发展有机农产品精深加工，同时辅以产品展示、休闲观光等相关附属产业;德阳市中江县集凤镇坚持以芍药规模化种植为核心,做出特色,形成远近闻名的"中国芍药之乡"。

2016年8月,浙江省科技厅发布打造浙江首个特色农业观光小镇。从种植到采摘、销售,绿沃川农场颠覆了传统农业的生产模式,项目全部建成后,可年产叶类蔬菜1700多吨。依托科技创新,黄岩区打破了生产要素、土地要素稀缺等"瓶颈",走出了一条农业转型之路。在这个基础之上,黄岩区进一步加快特色农业观光小镇建设,希望借助于这些区块精品的打造,整合周边的乡村旅游资源,带动北洋镇乃至整个黄岩中西部的区域经济增长,把"绿水青山"真正转化为"金山银山"。

2016年,山东省聊城市计划打造一批农业类特色小镇,通过实施一个乡村一个特色产业这种方式来打造示范性特色小镇,并且作了充分的规划,力图在5~10年的时间内,围绕聊城市的特色产业——种植业、养殖业、传统手工业等——来打造一批有现代化特色的小镇,在农业方面,力图打造出10个以上的农业类特色小镇。

二、农业类特色小镇建设重点

明确农业类特色小镇的建设重点是决定农业类特色小镇成功建设的关键所在,没有明确的建设路径,那么所谓建设也就是"水中月,镜中花",只有明确了特色小镇的建设方向,才能胸有成竹、一览无余。建设农业类特色小镇需要找到重点,也是为了防止出现"眉毛胡子一把抓"的局面,应该有重点、有方向地发展、布局相关产业。

在具体分析农业类特色小镇的建设路径时,我们应该考虑到传统农业的性质与特色小镇的性质,综合分析,一般来说,有以下五点需要注意。

(一)以农业建设为本

特色小镇要做大做强,外在表现就是经济发达、产业发展健康,这其中的关键在于要充分挖掘出该小镇的独有特色,农业类特色小镇亦是如此,而农业类小镇由于其本身基础就是农业,因此在发展农业类特色小镇的过程中必须要围绕农业这个基础做文章。至于在建设过程中的具体设计,如分割市场、形成产业化差异性、基于地方特色性质而发展的特殊主题等能够产生不同于传统形式的特性也是极为重要的,需要注意的是,这些设计不宜涵盖面太广而陷于空泛,要做的是瞄准具体某一领域。同时,在定位的同时不应忘记本身仍是基于传统农业产业的,若在基础农业产业之外,开辟新的发展方向,创造新的收益来源,那自然令人满意,但不能舍本逐末,为了发展制造加工、休闲旅游等附加产业而完全摒弃了基础农业,这会使自身拥有的比较优势荡然无存。当前,特色农业发展需要对增加优质农产品、增加优质农业附属产品、提高农业方面附加值给予足够重视,而不能单纯地发展农业休闲等附加产业,通过优质农产品吸引游客,通过优质农产品作为原料进行加工等处理能够带动一系列更加优质的产出,这也是供给侧改革的题中应有之义。

(二) 发展混合式经济

在建设农业类特色小镇的过程中,我们需要慎重考虑特色小镇的产业的选择,因为在建设过程中,具体的产业形态才是发展效益的直接推动力,若只有创意而少了设计,会掉入一个怪圈,无法满足真正生产的要求。我们在设计特色产业时,要有选择地采用一些新理念、新技术发展新的产业,可采用的技术包括物联网、大数据、区块链等,运用这些新型的互联网、物理技术改善传统农业本身的一些缺陷,如信息发布滞后、监测统计不显著、分析预警不准确等。进一步,我们可以结合时下非常流行的电商方式来进行农产品的销售,使单一的环节向整个产业链延伸。

在发展混合式经济方面,首先要明确发展混合式要混合哪些产业,并非所有产业都能一拥而上,要在明确本身传统农业是否具有该自然禀赋的基础上进行设计。如果条件允许,我们就可以考虑将第一产业与第二产业融合发展,具体的表现形态有农产品二次加工、农产品附属品回收加工等,通过发展第二产业,可以提高农产品的附加值,让产业整体结构更加合理,防范风险能力提升,也有助于创造自身品牌;又或者可以考虑第一产业与第三产业的结合,具体的表现形态有发展农业旅游、农业田园休闲、观光园休闲等,通过发展第三产业,使小镇本身知名度大大提高、活力增强、人口流动程度上升,同时也能使生态环境得到大大保护,进而将农业所附有的生态效益等功能释放出来。

(三) 发展文化创意农业

在建设农业类特色小镇的过程中,注重文化与产业的融合发展是保证小镇能够持续发展的重中之重。文化在特色小镇发展的过程中具有发挥创造力、凝聚力的作用。在规划建设农业类特色小镇的过程中，文化依托本身特质可以成为发展过程中的创新点，通过一定的建设构思将文化融入农业产业之中可以创造出新颖的实物产品。在具体的设计方面，有多种创新构思，如在园区内种植无土农产品，这种农产品不需要土壤，观赏性极佳，同时在采摘过程中不会沾染泥土，游客采摘农产品时体验感较好；又如利用一些废弃的农作物残渣等制作雕刻工艺品或者是装饰品，使农产品的附加值提升，资源利用效率更高。

农业类特色小镇的高文化氛围对提升知名度有显著效果。如前所述，健康发展的农业类特色小镇是各项产业互相结合的小镇，其中，以农业为主导，其他附属产业起到重要作用，这种结合型产业使小镇充满了活力，而要进一步使结合产业起到作用，营造文化氛围是重要一步。目前有很多种在农产品禀赋基础上结合文化氛围使得小镇充满特色的案例，如依托特色农产品的"酒都""奶都"小镇，依托特色农产品贸易的"药材小镇""渔业小镇"。另外，在融合发展的农业产业基础上，增加文化氛围可以让小镇本身更加富有诗情画意，让小镇本身产生更多的独特性。国外知名的农业类特色小镇的文化氛围都非常浓厚，如前所述的法国格拉斯小镇本身只是农业类、工业类小镇，通过附加文化氛围，其成为游客们参观学习、陶冶情操的绝佳之地。可以明显看到，通过文化氛围的加成，一个本来是普通的农业生产基地也可以变为独一无二、享誉世界的文化、旅游胜地。

（四）叠加旅游功能

打造农业类特色小镇需要旅游功能的配合，旅游功能一方面是建设农业类特色小镇的手段之一；另一方面也是农业类特色小镇发挥作用的路径，通过旅游功能，特色小镇不但可以获得额外收入，还可以大大提升其在周边乃至全国的知名度。在实际建设发展中，要注意对特色小镇的农业基础产业与旅游业进行合理融合，提高农业类特色小镇的多样性、结构性功能。通过发挥特色小镇的旅游功能，特色小镇对游客的吸引力能大大增加，同时也对延长产业链、增收链等各种生产链条效益显著。在发展旅游功能时，特色小镇要注意与传统农业的旅游功能相区分，具体而言，它是建立在现代信息技术下的旅游功能，其借助现代化的技术手段，如大数据、区块链等新技术的运用来进行管理、信息共享，并以此提高业绩收入、管理水平和服务质量，提升小镇的整体形象与质量。

以河北省的农业类特色小镇为例，建设叠加旅游功能的特色农业小镇有如下几个发展方向：一是科技型观光园，这以衡水邓庄农业科技示范园为代表，该示范园的主题为展现科技农业、进行科普教育，方式上则通过无土种植技术等最新的农业种植技术来吸引游客的注意力，主要的特点就是科技含量高，紧贴科技发展最前沿；二是种植业型农业观光园，以邢台前南峪生态观光园为代表，其主题就为观光休闲度假，方式上通过绿色生态园、循环观光园区等多种不同类型的园区来展示其独一无二的旅游景色，主要的内容就是通过结合生态农业开发旅游功能，现代人的生活忙碌而又乏味，通过这种大型休闲种植观光园的方式，让人们特别是城市居民能够放松心情，回归自然；三是各种实践性旅游活动，这由不同小镇的不同农业产业所决定，具体而言有农作物种植、鱼塘、放牧、家畜等养殖业及其他类型，通过这些独特产业为游客提供采摘、钓鱼、骑马等娱乐活动，还有附加的参观学习、露营、美食等休闲娱乐活动。

（五）建设农业类特色小镇需要因地制宜

特色农业小镇在培育建设过程中应该结合本身实际，考虑历史、文化、自然资源等因素综合选择适合发展的路线。一般来说，特色农业小镇按照在产业链中的主导环节可以分为科研主导型、加工服务主导型、旅游主导型三种主要类型。

1. 科研主导型

一般来说，若要发展这种类型的特色农业小镇，其本身应该具有一定的产业基础，也就说，该小镇或园区本身就有较强的农业基础，且其效益较好，通过发展农业类特色小镇的方式，其效益能够获得更加显著的提升。对于科研主导型的特色小镇来说，它的产业基础就是农业，在这个基础上，借助当地的农业龙头企业、高校等提供的技术，种植产出效益更高的农作物、养殖家畜，又或者是改善生产设施以提高效率。此外，在附属产业内容的选择上，科研主导型农业类特色小镇的一般以观光旅游为主，主要是以发展生态观光、农业体验和地产业之类为主。在产业拓延的情况上，科研主导型农业特色小镇融入了高端发展元素，既有自身的供需产业，又与其他产业领域产生了融合。

2. 加工服务主导型

此类特色农业小镇的主导产业是依靠农业种植业等农产品生产为基础，进行后续的农副产品的初始加工、二次深加工和销售售后等，以此形成的完整的加工服务产业链。该类特色小镇的附属产业与科研主导型特色小镇的区别不是很大，包括旅游业、健康养生产业和商贸服务业。在农业拓展的内容上看，此类特色农业小镇的主导产业进行了对农产品原材料的初加工与深加工，在销售阶段还运用了这几年新兴的网络电商销售方式。

3. 旅游类特色农业小镇

顾名思义，此类特色农业小镇的产业类型更偏重于旅游休闲服务产业。旅游类特色农业产业的主要构思就是在农业产业基础上，充分利用其自然资源、风景名胜资源、历史人文资源，主导产业构建就是在依靠独有的旅游资源、农业景观资源禀赋，结合农业文化氛围而发展出来的农业旅游相关产业，附属产业则一般依靠自身环境优势，发展独居田园特色的养生养老产业和婚庆产业。从拓延的角度看，养老养生等产业利用环境资源、农产品资源，拓展了食、住、疗等产业。此外，互联网信息技术产业融入整个产业链之中，主要运用到电商领域及小镇管理方面。

可以看出，不同类型的农业类特色小镇的主要发展方向以及主要产业还是有相当大的区别。其中，科研主导型农业类特色小镇与旅游类农业类特色小镇更加相似，因为都是通过一定的自然资源基础、科研基础发展产业，同时旅游功能是它们共同需要重点叠加的，相比较而言，加工服务业农业类特色小镇更加关注农产品生产过程中的产业链发展、附加值增加以及网络销售环节。尽管如此，这些不同类型的农业类特色小镇并不是完全割裂开来的，往往存在着你中有我、我中有你的关系，如果条件允许，这些类型就完全可以结合起来。例如，浙江的远洋渔业小镇，其基础主导产业是渔业及海洋制品加工业，应该分类为加工主导型农业类特色小镇，但通过科学发展、政府支持，其旅游业也完全蓬勃发展起来，甚至有超越加工制造业产值的势头。因此，不能死板地规划小镇的发展路径，因地制宜、实事求是、紧跟着小镇的发展阶段进行适当的规划才是合乎情理的。

第四节

河北省农业类特色小镇典型案例

本节将会挑选几个河北省的农业类特色小镇作为案例进行分析，这些农业类特色小镇的特点较为鲜明，且未来发展前景可观。

一、河北承德热河草莓公社小镇

热河草莓公社小镇是一个非常经典的农业类特色小镇,它通过发展特色小镇,优化资源配置,形成了良好的产业生产,并获得了巨大的效益,它的发展非常具有参考价值。热河草莓公社小镇位于承德市隆化县茅荆坝国家森林公园、七家森林温泉休闲旅游区附近。

(一) 草莓公社小镇的建设历程

西道村拥有种植草莓的良好条件,这里四季分明、昼夜温差大、光照充足,这种气候条件特别适宜草莓种植及生长,西道村也因此得以实现全年种植草莓,且产量惊人。然而这里的村民在以前却只是靠采摘草莓为生,只是满足于卖点草莓、蔬菜,靠采摘挣点小钱,以传统的农业生产模式发展,自家建的农家院零星分散,管理水准也限于一间房、一个院、一顿饭的传统农家乐经营模式。游客来了没地方住,没吃出特色,没能留下来,就是个"走马观花"。

从2011年开始,立足四季分明、昼夜温差大、光照充足、适宜草莓生产和种苗繁育的区位特点,该村引入了四季草莓种植项目,目前已经发展到1100亩,成为全国、全省唯一的四季草莓生产种植基地。村民转变了经营模式,转变了经营思维,由过去单纯卖草莓挣点草莓差价利润的朴素经营思维和单纯的传统农村旅游模式,转变为传统农村旅游与新农村现代化生活的融合经营模式,通过发展四季草莓种植基地,推出草莓创意工坊,开发草莓庄园、建造草莓音乐广场、玫瑰园等现代设施实现了从普通山村到富有时代潮流的"旅游天堂"的转变。

(二) 热河草莓小镇特色

热河草莓公社小镇依托已有的草莓种植产业基础——四季草莓大棚——通过一系列独具特色的娱乐旅游项目(风雨廊桥、栈道)等营造整体的和谐宜居的自然环境。在改善草莓小镇的整体环境方面,隆化县政府加大了基础设施投资,投资上千万元,改善了草莓小镇的基础设施,如电力、自来水、网络,实现了特色小镇的美化、绿化、亮化,同时进行了大量的政府人员培训课程,提高了公共服务水平,最终实现了群众生活品质的大提高。之后,隆化县政府投资700多万元,设计建造了独具欧陆风情的但又结合了中国传统乡村风格的旅店,使民宿接待业变得与众不同。

热河草莓公社小镇的整体形象与一般的乡镇、生态园区截然不同,尽管它的主题是还是农业种植,但它通过对建筑进行别出心裁的规划设计,使它的整体风格极具多样性与创新性。总的而言,它在建筑设计方面,不同于传统中国的建筑风格,更多采用的是欧陆建筑风格,通过这种风格来进行旧村改造、新房建筑,同时在这种风格中穿插一定的草莓主题,使整体文化元素更加丰富。除此之外,小镇力求将文化元素融入整个产业链中去,使无论是景物、建筑还是直接的产品、餐饮都带有草莓小镇的独特风格。

(三) 小镇的业态构成

对于第一眼见到草莓小镇的人来说,小镇带有很强烈的欧式旅游风格,如欧式建筑、欧式餐饮、欧式游玩景点,可能会觉得草莓小镇的总体产业更偏向于旅游业,但其实小镇的最主要的产业基础仍是草莓种植业,并在这个基础之上衍生出来一系列其他的附属产业。这些附属产业多种多样,既有加工物流业,又有旅游观光业,小镇的各种业态协调发展,从而使产业形式丰富、多样、有深度。

在具体的产业发展方面,小镇推出了一套完善的特色服务体系,使其中的旅游元素变得丰富起来。例如,在餐饮方面,草莓小镇选择来自园区内的农作物,不仅是草莓,还有其他的原生农产品,来烹饪独具特色的丰富饮食。在游乐体验方面,草莓小镇通过建立形式各异的农产品园区,让游客可以亲自采摘农作物,体验手工劳作的城市里享受不到的乐趣。另外,草莓小镇也建造了传统游乐项目,但在其中融合了众多的草莓元素,使其既有游乐的共性又有专属于草莓小镇的文化内涵。在销售旅游商品方面,草莓小镇建立了一整套加工、销售、物流的完整链条,使整个对农产品的销售变得不再被动,而是充分实现了自身的主动。同时,草莓公社小镇打造伴手礼店等多种当地文化气息专卖店,使销售渠道更加多样化。

(四) 草莓公社小镇类型分析

热河草莓公社小镇属于典型的旅游类型特色农业小镇,对于小镇本身来说，其农产量总额并不高，但它通过本身的资源优势以及种植草莓经验，发展主导产业旅游休闲业，通过草莓产业基础，以及本身所具有的特殊定位，在全国进行宣传，吸引游客，进一步通过各种游乐设施，给予游客良好体验。在这个过程中，政府对热河草莓公社小镇进行了一系列的基础设施改造，实现了美化、绿化、亮化，不但使游客的体验上升，也使热河草莓公社小镇及周边居民的生活品质得到了提升。在附属产业方面，热河草莓公社小镇通过进行加工草莓原材料，延长下游产业链条，使产业发展不局限于草莓小镇本地，而是带动了周边一系列加工制造业。除此之外，热河草莓公社小镇特有的环境也使其作为养生的产业功能存在进一步发展的可能。

（五）草莓公社小镇未来发展分析

热河草莓公社小镇由于其独一无二的资源优势与品牌优势，下一步毫无疑问的是进一步发展其草莓种植业，在保证质量的同时扩大其产量。另外，由于目前它的主导产业是在草莓种植基础上的旅游休闲业，可以考虑进一步发展其基础设施，给居民带来更多的获得感，同时也可以将旅游附加值较高的产业做大做强，并带动周边产业共同发展。

二、恒大高科现代农业小镇

（一）恒大高科现代农业小镇建设历程

10月19日，在2018年"中国·石家庄国际投资合作洽谈会"的元氏县龙山新城合作意向签约仪式现场，元氏县人民政府与恒大高科农业集团有限公司、元氏县朗通农业开发公司就龙山新城中的恒大高科现代农业小镇项目进行签约。

元氏县位于河北省中南部，西倚太行山与井陉县接壤，西南邻赞皇县，南与高邑县相接，东部与赵县、栾城区相邻，北与鹿泉区相邻。东西向39公里，南北向28公里。

元氏县下辖15个乡镇、208个行政村，人口约42万人（2010年），总面积668.4平方公里，耕地面积54万亩，属暖温带半湿润大陆性气候。

境内交通便捷，京广铁路、京港澳高速公路、107国道纵贯南北，与周围县市相连的公路四通八达。

元氏县西部山区盛产核桃、无核黑枣、大红袍柿子、满天红石榴。东部平原盛产小麦、玉米、棉花、花生、油菜、芝麻、大豆、红薯以及其他蔬菜、瓜果等，农作物种类丰富。

2017年8月，元氏县举行"龙山新城·京南硅谷"项目对接暨合作开发签约仪式，元氏县政府与河北省国有资产控股运营有限公司、河北中朗农业发展有限公司在原有合作意向基础上，确定投资50亿元，打造高新技术产业园区、特色小镇、田园综合体三种业态体构成的大生态新城。项目的正式签约标志着元氏县以"一城三区两特色"为框架的石家庄"南部新城"建设又迈出了坚实的一步。

"龙山新城·京南硅谷"项目是元氏县立足于原井元路煤炭市场转型、封龙山区域开发和新型城镇化建设，确定的十大重点建设项目之一。元氏县2016年与河北省国控公司、中朗农业公司进行洽谈，在初步达成战略合作意向的基础上，2017年2月27日，先期启动了部分基础设施建设，目前龙山路路基工程已基本完工。"龙山新城·京南硅谷"项目定位打造创新高效的高新技术产业园区、智慧环保的特色小镇和循环生态的田园综合体，构成协调共生的大生态新城。利用原煤炭物流园用地，建设高新技术产业园区，引进中能国际军民融合产业、中加环保产业、中材建筑节能等新兴产业；利用北沙河以北区域，打造智慧、环保和康养结合的特色小镇；利用区域内农业用地，建设集生态农业和观光旅游于一体的田园综合体。项目预计总投资50亿元，计划3~5年建成。

在"龙山新城·京南硅谷"项目基础上，元氏县进一步与恒大高科农业集团有限公司、元氏县朗通农业开发公司签订协议，开发现代化的农业特色小镇。

（二）恒大高科现代农业小镇建设特点

恒大高科现代农业小镇建设主要由三部分构成：一是智慧温室。智慧温室是现代设施农业中的高级类型，拥有综合环境控制系统，由信号采集系统、中心计算机、控制系统三大部分组成，利用该系统调节室内温、光、水、肥、气等诸多因素，实现全天候全季节种植，稳步精细化管理，全年高产，可以看到智慧温室的建设目标是通过高科技与农业的融合，显著提升农产品的产量，同时通过各种智能机械设备减少各种成本，用这种开源节流的方式，来提升基础农业生产的总体效率。二是时代新城。时代新城是一个集智慧、环保、海绵、宜居为一体的典范之城，坚持以人为本的核心理念，运用新一代信息技术，构建高效、便捷、基础设施多样的智慧生活社区，时代新城的建设目标是提高居民的生活水平及为小镇的生产建设做基础。三是农业文旅。农业文旅主要是依托智慧温室和时代新城，打造集科普教育、民俗体验、亲子游乐、休闲度假为一体的全季节田园休闲旅游胜地，可以清晰地看出，农业文旅的目标是在农业基础上，发展休闲旅游业，通过宣传等方式，在现有生态农业基础上，开发富有诗情画意的生态环境，促进横向产业链的扩大。

（三）恒大高科现代农业小镇类型分析

恒大高科现代农业小镇属于构成较为复杂的特色农业小镇，从它的一系列特点中可以看到，恒大高科现代农业小镇发展目标既有基础农业，也有旅游业，同时还具有一定的制造加工业，但仔细分析后可以发现，恒大高科现代农业小镇的基础是通过与大企业的联合，通过大企业、高科技企业的技术支持，将原本的农业（即第一产业）与第二、第三产业进行融合，充分发挥科技农业、互联网科技的优势，使本身就能够出产较多的农产品可以大幅提升生产效率，并通过互联网经济，将这些生产农作物及加工产品销往全国各地。另外，恒大高科计划未来与中国科学院进行高达8项以上的合作，可以预期，其科技储备将有一个蓬勃发展，因此，作为恒大高科投入巨资的恒大高科现代农业小镇有望借助高科技从传统农业生产转向现代高科技农业，应该说，认为它是科研主导型农业类特色小镇是有理由的。

（四）恒大高科现代农业小镇未来发展分析

由于目前恒大高科现代农业小镇尚属于投资及建设初期，对其未来发展只能基于目前规划，但我们可以预期的是恒大高科农业集团在领先的高新农业技术、先进农业生产设备支持下，生产发展趋势会更加良好，而对于恒大高科现代农业小镇来说，其在获得了技术支持下，各种效率也能得到很大的提升，而在主导化科技农业蓬勃发展的情况下，附属旅游业也预期会获得相当程度的发展。

三、滦平"兴春和"农业特色小镇

滦平县隶属于承德市,位于承德市西部,处于京、津、辽、蒙的省区市"金三角"交汇点,素有北京北大门之称,是沟通京、津、辽、蒙的交通要冲。对于建设特色农业小镇来说,地理位置优越,环境适宜,文化积淀深厚,经济基础较好。特色农业小镇的创建主要依托承德兴春和农业集团有限公司。

(一)滦平"兴春和"农业特色小镇地理优势

滦平农业特色小镇拟建地距滦平县城 15 公里,距丰宁县城 58 公里,距金山岭长城景区 40 公里,距承德市区 60 公里,距北京市区 180 公里。位于京承、承张两条高速公路中间,各距 30 公里。112 国道贯穿其间,通往东北的京通铁路和通往西北的张唐铁路在此交会,地理位置十分优越。特色小镇区域沟谷纵横,兴洲河水穿绕山间,两岸近有平坦开阔的冲积小平原,远有肥沃的缓坡山地。域内共有耕地 35591 亩,缓坡山地 11820 亩,有林地 326149 亩,荒山荒坡 49890 亩。自然资源丰富,为打造项目支柱产业、营造最佳生态环境提供了充足的山场土地资源。项目所在地属温带大陆性季风气候,四季分明,温度适宜。康熙皇帝曾以"土肥水甘,泉清峰秀,三庚无暑,六月生风,地脉宜谷,气清少病,诚为佳景"形容此地。区域内森林覆盖率高达 68%。置身其中,可见群山环抱,绿波涌动,河川平廓,天蓝水澄,鸟鸣翠谷,云淡风轻,确是京津市民旅游观光、休闲度假、避霾养老的理想之地。特色小镇区所在大屯镇一带,历史文化积淀深厚,文物古迹分布众多,是塞外历史文化的重要发源地。

(二)特色小镇总体布局和主要任务

农村产业融合发展特色小镇,以"兴春和"现代农业园区为基础,着力打造"两个引擎"(绿色农产品产业引擎和现代休闲旅游农业引擎),"两个园区"(果蔬生产园区、休闲度假观光旅游区)形成"一环一核"(以"兴春和"现代农业园特色小镇区为核心的生态有机农业环形发展带),使"兴春和"农村产业融合发展特色小镇成为京津地区绿色品牌蔬菜、果品的供应地、生态观光休闲度假地。以"兴春和"现代农业园特色小镇区为基础,向周边的小城子、兴州、茴子沟、二道窝铺、路南营5个行政村辐射，东西跨度约9.7公里，南北跨度约9.6公里，总规划面积57.1平方公里（折合85650亩），核心区域5平方公里。共有耕地面积13460亩（其中缓坡山地4470亩）、林地面积52829亩、荒山荒坡10250亩。根据本区域的各种资源优势，经过认真研究和谋划，打造"三大产业"作为本项目的强力支撑。将农村产业融合发展特色小镇打造成"产城结合、文旅结合、现代农业三次产业深度融合"的典范。

1. 利用三种产业融合构建现代化农业产业体系

"兴春和"农业园区通过推进农业内部融合、拓展农业产业多种功能、延伸农业产业链条、发展农业新型业态等多种形式，结合小镇自身的资源禀赋、风土人情、地理区位等实际情况，探索滦平县的农村产业可能的融合商业模式，努力构建农业这个第一产业与第二、第三产业交叉融合的现代农业产业体系。滦平县委、县政府已谋划将"河北滦平高新技术产业开发区"与本次创建的农业产业融合特色小镇进行合理的供给侧结构性规划布局，力争县域内的农业生产和加工业、附加制造业完美衔接。

2. 利用多元化产业融合激发产业融合发展的活力

"兴春和"农业园区试图探索农民合作社、种养大户、家庭农场等在农村产业融合中如何更好地发挥作用，并进一步培养一批发展农产品加工、销售的农民合作社，探索家庭农场、种养大户开展农产品直销以及网络电商销售的优化途径。兴春和集团通过直接投资、参股经营、签订长期供销合同等方式建设标准化、规模化原料生产基地以及营销设施，以此带动农民合作社的发展适度与规模经营。为了突出本特色小镇的带动示范作用，到2020年，计划在县域内再发展2个以本特色小镇为基准的以农业产业融合园区为基础的特色小镇。

3. 通过创新体制机制来破解产业融合发展的瓶颈约束

"兴春和"农业园区按照企业主导、政府支持、社会参与、市场运作的原则，进行一系列完善农村产业融合投机制的实践，吸引社会资本投入特色小镇的建设和运营中来。大力促进金融机构对农村产业进行金融支持，使之与特色小镇建立紧密的合作关系，推广产业链的金融模式。努力挖掘农村资源资产资金购买力，探索通过市场化运作方式，把闲置和低效利用的农村资源、资金优化用于农村产业融合发展。

（三）"兴春和"特色小镇发展模式

"兴春和"特色小镇属于加工制造主导型农业类特色小镇，它通过与企业的合作，将传统农业与农户的利益联结机制主要有：直接受益，如养殖与种植户的订单收购；均衡受益，如通过品牌蔬菜、特色水果等产业扩大辐射带动面，由企业和政府完善相关基础设施，扩大农户的参与程度；综合受益，如农户在园区工作获得的薪金＋土地流转的租金、入股分红＋出售产品的收益等。

1. 微型菇房户企联营模式

特色小镇核心区的食用菌板块将食用菌生产与扶贫带动相结合，已研发出一套适用于一家一户的小平菇种植的整体方案，并通过试验和试点测试，正在实施全面推广。主要模式为：针对农户种植食用菌培养料质量差、不稳定、菌种污染率高、种植工艺不达标等问题，由特色小镇建设荷兰标准的高科技造料中心，生产高品质食用菌培养基料，再为农户按标准建设微型菇房，然后由特色小镇统一提供优选品种、统一供料、统一栽培设施、统一生产工艺标准、统一技术培训、统一订单合同、统一收购、统一加工、统一销售，农户在种植过程中仅需浇水、采收，利用业余时间即可完成生产工作。农户无难点、无门槛，解决了农村剩余劳动力就业，带动农户脱贫致富，同时特色小镇大幅减少了生产板块的投资规模，又有了充足的、高品质的农产品加工原料，形成了"公司＋合作社＋基地＋农户"的产业化经营模式和利益联结机制。

2. 品牌化特色产业带动模式

特色水果、品牌蔬菜、林下经济、贡米和小杂粮产业方面，通过特色小镇先进行各产业试点建设，形成龙头企业品牌，打通销售渠道，形成大量稳定的收购订单，再由特色小镇提供统一技术流程管理、统一水肥设施、统一种苗、统一包装、统一质量检测等各种方式形成龙头企业与农户合作的基地模式，打造区域特色产业带。

3. 农产品深加工方面

由"兴春和"园区内的核心企业"兴春和食品""博瑞"等优秀的深加工企业作为主要承担方，形成稳定的供应联结机制，将特色小镇内的各类农产品进行标准化、统一化加工生产。

第五节

发展农业类特色小镇政策保障

发展农业类特色小镇是促进我国传统农业向现代高科技、节约型农业发展的切实需要与有效途径,通过发展农业类特色小镇,可以促进农业类生产效率提高,同时,促使农产品质量上升,这也符合当前供给侧改革的趋势。

总的来说,未来农业类特色小镇的发展应在第一产业发展的基础上,积极与第二、第三产业联动发展,如通过与互联网融合、形成互联网农业。互联网农业小镇的出现,显著消除了农村信息渠道不发达、经济发展缓慢的问题。

在发展农业类特色小镇过程中,政府应当采取一定的引导措施,因为农业类特色小镇往往是在一定的已有农业基础上对原有产业结构的推倒重建,所以需要较多的资金,而由于回收期长,普通的企业又难以将目光关注在这一方面;因为政策限制,银行对于这种大型城镇化规模建设又爱莫能助,所以在农业类特色小镇建设过程中,亟须政府在这一过程中发挥关键的作用。事实上,现在的大部分农业类特色小镇都是通过政府牵头、企业出资进行打造的。政府在处理农业类特色小镇建设过程中需要关注以下几点。

一、引领特色小镇科学合理布局

建设农业类特色小镇要因地制宜,科学分析小镇现有特色农业、特色资源,发布相应的明确的建设目标,要从多个方面对建设农业类特色小镇提供政策保障以及指导。在制定农业类特色小镇的规划设计时,要从全局上分析小镇原有的一些属性,保证小镇在规划改造后优点继续保持、不足得到完善。

二、发展本地区的优势产业

在发展本地区优势农业时,应扬长避短,避免陷入误区,盲目发展本地区并没有优势的产业。在指导建设方面,应从明确小镇的主要产业、规定禁止红线、认出发展方向、建立防范风险措施等方面设计特色小镇的建立工作。在建设过程中应对农业特色小镇进行分类指导,具体情况具体分析,同时引导农业特色小镇聚焦传统优势农业产业。农业类特色小镇由于前期投入大，应积极吸引社会闲散资本，努力做好银行工作，来保证在建设过程中不会因为资金的问题而陷入窘境。

三、落实土地政策强化用地保障

土地是农业的根，同时也是农业发展的红线之一，在对待土地问题上，必须一丝不苟，不能出现土地被滥用、被挪用的情况。建设农业类特色小镇的过程中，不能以此为筐子，将所有土地的问题都往里面装。在核对特色小镇土地申请时，土地管理部门应明确目的、任务、用途，防止以特色小镇为名而实际用途却相反的情况发生。

四、建立分类评估考核激励体系

在建设农业类特色小镇的过程中，应该出台相应的考核评价体系，从多角度建立综合评价指标体系及考核细则以此评价建设成果，分不同类型对农业类特色小镇进行考核评价。通过分类考核和奖金激励机制调动涉农街道、村（社区）及实施主体开展农业特色小镇创建的积极性。对于盲目开展农业类特色小镇的地区，确实不符合现实情况的应当坚决予以拒绝。

第五章

制造业类特色小镇培育

第一节 制造业特色小镇的时代背景

一、特色小镇助推制造业发展

(一) 制造业发展困境

改革开放以来,伴随中国经济体量的增长,中国制造业的发展有目共睹,但机遇与挑战共存,制造业面临的困境仍然不可小觑。

1. 制造业原动力不足

(1) 大而不强。

中国制造业"大而不强"的情况十分突出,这与中国制造业的发展历程密切相关。改革开放后,为快速发展经济,国有企业充当了产业"带头羊",发挥了我国集中力量办大事的制度优势,但伴随改革红利的消退,国有企业机构臃肿的隐患逐渐显现。在分工不断细化的后工业化时代,进行制度改革的同时,培育更多专注于细分领域的中小企业,有利于解决我国制造业"大而不强"的问题。

(2) 创新能力不足。

随着中兴被正式解除制裁,差点导致中兴停摆的危机已经过去,但这件事对国内的影响并未消除,中兴已经是全球第五大电信设备供应商,但由于创新能力不足，离开美国芯片及软件就无法正常运营。"中兴事件"爆发之后，国内对中国自主创新的宣传风向也变了，工信部也对中国制造业做了总结——中国制造业创新力不强，创新能力不足的局面尚未根本改变，130多种关键材料中32%是空白，52%依赖进口。

（3）缺乏核心技术。

在高端制造业的许多关键环节，中国技术基础薄弱，导致我国制造业直接受制于人，很多核心零部件需要依赖进口。在芯片、软件、医学技术、发动机、汽车、飞机、新材料、机器人、机床、农业技术等领域，中国全面落后于发达国家，全世界都在用英特尔和高通的芯片、微软和甲骨文的基础软件、罗罗和沃尔沃的发动机、大众和丰田的汽车、辉瑞和葛兰素史克的药物、GE和西门子的医疗器械。

（4）资源利用效率低下、污染严重。

改革开放以来，中国的发展集中在重工业，而且资源利用方式以粗放式为主，外加环保意识的欠缺，大量企业未对排放物进行降污处理，导致污染严重。以污水排放为例，由于监管缺失，企业普遍不重视污水治理，导致未经处理的污水排入江河湖泊，进一步造成了地下水污染。

（5）落后产能过剩。

由于缺乏产业约束机制，国内落后产能在产业更替期，不仅没有相应缩减，反而由于恶性竞争，导致落后产能过剩。这导致党的十九大后，国家出于系统性产业风险的考虑，不得不采用供给侧改革的方式，通过关闭污染企业，变相去产能。

2. 国际环境相对恶化

（1）发达国家工业在升级。

2018年美国试图压制中国，双方贸易摩擦加剧；美国政府为了促进制造业回归本土，启动了"先进制造伙伴计划"；德国为了保持领先地位，推出了"工业4.0"计划。以此来看，由于机械自动化技术的进步，用机器替代人工的机会成本降低，发达国家的制造业有回归本国的趋势，发展中国家的后发优势正在逐步消退。

（2）新兴国家成本优势继续凸显。

伴随我国人口红利的消退、劳动力成本逐渐抬升，导致大量跨国公司的制造环节从中国内陆转出到东南亚；巴西、印度等国则通过其丰富的能源与原材料的优势,运用差异化竞争战略,试图赶超中国。

(二) 特色小镇对制造业的积极影响

面对困境与挑战,中国制造业的发展将围绕四大转变展开:要素驱动转变为创新驱动、粗放制造转变为绿色制造、生产型制造转变为服务型制造、由低端制造转变为高端制造,而特色小镇建设可根据具体实际情况,规划小镇的配套设施,促进这四大转变的实现。

1. 加快要素驱动向创新驱动的转变

大城市生存成本的提高,在抑制了人才流动的同时,也抑制新生代创造力的发挥。尤其是房价、房租上涨问题,增加了外来人口的生活成本及落户成本,减缓了要素的区域流动。

特色小镇在地理位置上处于非城市核心区,不仅环境宜人、独具特色,而且生活成本较低,在当前大城市人口流动成本逐渐抬升、新生代人才追求更高生活品质的情况下,特色小镇的优势可吸引更多人才,并产生人才集聚效应,激发创造力,促进要素驱动向创新驱动的转变。

2. 促进粗放制造向绿色制造的转变

传统的制造业相比于制造业小镇,由于集中在大城市,制造的集中最终导致了污染的集中。当前,中国制造业的发展方式较为粗放,耗费的资源多,产生的污染也多,而且产出价值少。发达国家都已经陆续推出了节能减排计划,同时还制定了循环经济发展规划。从世界范围来看,绿色经济是当今世界的主流趋势,我国制造业的发展也应该以此为鉴。

相比于大城市的集中制造、集中污染,特色小镇由于其天然的地理优势,一方面可以避免集中污染;另一方面由于特色小镇以特色产业为主,产业相对单一,污染物相对单一,所以从治理角度来看治理成本较低。同时,由于土地成本的低廉,制造成本降低,因此企业在保证盈余的同时,有更多的资金可用于污染物处理。

基于特色小镇在污染源头、生产成本、环境治理成本上的优势,特色小镇能以较小的转变成本促进粗放制造向绿色制造的转变。

3. 促进生产型制造向服务型制造的转变

以生产型制造为主的传统大城市化模式,有利于集中生产,而不利于个性化的服务,也不利于生产型制造向服务型制造的转变。而且伴随机械自动化的普及，制造业中的多数环节已经可以被机器替代，继续保持传统模式的必要性有待评估。

特色小镇在服务型制造方面更具优势，也更能促进生产型制造向服务型制造的转变。因为在现代产业链中，附加值更多地体现在研发、设计、营销、售后等环节，这些环节的附加值更高，而且在研发、设计、营销、售后阶段，最为关键的是人力资源的投入，不同于生产，这些环节不需要过多且集中人力的投入，反而是分散化、个性化的人力资源投入模式，更能实现企业效益最大化。

4. 促进低端制造向高端制造的转变

传统制造业以集中为特色，优点在于批量化大规模生产，但高端制造体现更多的是技术含量，而不是制造规模。而且，伴随分工的不断细化，产业价值链逐渐向上游集中，下游的代工企业更多地被机械自动化浪潮淹没，在产业变革面前，高端制造企业的持续增长优势更为突出。

特色小镇以中小型企业为主的特点，有利于促进低端制造向高端制造的转变。具体体现在高端制造的关键在于技术的积累和进步，而单就技术积累而言，驻足于特色小镇的制造企业以家族式中小企业为主，由于其特有的模式与规模，企业集设计、生产、服务一体化，积累的经验更具有专业性、系统性，正因为如此，有利于技术的改进升级，更符合高端制造对技术积累与技术改进循环往复的要求。

二、特色小镇建设与新型城镇化协同发展

（一）新型城镇化内涵界定

新型城镇化的提出不是草率之举，而是在新形势下，伴随城镇化不断推进过程中的理论创新，它不同于"城镇化"。"城镇化"更多的是前工业化时代的产物，伴随生产力发展、产业集聚、劳动力集聚，大量人口集聚城镇衍生了"城镇化"的概念。而新型城镇化更多的是后工业化时代的产物，同样是伴随生产力的发展，机械自动化得到普及，大量机器替代了人工，密集的劳动力不再成为产业发展的先决约束条件，同时伴随互联网技术的普及，信息交流成本降低，基于离散化人口分布的新型城镇化生产模式成为可能，新型城镇化的概

念也应运而生。

但是,特色小镇和新型城镇化的最终目标是相同的,都旨在建设小康社会和实现中华民族伟大复兴。

(二) 特色小镇与新型城镇化的协同关系

特色小镇培育强调各要素融合,而新型城镇化建设注重各要素协调发展。

那两者又是如何协同发展的呢?特色小镇以特色产业为载体,促进了区域经济发展,也促进了新型城镇化的推进,同时新型城镇化建设推动了基础设施升级,降低特色产业的综合成本。

1. 特色小镇是推进新型城镇化的新途径

特色小镇建设以特色产业为核心突破口,促进经济的差异化发展。特色小镇重点发展的行业是七大万亿级产业和十大经典传统产业,并形成规模化产业链。这些特色产业结合区域特点,吸取了区域差异化的优点,可最大限度地发挥区域潜力、激发区域活力,实现资源效率最大化、经济效益最大化,既保护了城镇环境,又促进了城镇的经济发展。

特色小镇强调绿色发展,实现资源的可持续利用、产业的可持续经营;传统城镇化走的是先污染后治理的发展老路,不符合绿色可持续发展的时代趋势。在过去的经济发展过程中,由于强调 GDP 的增长,持有先污染后治理的侥幸心理,环境问题一直得不到重视,生态资源自然而然逐渐枯竭。而特色小镇建设的一项重要内容就是打造至少 3A 级及以上景区,这从规划及建设层面为城镇化发展模式定下了基调:既要经济发展,又要"青山绿水";既要物质生产极大提升,又要生态环境的宜居。

特色小镇以人为本,强调人与自然和谐相处,在发展经济、保障就业的同时,注重环境建设,营造美好生活环境,满足人民群众对美好生活的需求。因此,特色小镇建设应更多地关注民生问题,如教育、医疗及社会保障等;汲取优秀文化的奥义,去粗取精,结合新时代特色,营造小镇文化氛围,丰富广大人民群众生活;提高社会管理效率,建设美丽乡村、特色城镇。这些都为新型城镇化的建设开创了实践的先河,实现了人与自然的可持续发展。

特色小镇创建了产业发展新平台,多要素助推城镇发展,在中国特色社会主义市场机制的整体框架下，可以优化资源配置效率，推动小城镇全方位持续发展。通过政府、市场、企业"三位一体"的协作，推动小城镇特色产业发展，发挥区域比较优势，实现魅力新城镇建设。

2. 新型城镇化提供了特色小镇建设的重要平台

（1）新型城镇化助推特色产业升级。

新型城镇化通过特色产业聚集，汇聚高端要素，创新发展，助推产业升级。从历史进程的角度来看，城镇化是一种长期的人口流动趋势，虽然在一定阶段有减速的趋势，但城镇化率是趋于升高的，而产业发展离不开人力资源，所以城镇化速度与质量关乎产业发展。传统的城镇化最初的定义就是农村人口流入城市，而新时代伴随人口红利的消失，单纯依靠人口流动来评估城镇化已经太过单一，新型城镇化不仅强调城镇化过程中受益人口的数量，而且强调城镇化的质量，强调高端要素的集聚，强调城镇化融入人员的生存、生活质量，经济与环境并重，城镇就业与城镇生活并重。由此可见，新型城镇化为特色产业发展提供了空间载体。

（2）新型城镇化丰富城镇功能，实现提高人民高质量生活的目标。

新型城镇化建设就是要通过完善城镇功能，实现提高人民群众高质量生活的目标，在这一过程中要着重解决城镇外来务工人员的子女教育问题、住房问题、基础保障问题，坚持育人为本、实事求是。而这些问题的妥善解决与特色小镇的构建目标是相辅相成、彼此促进的。

（3）新型城镇化注重自然资源可持续开发，完成特色小镇宜居的目标。

新型城镇化注重资源可持续开发，强调开发与治理同步，坚持生产与生活并重的城镇化；摒弃了先污染后治理的发展模式，坚持立足长远、绿色规划、绿色建设、绿色运营。

总之，特色小镇和新型城镇化"你中有我，我中有你"，两者相辅相成，通过彼此间的循环及乘数效应使两者效用最大化，实现生产发展、生活提质，加快了高质量小康社会的建设。

第二节
制造业类特色小镇培育思路与重点

一、制造业特色小镇的创建模式与方法

（一）创建的总体要求

制造业特色小镇的最终目的在于全面建设小康社会，实现中华民族伟大复兴，所以其总体要求为：坚持实事求是、坚持以人为本。坚持实事求就是要结合小镇地质风貌、历史文化、产业结构等本土化特质，避免迎合政策型的"面子工程"建设，避免低效能的项目建设；坚持以人为本就是要以人民群众的切身利益为出发点，全面建设小康社会，在实现人民富裕的同时，实现中华民族伟大复兴。

（二）特色小镇的创建架构

1. 特色产业核心

制造业特色小镇的第一要义是"特色"，所以特色小镇建设和培育也应该围绕"特色"展开。发掘特色产业，并结合实际情况评估其竞争优势、发展潜力、产业利弊，对于具有新型特色产业及具有核心竞争优势的传统产业，在给予政策扶持的同时，鼓励基于特色制造业为基础的衍生产业发展，如特色产业线旅游、产业博物馆、制造业科技馆、特色制造业体验馆等。

以海宁皮革时尚小镇为例。皮革现在已经成为海宁这座时尚小镇的代名词，小镇以海宁中国皮革城为核心，于2015年5月入选浙江省首批特色小镇创建名单，规划面积3.5平方公里，景区主打产业文化旅游，主要依托中国规模最大、最具影响力的皮革专业市场海宁中国皮革城，还规划了生产观光区和生活旅游区，在海宁皮革时尚小镇景区可以体验到全产业链皮革服装生产流程，感受时尚产业魅力，收获采购喜悦。2017年景区为丰富景区文化体验，投入6000多万元举办为期三个月的硚石灯会，彩灯布置主要分室外区块和室内区块两部分，制作大型灯组共计167组，室内在景区建筑内部布置灯组6500

个。景区配套齐全，内有五星级酒店一家、商务酒店两家，在游乐、采购的同时还能在景区内特色餐饮街品尝地道海宁菜，也有星巴克、肯德基、永和大王、蒙自源、五芳斋等连锁餐饮可供选择。

在电商快速扩张的时代背景下，海宁中国皮革城作为国内规模最大、最具影响力的皮革产业发展平台，依托"设计＋"战略推动皮革时尚产业紧跟市场步伐。

2. 旅游吸引核心

改革开放以来，伴随我国经济的持续增长，人民群众物质生活逐渐富裕，精神需求逐渐多元化，休闲旅游逐渐成为人们节假日的消费首选。以旅游业为核心，带动城镇产业发展成为一种新的经济发展模式，即在满足游客休闲需求的同时，带动城镇消费收入的增长。

以建德航空小镇为例。建德航空小镇地处"两江一湖"黄金旅游线，以基本覆盖在机场空域之下的千岛湖国家5A级景区为核心，与周边新安江玉温泉、古楠木森林、灵栖洞、江南悬空寺、新叶古民居、新安江大坝等知名景点一起，共同组成通航空中旅游景观圈。

同时，小镇还在积极创造新的航空旅游资源。以原横山铁合金厂旧址和工业技术学校为基础，以"航空航天"为主题，打造航空休闲主题公园。集航空航天科技博览与模型展示、航空航天科技培训及航空运动五小类（飞行、滑翔、热气球、航空模型和跳伞）真实或模拟体验三大核心旅游休闲功能于一体，并配套航空主题住宿、餐饮等。

航空小镇建设的核心资源——建德千岛湖通用机场，早在2006年就投入使用。无论是机场运营还是后期改造方面，建德千岛湖通用机场均有10年的经验积累，开放至今实现安全起降8万次，已累计保障8万多架次航空器安全起降，2014年共起降7300多架次飞机，飞行日达275天。目前已吸引上海东方通航、国网通航等九家通航单位进驻机场，并形成了集培训、游览、维修为一体的衍生产业链。

（三）特色小镇创建模式

1. 特色历史人文＋传统加工制造＋旅游

特色小镇特色产业的发展离不开其发展背景，发掘特色产业的产生背景，相当于在寻找特色产业的源头，有历史源头就一定有其对应的历史故事、历史文化,这都是可以开发的要素,而且由于这些特色文化往往具有差异性,因此更具差异化开发的特性,也更能迎合如今个性化时代的需求。同时,传统加工制造由于生产效率较低,大多已被淘汰,但不是已经毫无价值,传统加工更多地依靠手工,所以在制造过程中,可以人为地根据顾客需要改变制造流程,从而制造出符合具体客户的产品,这是传统制造的优势。鉴于人们对传统制造流程的好奇,还可以在特色历史文化和传统加工制造的基础之上,开发传统制造业旅游线,满足人们对传统制造的好奇心,实现传统文化的传播、继承、发展。改革开放以来河北省制造业众多,不乏大量的传统制造业,其特点是有一定的历史传承,可结合当地特色,结合制造业新动态,实现制造业的集成式创新与发展。

2. 特色天然资源+旅游度假养生

传统特色小镇的形成一般源于先天的自然优势,在靠山吃山、靠水吃水的年代,这些资源在是特色制造业发展的基础,在当时的社会条件下可以依靠资源优势抢占市场,而如今,伴随交通等基础设施的完善,在制造领域,自然资源优势相对大幅下降,在旅游领域,自然资源优势却是行业竞争的核心因素,鉴于这种转变,可以顺应时代发展,将更多的生态要素运用于旅游业,通过提供新鲜空气和洁净水源,来构建旅游、度假、养生胜地,实现制造业转型升级的同时,带动健康养生产业、休闲度假产业发展。

3. 未来新兴产业+旅游

在信息大爆炸的21世纪,伴随互联网的普及,大量新型产业如雨后春笋般层出不穷,这些新兴产业大多集中在服务业,服务实体经济的同时,也创造大量就业。而新兴行业往往由于其科技属性、新奇属性,更易吸引社会群体的关注,如果在新兴产业的基础上,发展相关旅游业,其商业模式更易成功。

(四) 特色产业的选择、导入与培育

特色小镇的选择应以城镇现有产业为选择范围,从产业进程来看,现存产业已经证明其扎根于本地、适用于本地。特色小镇的导入,应本着实事求是的原则,结合本地特质,谨慎引入外来产业,避免其后期"水土不服"。

特色小镇的培育,应坚持多位一体,规划上注重前瞻性,采纳专家意见,建设中注重过程的质量管理,对于发展中遇到的问题,及时发现,采取改进措施,建设后,更关注运营效果,积累并总结管理经验,为特色小镇发展提供更多的实践依据。

（五）特色小镇的创建方法

1. 政府引导、市场化引资

这是借鉴了城镇化发展的经验，由政府成立国资公司，征集农业用地后转为国有土地，集中进行基础设施配套后，进行下一步的招商引资。这种创建方法适用于发达省份，因为其往往财力雄厚。采用此种方法的优势在于政府主导，便于一体化管理；劣势是在创建前政府需要先举债，虽然较大限度地利用了杠杆，但是也给政府财政带来了压力，而且，由于后期招商引资的时间跨度较长，项目的风险有较大的不确定性，因此容易导致烂尾项目的出现。

2. 企业主体、政府服务

政府负责前期整体产业定位，为企业的进驻提供良好政策条件，企业负责具体产业的前期投资、开发、制造，同时针对发展过程中的具体问题，企业和市场个体可以通过相应的沟通渠道，将问题与建议反馈给政府，实现企业、政府、市场的良性互动。这种构建方法，对企业的资金及创建营运能力要求较强，要求政府事前构建较好的服务机制、反馈机制。优势是政府在前期无须大量举债，建设资金皆由企业提供，风险也由企业自行承担，实现项目风险与收益相匹配，有利于政府的客观定位、企业的理性投资；劣势是需要构建相应的盈利保障，如税收补贴和政府固定采购，保护主体企业后期的盈利的稳定性，否则，主体企业会因为前期投资成本过大、后期收益无保障，而大大降低投资的积极性。

3. 政企合作、联合创建

简单地说就是"特色小镇+PPP"模式，这是一种营运模式的创新，在这种模式下，政府与企业联合开发、共同受益，其本质是风险共担、收益共享。在社会主义市场经济的大框架下，企业与政府的市场风险意识都在提高，在特色小镇的建设前期，无论是由政府举债承担前期费用还是完全由企业出资，项目风险都过于集中，容易造成烂尾项目。如果政企合作、联合创建的话，政府与企业的利益就是一致的，双方风险共担、收益共享，政府可以减少举债带来的财政压力，企业也可以降低前期资金的投入。在中国特有的行政体制下，往往由于政府领导人员的调动，使前任政府领导对企业的承诺无法兑现，给企业带来损失，而这种创建的模式，由于风险共担可以避免这种情况，减少了企业的投资风险，在预期收益不变的情况下，可以增加企业投资的积极性。

此方式的核心要义是：主导产业的定位与策划由政府主导；政府投资主要作为引导资金，选择适宜的特色国企或民企作为投资主体，联合成立 SPV 公司，风险共担、利益共享，共同创建能吸引特色产业的特色小镇；政府承诺企业资本方在一定期限内拥有特许经营权，通过产品的政府定点采购、财政缺口补助、税收减免的方式保证企业盈余的稳定，并在后期项目稳定后，政府逐步回收成本。这种模式适用于财政税收不充裕的地区，与河北省的情况基本吻合。这种模式的优势是缓解了当地政府的财政压力，前期投入资金减少，同时避免了后期开发风险过度集中于政府；劣势是所有权与使用权的分离，在资本趋于逐利的影响下，过度重视短期收益，造成项目的长期不可持续性，同时回收后对政府来说仍有较大的"包袱"，但通过签订严密的合同和法律的协议，可以避免或减少此情况发生。

以栾城"通航产业小镇"的创建为例，采用典型的 PPP 方式。政府和企业联合开发，依托石家庄爱飞客航空俱乐部等企业，在现有设施的基础上，打造以航空主题的娱乐产业链。配套建设养老社区、飞行社区、青年公寓、产业职工生活社区，在实现居住与商务休闲社区的基础上，主打航空主题，同时发展航空衍生产品加工制造业、航空项目旅游业，在丰富航空业产业链的同时，使航空小镇的建设更具多元化。创建项目由政府和企业共同出资，双方均可以更好地匹配自有资金和债务资金。在项目合作期限内，政府以土地或特许经营权作为投入要素，以此代替资金投入，并以要素资本化后的占比享受后期收益，这样政府前期不需要大量资金投入，却在后期享受了同大量资金投入相同的收益，而且因为是要素投入，无关债务问题，也不存在债务风险，同时企业也可降低前期资金投入，降低项目失败带来的风险，合作期满后，企业得到相应利润，而政府在享受投资回报的同时，得到了一座充满活力与时代感的特色城镇。

二、制造业特色小镇的运营

（一）制造业特色小镇的运营理念转变

制造业特色小镇运营理念的转变，与城市化的进程有关，目前中国的城镇化已经进入后半场，原有的运营理念也应该调整。在中国城镇化的前半场，政府集经营者、管理者、监督者于一身，统筹整个城镇化建设。在社会主义市场经济体制的大框架下,市场已经取代政府,在资源配置的过程中起决定性的作用,支配力量的转变要求运营理念必须相应变化,以适应整体环境的变化。

1. 运营主体的改变

特色小镇的运营由政府主导转变为市场主导,企业与政府更多的是合作关系,企业专注于自己的研发、生产、制造与销售,政府作为服务部门做好分内事,这是国际上比较适用的一种营运模式,也是建设服务型政府的基本要求。一般是需要组建一个管理委员会,并由其进行运营管理,管理委员会的成员包括政府人员、企业法人、城镇市民。特色小镇的运营从土地为重转变为产业为重。长期以来,土地作为城市运营中的主要标的物,是市政府的重要收入来源。但这种城市发展模式的弊端也逐渐凸显,随着国家对土地行业政策的调整,越来越多的地产商将自身定位为城市运营商、产业运营商。它们在过去单纯土地开发的基础之上,建设基础设施、旅游配套设施、养老设施等,并在最后进行产业整合和运营整合。所以新阶段下城镇运营客体可概括为:以土地为基础,以产业为主导,以住房、旅游、养老项目为重点的多维度体系。

2. 收益模式的转变

过去单纯依靠土地收益,如今收益更为多元化,减少了对单一要素的依赖。在以土地为运营客体的模式下,土地出让金是政府的主要收入来源。在新形势下,由于政府更为主动地参与运营管理,自然可以获取相应的营运收益,而且运营模式的多元化也意味着政府收入的多元化,过去的政府收入除了土地的一级、二级开发外,只能依靠企业税收,在新模式下,运营线的展开,为政府收入开辟了新途径,额外包括产业项目的运用收益及城市服务的运营收益等。这一收益模式摆脱了对土地财政的依赖,是一种可自我约束、可长期持续的理想架构。

(二) 制造业特色小镇的运营商业模式

制造业特色小镇培育需要经过反复的实践积累,制造业与零售业相比,产业链较长,上游需要解决原料"瓶颈",下游需要平衡市场与供求矛盾,需要多个政府部门的沟通与协调。特色小镇的运营商业模式分为如下几种。

1. 土地一级开发

仅做土地的一级开发,将农业土地征收转变为国有土地后,直接变卖获利；在进行一级土地开发的同时，部分持有土地，既获得前期的土地差价收入，也享受后期升值收益。

2. 社区房产建设

特色小镇的社区房建设不是土地财政式的房产开发，而是基于产业布局基础之上的住房配套制度，主要目的不是弥补财政赤字，而是增加住房供给。借助产业、消费升级，在发展制造业的同时，加快社区建设，解决产业工人的住房、子女教育、休闲养老等一系列问题。

3. 社会关注的产业项目开发

一是教育产业项目开发，子女教育问题已经上升为城镇化过程中的主要问题，哪个城镇能率先解决流动人口的子女教育问题，哪个城镇在新一轮的抢人大战中就先人一步；二是医疗卫生项目开发，伴随人口红利的消失，中国即将进入老龄化社会，养老优势成为吸引人口流入的重要因素，海南省就是最好的例子，依靠其环境、气候优势，吸引了大量老年人口，也带动了养老、住房等一系列产业的发展。

4. 产业链条开拓

在特色产业的基础上，开拓特色产业链，在形成特色核心竞争力的同时，构筑特色产业护城河；发展旅游产业，开拓泛旅游产业链，以旅游带动特色产业发展，同时依靠旅游业的传播效应，传播小镇特色文化。

5. 城镇建设开发

在特色小镇开发过程中，鉴于不同产业的特质，应该进行相应宏观调控。以房地产行业和养老行业为例，由于前者的高营利性，如果不进行相应调控，大量的产业资本会流入房地产行业，影响养老行业的发展，容易导致小镇开发的房地产化。同样的应该对科研型企业提供政策支持，对于这类企业，由于研发周期较长，为促进其发展，政府应给予更多耐心。总之，产业开发应结合产业特点，构建多要素驱动的有机开发模式。

三、河北省制造业特色小镇创建运营的着力点

（一）特色化定位

作为制造业特色小镇，特色是核心，也是特色小镇创建与运营工作的着力

点。创建与运营特色小镇,必须以特色为本,牵引与驱动其建设愿景。

1. 特色至关重要

没有特色产业的小镇,其运营不具有可持续性,只会淹没在众多的小镇之中,最终导致前期投资无法收回;没有个性的小镇,会因为无法满足差异化时代的需求,失去大众的追捧,无人问津。因此,无论是小镇的外在吸引力还是内在文化底蕴,小镇特色就是其生命力所在。特色不是描述小镇的宽泛形容词,特色是小镇的代名词,是小镇的核心竞争力。这个"特"体现在产业特色、环境特色、文化特色等诸多方面。"一镇一面,千镇千面"要的就是独具特色、百花齐放,以独特姿态展示小镇别具一格的成长历程。

2. 发展壮大特色

发掘与培育特色产业仅仅是开始,发展和壮大才是最终目的,两者是承前启后的关系。前期的发掘与培育从本质上决定了其未来的发展潜力,就像小草与大树,其成长的属性在种子状态下就已经决定了,特色小镇的发展也是这个道理;发展壮大是小镇建设后期的主题,只有后期发展壮大了,前期的投资才能实现效益最大化。

(二) 政府主导

强调政府主导是为了统筹规划、便于前期管理,在我国特有的社会主义市场经济体制下,政府仍然发挥着不可替代的作用,例如,在前期的土地征收上,鉴于我国特有的土地制度,涉及村落拆迁的只能由政府负责。但政府主导并不等同于政府的权力垄断,企业同样可以参与其中,而且由于其对市场的变化更为敏感,企业的参与有助于提高小镇建设的市场化水平。因此,在制造业特色小镇的建设和运营中,应提倡政府主导,并鼓励企业积极参与,为小镇建设献计献策。

(三) 市场化运作

强调市场化运作,是因为制造业特色小镇建设的最终目的是小镇发展市场化,只有这样,小镇的运营和发展才能长久,并实现自我运营的良性循环。特色小镇的提出不是计划经济的产物,而是在社会市场经济环境下的实践创新,是对城镇化发展模式的补充;市场化运作是为了摆脱计划经济的尾巴,使市场在资源配置中起主导作用,从而提高小镇的运营效率,进而提高小镇经营的经济效益；市场化运作包含更多要素，有利于各要素的协调，可以避免运营机制的僵化，有利于小镇的长久运营。

（四）项目化支撑

制造业特色小镇的培育与建设不应仅仅停留在政策层面，应以具体项目为前提，实现项目化支撑。

项目化支撑意味着特色小镇的运营应本着实事求是、摸着石头过河的态度进行，既要结合小镇实际情况发掘、培育本地特色，又应该学习舍我其谁的精神，勇于实践，边实践边改进，不能因为缺乏经验就止步不前，使小镇建设停留于规划层面，规划是为了建设，建设经验可以用于规划的改进，理论与实践是辩证的关系，小镇的规划与建设也是同样的道理。

依托具体项目招商引资，有利于在实践中发现问题，因为只有项目运作了，才会产生相应的问题，对于运营中的具体问题，一方面反映了前期规划的不足；另一方面也反映了政府或企业的需要改进之处。另外，在项目运营中由于增加了企业的参与，可以将企业对运营的评价作为小镇建设评估的一个指标，从而增加市场化评估指标，毕竟在市场中企业比政府更为敏感。

（五）产业化统筹

产业化统筹强调的是个体企业之间的联合，毕竟单个企业的力量是薄弱的，如果小镇上的企业相互合作、共享，串点成线，形成完整产业链，那么身处产业链中的个体企业也将获得竞争力加成。

要想发展壮大特色产业，就要增强产业链意识，在后工业化时代，伴随制造业分工的不断细化，以产业链为代表的集体优势脱颖而出，集体优势在保持企业原有竞争力的同时，更便于企业在了解上下游后调整自己的经营战略。

第三节

河北省制造业类特色小镇培育策略

我们以庞口镇制造业特色小镇为例进行分析。

一、庞口镇创建制造业特色小镇的有利条件分析

（一）制造业基础良好

全国的农机市场有很多，但大多数规模较小，据中国农机流通协会统计资料显示，全国农机市场中有一定规模的有 65 个，其中庞口市场一家独大，约占前 20 家农机市场份额的 50%，便于规模化经营。而且全国 20 位农机配件市场年交易总额的 50%，有形市场共计 65 个，庞口市场的交易额约占全国前 20 位农机配件市场年交易总额的 1/2。而且，庞口镇具有强大的物流体系，有大小物流中转站 43 个，单日货运量可以达到 5000 吨，销售网络可以覆盖全国及 20 多个国家和地区。

（二）交通便利

庞口镇紧邻京石高速公路、京九铁路、大广高速、保沧高速、津保省道等重要运输通道，交通方便，区位优势明显，借此优势，可实现产销全国，运输成本也相对低廉。而且，由于紧邻经济发达的京津冀地区，更易在保持市场敏感度的同时，利用高端要素，保持持久竞争力。

（三）制造业基础设施功能完备，便于升级改造

庞口镇虽然仅为小镇，但域内拥有 110 千伏变电站一座、35 千伏变电站三座，可保证制造业供电需求，并且为减少二次水污染，还建有污水处理厂。镇区内配备有专业的银行、医院、通信机构，还建有省级寄宿学校，一方面可以满足企业的商业需求；另一方面可满足外来务工人员的子女教育需求，是一种可持续的基础设施配套模式。而且，由于小镇注重整体规划，各项功能齐全，在进行升级改造时，可减少重复建设成本，在节省资金的同时可以加快设施功能升级的进度。

（四）政府政策面支持

为响应农业机械化的号召，各级政府给予了农机企业政策支持，一方面，加大购置补贴，降低农民购置成本的同时，拉动农机产品的销售；另一方面，县

政府积极贯彻服务型政务的方针，深入企业调研，及时了解产业动态、企业需求，寻求企业意见，并及时解决政企遗留问题，增强了农机企业的投资积极性。

二、庞口镇制造业特色小镇建设过程中遇到的问题

（一）土地流转机制不合理

通过企业调研，发现企业反映的问题多集中在用地上。由于生产用地申请程序烦琐，经常存在生产用地一地难求的局面。在这种困境下，迫于生存压力，企业往往采用前店后厂模式经营，但这种模式对生产规模有限制，无法满足企业大规模生产的要求。而土地问题涉及宪法等一系列法律法规，有一定的硬性标准，不是县级政府所能解决的，这一问题迟迟得不到有效解决。

（二）设施陈旧，管理滞后

经过实地考察发现：由于历史问题，虽然小镇在建设早期进行了相应规划，但由于基础设施使用时间过于长久，小镇的道路、地下管道、公共设施都已经老旧，存在安全隐患，也无法满足当今的社会需求；而且，伴随时代发展，生产力不断提升，与之配套的管理体系也应相应调整，而小镇的管理体系并未发生更替与升级，反而略显滞后。

（三）生活环境无吸引力

伴随人民群众收入水平的提高，大众对美好生活环境的需求逐渐提升，庞口镇虽然聚集了大量商家，但由于行政级别为乡镇，政府并未进行文体广场、社区公园、农贸市场等公共服务设施的建设，街边及道路依然存在脏乱差现象。同时，乡镇也缺少公共绿化，无法满足当今乡镇居民，在闲暇时间身处自然精神放松的需求。落后的社区环境和缺少公共绿化，无法吸引旅游人群，也无法吸引常驻高端人才。

（四）民企贷款困难

庞口农机配件企业以民营企业为主，企业的经营历史较短，无法提供较为完备的财务报表，获取贷款的难度较大。面临扩产问题，企业只能利用自有资

金用于扩大规模，难以实现扩大产能的理想目标。同时，企业在进行设备置换升级时，由于高端设备往往价格较高，需要银行的配套贷款，如果贷款无法下放，相应的产业升级也会停滞不前。

三、推进庞口镇产城一体化美丽特色小镇建设的对策建议

（一）改善土地流转机制

面对制造业一地难求的问题，应改善土地流转体制，可以实行集体出租、合作社入股、转租第三方的合作模式，加大土地供应，在不改变农民土地的所有权的同时，满足企业的用地需求，以此达到企业得地、农民受益的目标。

（二）加大基础设施配套建设

制造业特色小镇要想长久发展，就要留得住企业、留得住人才。要留住企业，就应该加大以道路为代表的基础设施建设，方便生产要素的空间流动；要留得住人才，一方面要提供就业；另一方面还应加大宜居小镇建设，满足人们对美好生活环境的需求。针对医疗、学校、公园的公共设施配套，应着重考虑流动人口因素，满足其子女的保障性需求，并依据人口流量适度加大资金投入。

（三）加强宣传

通过省特色小镇联席会议办公室加大宣传，以品牌效应带动小镇发展。相比于以政府为主导的特色产业宣传，企业宣传成本较高，而且宣传效果不显著，所以企业的宣传积极性不高。而政府主导下的特色小镇宣传，由于可利用政府平台，成本较低，而且鉴于政府信用良好，宣传效果往往强于企业宣传，之前贵州、海南、桂林等地区在央视做的旅游宣传广告就是最好的例子，后期的反馈证明效果显著。

（四）学习先进，借鉴经验

不仅可以学习国内经验，还可以学习国际经验，其最终目的都是一样的：促进本地特色小镇的培育和建设。在学习与借鉴过程中，应注重原地走访、实

地考察，学习先进理论经验；学习的过程中应深入企业与政府中进行调研，不可停留于舆论、新闻等表面经验，任何脱离现实土壤的经验都是不可取的；学习与借鉴是为了应用，应结合本地情况进行学习总结，整合可以实践于本镇的可取经验，促进本地特色小镇的培育和建设。

第六章

金融特色小镇培育

在种类繁多、形式各异的特色小镇中，以现代金融产业为核心发展产业的金融特色小镇，犹如众多奇珍异宝中的一颗璀璨明珠，焕发着独有的魅力。金融特色小镇既有常规类型特色小镇的基本特点，也有其自身形成与发展的独到之处——金融产业自身有别于实体产业的运行模式与产业特点使得金融特色小镇也带上了特色鲜明的烙印。

在本章，我们希望通过对国外已成型的知名金融小镇以及国内金融特色小镇先行者的探索、研究和总结，从而得到启发，以供河北省在创设金融特色小镇的过程中汲取经验，并结合自身优势，做到建设中"少走弯路"，用较低的成本出色地完成这项具有划时代意义的工程。

第一节 河北省创设金融特色小镇的可行性探索

一、区位特色——环绕京津，东临渤海的燕赵大地

自古以来，对于某一区域的经济发展与产业孕育来说，其所在的地理位置永远是各个影响因素中第一位的，即区位特色对区域发展的作用极为重要，不可忽视。

1. 金融特色小镇对区位的要求

对于非特色小镇（即常规城镇）来说，区位因素往往以优良的自然环境、便利的交通网络以及丰富的物产等为主要因素。而对特色小镇来讲，其往往针

对某一特定产业的发展来进行区位选择，因此，与常规城镇相比，其区位选择尤其特殊。针对金融特色小镇，由于金融产业与实体经济产业相比具有特殊性，相应地，其对区位的要求更有与众不同之处。

（1）发达而高效的公共交通是基本要素。

无论是承接国际国内经济会议、论坛，还是作为小镇居民自身的出行与生活需求，发达而高效的交通条件都是最为基础的一环。尤其是金融产业，对效率的要求更是近乎苛刻的。所以公共交通的便捷与否，直接决定了金融特色小镇的存在与否。例如，美国格林威治基金小镇，位于美国康涅狄格州西南部的长岛海峡上，金融产业的相关企业的空间区位倾向于集中在大城市及周围区域，而格林威治作为纽约市的住宅卫星城镇，半小时车程即可到达。其快捷的交通设施是小镇本身成长为世界著名的基金小镇必不可少的一环。

（2）优质且宜人的自然环境必不可少。

金融特色小镇的产业中心在金融，而金融的中心则是拥有雄厚资本的人。无法吸引到手握重金的投资人，金融小镇是不可能成立的。由此，优质且宜人的自然环境则成为必不可少的成功要素之一。如著名的国际会议组织——博鳌亚洲论坛的永久性会址所在地——博鳌，便是典型的环境宜人之处。博鳌地处亚热带，一年四季日照充足，却很少出现酷暑。年平均温度为24℃，最热的7月与最冷的1月上下温差仅为10℃，空气平均湿度为80%～85%，年降雨量为1700～2300毫米。在海风的吹拂下，博鳌是整个海南夏季最凉爽的地方。在这里，三江汇流、沙洲点点，山岭起伏、植被葱郁。这种集山、河、湖、海、岛、沙滩、温泉和原生态植被于一体的自然环境在世界范围内也比较罕见。如此优美宜人的自然风光造就了博鳌亚洲论坛今日的辉煌。

（3）完备而先进的基础设施同为关键要素。

我们所说的基础设施，不仅包括生活基础设施，更包括通信网络"信息高速公路"、电子图书馆和数据中心等。金融行业属于信息密集行业，其对信息传输速度的要求可以说是各行业中最高的，所以说，通信网络等基础设施是金融特色小镇的必备要素之一。

2. 河北省的区位优势

河北省地处华北平原，东临渤海湾，内环京津地区，西倚太行山脉，北为燕山，燕山以北为张北高原。季节分明，有着典型的中国北方气候。河北省高速公路总里程6531公里，并有京广铁路主线纵贯全省，交通便利，四通八达。

全省铁路、公路货物周转量居中国首位。唐山港、黄骅港、秦皇岛港均跻身亿吨大港行列。

2014年2月26日，习近平总书记在听取京津冀协同发展工作汇报时强调，实现京津冀协同发展是一个重大国家战略，要坚持优势互补、互利共赢、扎实推进，加快走出一条科学持续的协同发展路子。

2017年4月1日，中共中央、国务院决定在河北保定境内设立国家级新区——雄安新区。雄安新区的设立，是以习近平同志为核心的党中央作出的一项历史性战略选择，是千年大计、国家大事。

由此看来，河北省的区位优势已逐步显现，为特色小镇尤其是金融特色小镇的创设奠定了较为坚实的区位基础。

二、产业协同——与京津两地协调发展

河北省的产业结构由于历史因素与行政区划因素等并非协调发展，工业比重偏高而第三产业尤其是金融产业处于低位。但是，由于河北省地处京津两翼，乘着京津冀一体化协同发展战略的东风，可将其区位优势发挥得淋漓尽致。在一体化战略中，强调产业协同发展处于重要地位，由此，产业协调成为河北省弥补自身产业结构不合理、相关产业功能发展缺失的重要法宝，进而成为河北省发展金融特色小镇的可行性要素之一。

与国外的金融特色小镇从无到有，金融产业逐步产生、发展于本地，并通过漫长地演进从而最终成型的发展模式不同，河北省对金融特色小镇的创设在构想初期便是具有行政规划意义的，有政府规划与政策支持，其发展模式必然可以跳出传统金融特色小镇的发展线程。精确的定位、恰当的规划以及充分的执行，可以使金融特色小镇重点突出、特色明显，在燕赵大地上焕发出蓬勃的活力与生机。

第二节

河北省创设金融特色小镇的培育指标体系设计

培育金融特色小镇是一项系统工程，既不能靠"拍脑袋"决策来实现，更不能靠一方群众的积极与热情来完成，而必须有一套规范、科学、客观、全

面的理论基础为指导。科学完善的培育指标体系设计则是创设金融特色小镇所必需的理论基础之一。

我们基于最近较为流行的相关评价理论,以产业集聚程度与产业、城镇的融合深度两个方面建立金融特色小镇的培育指标体系。在构建指标体系过程中,我们尽量遵循科学性、系统性、可测性等原则,使所建立的评价体系能够在实际应用中为金融特色小镇的规划者与建设者提供切实可行的评价标准,从而有助于河北省创设金融特色小镇规划的顺利落实。

一、产业集聚程度

产业集聚是指某一产业的相关部门与企业在特定区域聚集落户、发展,互相影响,互相扶持,进而形成产业集群,达到规模效应的现象。

对于金融特色小镇而言,我们关心的是金融产业的集聚程度。金融产业集聚是指一国的金融监管部门、中介机构、国内及跨国金融企业等具有总部功能的机构集中于特定地理区域,并与其他国际性机构、跨国公司等大型企业总部之间存在密切往来联系的产业空间结构。如美国的华尔街、英国的金丝雀码头、中国上海的陆家嘴等,均为金融产业集聚的典范。

显然,金融产业集聚效应必然会出现于金融特色小镇中。换句话说,金融特色小镇是一种新型的金融产业聚集现象。因此,在构建金融特色小镇的培育指标体系时,对金融产业集聚程度的考量,必然会是培育指标体系的重要部分。

二、产业、城镇的融合深度

产业与城镇发展相融合是在我国全面转型升级的背景下提出的一种发展思路。其要求产业与城镇功能相互融合、空间深度整合,以产业促进城镇发展,以城镇振兴产业,真正做到产业与城镇深度融合,进一步提升土地价值,进而达到城市、产业、人之间充满活力、可持续发展的模式。城镇化与产业化要有相适应的匹配度,不能一快一慢,相互脱节。两者之间互相适应,互相成就,较为完美的产业与城镇融合程度可以达到"$1+1>2$"的效果,迅速且卓有成效地提升特色小镇的发展速度与深度。但是,产业、城镇的融合发展过程并不是一蹴而就的,需要相关部门全面正确地理解产城融合的内涵,提出合理、可行的规划建议。

因此,我们将产业、城镇的融合深度作为构建金融特色小镇的培育指标体系的另一项重要组成部分,力求用较为科学、准确的衡量方式全面系统地描述两者的融合深度,从而正确地反映特色小镇的培育深度和效果。

以上两个方面为指标评价体系的两大组成要素,以两者建立起河北省金融特色小镇的培育指标体系后,还需要进一步规划、细分其更为基础、细致的单要素评价指标,以求建立一套全面、客观、科学、完整的培育指标体系,并根据需要在实际工作过程中不断加以改进和完善,使金融特色小镇的相关规划管理人员可以依据此体系对河北省的金融特色小镇做出科学、全面的评价,进而圆满完成金融特色小镇的规划、培育任务。最终形成的金融特色小镇河北样本,可供全国其他地区借鉴。

第三节

河北省创设金融特色小镇的规划建议

近年来,特色小镇在全国各地的规划建设如火如荼,它具有集合相关产业,并产生规模效应与集群效应的特征,由此可以最大化产业能量,吸引众多企业的投资建设。一方面,规划建设并运营好一个优质的特色小镇,对投资者带来的收益是巨大的;另一方面,优质的特色小镇是推动我国全面步入小康社会的重要经济发展转型概念与新型城镇化建设的创新抓手。

在此节点上,河北省决议创设金融特色小镇,顺应了我国经济新常态下的发展形势,借着全国特色小镇建设的浪潮,走在了探索经济发展新模式、城镇化新模式的前列。如若成功建成金融特色小镇,将成为全国特色小镇的典型范例,为河北省其他地区乃至全国其他区域的特色小镇建设提供宝贵的经验。

一、雄安新区为河北省创设金融特色小镇的首选区域

2017年4月1日,中共中央、国务院决定在河北省保定市境内设立国家级新区——雄安新区。在中央政府的政策支持下,雄安新区必将焕发出强大的活力与发展动力。其在国际国内政治、经济以及文化界中受到的关注与热议,使其在基础设施建设、城市未来规划、招商引资等各个方面都将备受瞩目,来

自世界各个地区的资本、技术、人才等经济发展要素也必将在雄安新区交汇、碰撞、融合，为新区发展注入令人惊叹的活力。因此雄安新区的区位优势是无可比拟的。

由此可见，若能进行科学合理的布局规划，雄安新区必是河北省内创设金融特色小镇的首选区域。

二、雄安新区作为金融特色小镇选址的优势分析

雄安新区自身的区位优势明显，其作为金融特色小镇选址也必将展现多方位的优势。结合前面金融特色小镇对区位优势的要求，我们将其基本方面的优势分析如下。

1. 发达而高效的公共交通

雄安新区地处河北省保定市，坐落于京广铁路干线之上，距首都北京仅一小时车程，陆、空交通网络四通八达。

2. 优质且宜人的自然环境

雄安新区环国家5A级旅游景区——白洋淀而建，自然风光优美，景色宜人，是夏日旅游避暑的圣地。《河北雄安新区规划纲要》（以下简称《纲要》）指出，要将雄安新区打造为绿色生态宜居新城区。坚持生态优先、绿色发展，贯彻"绿水青山就是金山银山"的理念，完善生态功能，统筹绿色廊道和景观建设，构建蓝绿交织、清新明亮、水城共融的城市布局。在《纲要》的指导下，雄安新区必将建设成为自然环境优质宜人的美丽新区。

雄安新区在规划伊始，便规划构建绿色市政基础设施体系，包括集约高效的供水系统、雨污分流的雨水排除工程系统、循环再生的污水处理系统、安全可靠燃气供应系统、清洁环保的供热系统、先进专业的垃圾处理系统等一系列有着最新国际标准的公共基础设施。

三、在雄安新区逐步规划建设金融特色小镇

由中共河北省委、河北省人民政府编制的《河北雄安新区规划纲要》中详细介绍了对雄安新区城乡空间布局的规划。

综合考虑新区定位与现状条件，坚持城乡统筹、均衡发展，规划形成

"一主、五辅、多节点"的新区城乡空间布局。其中，"多节点"是指若干特色小城镇和美丽乡村，实行分类特色发展，划定特色小城镇开发边界，严禁大规模开发房地产。

其中，"多节点"的规划布局即解释了我们对金融特色小镇选址于雄安新区的正确性与合理性。

2018年1月31日，中国雄安建设投资集团有限公司、中国银行与英国金丝雀码头集团共同签署了《关于雄安新区金融科技城项目战略合作协议》。由此，打造金融科技新城正式成为雄安新区的重要项目之一。

2018年3月2日，刘晓明大使应约会见英国金丝雀码头集团主席伊克贝斯库爵士，双方就中英合作，特别是雄安新区项目交换意见。

刘大使表示，梅首相的访华之行取得丰硕成果，两国领导人就提升中英关系"黄金时代"战略性、务实性、全面性和包容性达成重要共识，为两国关系未来发展指明了方向。刘大使祝贺金丝雀码头集团在两国总理见证下与中国银行、中国雄安建设投资集团签署了《关于雄安新区金融科技城项目战略合作协议》，表示设立雄安新区是中国政府作出的一项重大历史性战略决策，是中国"千年大计、国家大事"，其对推进京津冀协同发展、培育创新驱动发展新引擎具有重大意义，同时也为中英合作创造了新机遇。希望金丝雀码头集团抓住历史性机遇，深化与中方合作，实现双赢，为中英关系"黄金时代"贡献"黄金成果"。

伊介绍了金丝雀码头发展历史和金丝雀码头集团近年来与中方合作成果，表示该集团有意愿、有能力参与中国"千年大计"，将充分发挥自身优势，加强与中方合作，为雄安新区建设和英中关系"黄金时代"贡献力量。

雄安新区成立伊始，便有国际顶级资本与大型国有商业银行联手投资建设有关项目，从侧面证明了新区的重要政治定位以及绝佳的区位，也证明了我们将雄安新区拟订为金融特色小镇区划的正确性。

由中英投资双方签署的《关于雄安新区金融科技城项目战略合作协议》，完美契合中共河北省委、河北省人民政府编制的《河北雄安新区规划纲要》所体现的精神，是令其朝着具有金融科技特色的新区发展的。所谓金融科技特色，是指聚集各方各地的金融科技力量，将高新技术产业与传统金融业相结合，进而衍生出高端产业。既是"金融新城"——聚集国内外顶级金融资本，打造全新金融产业集群，又是"科技新城"——依托最顶尖的现代信息技术与数据存储处理技术等高新科技，提升金融产业发展水平，激发金融产业最终打造出汇聚全新金融产业集群的金融特色小镇，激发产业无限的活力与创造力。

第四节 金融特色小镇国外成功范例

一、世界经济论坛举办地——达沃斯小镇

一个在世界地图上无法寻觅到的欧洲小镇，却能每年召开举世瞩目的世界经济论坛（World Economic Forum），牵动全世界各个国家的神经。这个小镇，就是世界著名的经济发达国家瑞士的达沃斯，其"指点江山"式的壮举，总能引领世界经济发展的潮流。

1. 欧洲冰雪景观秀丽的小镇

达沃斯小镇位于瑞士东南部格里松斯地区，隶属格劳宾登州，坐落在一条长约17公里的山谷里。它是阿尔卑斯山系海拔最高的小镇。拥有秀丽的冰雪奇观，景色旖旎。小镇拥有欧洲著名的天然滑冰场，是世界上有名的冬季运动圣地之一。

达沃斯最初是靠洁净干爽的空气出名的。19世纪时肺结核还无法治愈，到此寻求政治庇护的德国医生亚力山大发现达沃斯因为海拔高，雪山环绕，空气干爽清新，对肺病疗养有极大的帮助，因而达沃斯也被称为达沃斯旅游疗养度假村。

2. 世界经济论坛的诞生

旅游业、工业以及金融业三者是瑞士经济发展的支柱，而且在世界范围内也有着重要影响力。被誉为"钟表王国""银行之国""博物馆国家""世界会场"的瑞士已然成为"世界的瑞士"。达沃斯就是依托瑞士的种种国家资源综合优势走向世界的。

由克劳斯·施瓦布先生创建的世界经济论坛，总部设在瑞士日内瓦，但论坛年会却在达沃斯小镇召开。因此，"世界经济论坛"又以其举办地命名为"达沃斯论坛"。

达沃斯论坛在世界范围内影响深远。其论坛规模宏大，权威性高，有"非

官方的国际经济最高级会议"之称。每年论坛的召开为小镇带来庞大的经济效益——粗略估计，论坛每年为达沃斯小镇可以带来上亿美元的收入。多年的坚持培育，使小镇形成了"达沃斯精神"——在不同国界之间为政界和商界之间建立一座沟通的桥梁，使双方进行平等融洽的交流并相互促进发展。

总之，达沃斯论坛是影响力巨大的世界性论坛，是汇集各种思想和问题的论坛。可见，达沃斯小镇因为达沃斯论坛会议，每年撼动着世界的眼球和神经，其地位不容小觑。

3. 达沃斯小镇的经验

全球与经济产业相关的小镇与城市比比皆是，但像达沃斯小镇这样成功的确是凤毛麟角。通过对达沃斯小镇的建设发展模式的观察与研究，我们将其成功创设的经验归纳为以下几点。

（1）非官方性和开放性。论坛表现出空前的非政治色彩，形成群雄并起，自由竞争的氛围，为论坛建立公信力提供条件。

（2）基金会的支持。基金会的支持不但保证了论坛成员的稳定与不断壮大，而且对解决论坛费用筹集与管理提供了保障。

（3）智力机构的支持。论坛每年都有一个主题，其确定一般由若干具有世界影响的政治家、企业家和经济学家提出，再选出十大问题公布讨论。

总之，达沃斯论坛把学术文化、商业经济活动与区域开发三者统筹运作，以学术文化交流讨论为手段，以经济发展为主题，以论坛会议为平台，从而使达沃斯论坛得以持续发展并逐步壮大，最终成长为世界级经济论坛。

二、美国格林威治：世界对冲基金之都

1. 对冲基金小镇的产生

格林威治是美国康尼狄格州最南部的一个小镇，与长岛海湾相邻，距离世界金融中心——纽约只有45分钟车程。在40多年前，与索罗斯、朱利安齐名的华尔街传奇投资人巴顿·比格斯在这里设立了第一家对冲基金，由此，这个有着300多年历史的小镇的命运悄然改变。迄今为止，在面积只有174平方公里的格林威治，聚集着超过500家对冲基金，管理着数千亿美元资产，总资产额在全球排名第三，仅次于纽约和伦敦，被誉为"世界对冲基金之都"。

2. 格林威治模式的形成原因

格林威治的特色形成过程是几个因素相互作用的结果。一是格林威治自然环境优美宜人，适宜居住与休闲度假；二是其地理区位优势十分明显，格林威治临近纽约，完美承接纽约外溢的私募金融市场；三是政府对税收特别优惠，从而吸引了大量富豪来此投资；四是建设了完善配套的公共基础设施，如对冲基金所需要的网络高速公路、严密的数据安保系统，以及能放松身心的娱乐设施和健身器材等。

综上所述，格林威治作为对冲基金小镇的成功经验，与瑞士达沃斯经济论坛小镇有着异曲同工之妙。其成功经验值得我们在河北省创设金融特色小镇的过程中参考、借鉴。

第五节

金融特色小镇国内创设范例

一、博鳌论坛——中国的达沃斯论坛

1. 博鳌小镇具有绝佳的地理环境

由我们之前的分析可知，达沃斯论坛成功的基础条件之一是有自然环境美丽适宜的会址。博鳌地处亚热带，一年四季日照充足，却很少出现酷暑。年平均温度为24℃，最热的7月与最冷的1月上下温差仅为10℃，空气平均湿度为80%~85%，年降雨量为1700~2300毫米。在海风的吹拂下，博鳌是整个海南夏季最凉爽的地方。在这里，三江汇流、沙洲点点，山岭起伏、植被葱郁。这种集山、河、湖、海、岛、沙滩、温泉和原生态植被于一体的自然环境在世界范围内也比较罕见。

2. 博鳌效应逐步显现，成效初见

海南博鳌镇被亚洲论坛确立为会址之后，经济效益与社会效益逐步显现。这个曾经不知名的小镇，如今却成为可以影响全球经济的地方，以博鳌为永久定址的亚洲论坛在中国尚属唯一。当地招商项目繁多且资金需求巨大，加上当地政府给出的优惠政策，对投资方有相当的吸引力；据澳大利亚前驻华大使加纳教授的《博鳌亚洲论坛（BFA）实施计划研究报告》指出，一年一度的BFA高峰会，

参会人数为 900~1000 人，除年会外，还要召开 10 多次其他大型的双边或多边的论坛年会，年接待量高达 8000 人次。这样博鳌小镇每年都可以获得相当可观的经济利益。有力地带动了所在地琼海市的经济发展——本国与外商的投资、旅游收入等均为琼海市带来可观的收益，促进了其经济增长。

二、杭州市"五镇"

2015 年 1 月 21 日，在浙江省"两会"上首次提出特色小镇概念，旨在引进创新理念、构造崭新发展机制以及搭建全新产业载体，以此推进产业集聚创新和升级。

浙江省在特色小镇建设培育方面，走在了全国各省的前列。显然，浙江省深厚的经济基础与强大的财力是支撑其发展各式特色小镇的重要因素与有效动能，即便河北省在经济基础上与其有一定差距，浙江省在特色小镇建设培育方面的经验仍是值得我们深入学习与探讨的。尤其是在金融特色小镇的培育方面，浙江省杭州市的"五镇"必然是河北省乃至全国各地学习的旗帜。

杭州市金融业发展"十三五"规划提及将玉皇山南基金小镇、运河财富小镇、西溪谷互联网金融小镇、湘湖金融小镇、黄公望金融小镇等集聚和辐射能力强的金融小镇（简称"五镇"），打造成为环境优美、特色鲜明的股权投资、私募金融、互联网金融、科技金融集聚区。我们将选取"五镇"中较有代表性的三处特色金融小镇进行介绍。

（一）玉皇山南基金小镇

玉皇山南基金小镇是按照习总书记在浙江工作期间提出的科学论断"绿水青山就是金山银山"进行打造，其位于杭州市上城区，坐落于南宋皇城遗址核心区，北依玉皇山，辅弼齐全，南临钱塘江，东靠杭州新 CBD——钱江新城，西望群山，藏气聚财小镇面积 5 平方公里，产业核心区 3 平方公里，办公面积 70 万平方米，目前已投入使用面积 25 万平方米，2015 年成功入选浙江省第一批特色小镇。区域内四大公园、七处国家级文物遗址环绕，文化底蕴深厚，生态环境优美，兼具湖光山色，南宋风韵。中国当代著名文学家、诺贝尔文学奖获得者莫言曾这样评价基金小镇："背靠玉皇，面对钱塘，杭城风水，此地为上。"此举高度评价了玉皇山南基金小镇秀美的山水风光，反映出当地自然环境的宜居和宜业。

1. 产业特色

基金小镇以股权投资类(天使投资、创业投资、股权投资)、证券期货类、财富管理类投资机构为产业核心,以金融中介服务组织为补充,基本形成了完整的金融产业链条。

2. 生态特色

基金小镇背靠玉皇山,南临钱塘江,坐拥四大生态主题公园,林木水系覆盖率70%以上,"朝闻稻花香,夜听蛙鸣声"是小镇生态的真实写照。

3. 文化特色

基金小镇承吴越、南宋900年历史文化遗韵,融陶瓷文化、工业文化、艺术文化、金融文化为一体。象征丰收与财富的五福牛成为小镇鲜明的金融文化符号。

4. 社区特色

基金小镇立足核心产业,先后打造创投社区服务中心、行政审批服务中心、国际医疗中心、国际学校、基金经理人之家等配套设施,辅以便利的公共交通和居住环境,形成完整高效的服务体系。

(二)运河财富小镇

1. 基本情况

2016年1月运河财富小镇成功入选省级第二批特色小镇创建名单,小镇规划面积3.3平方公里,核心区约占1平方公里。小镇距离武林广场4公里,上塘高架、德胜快速路、运河水上巴士等交通便利,规划地铁3号、5号线穿过小镇。小镇以金融产业尤其是新型金融产业为核心,同时兼顾旅游休闲、文化创意产业的共生发展,拉动实体经济,构成财富生态链,打造浙江省最有历史文化的创意金融小镇。

2. 投资规模

运河财富小镇计划总投资205亿元。目前已集聚浙科投资、海银财富、钜派投资、诺亚财富等156家金融企业,拥有全国首个影视资产交易平台——浙江影视金融交易中心以及顺丰速运供应链金融等一批特色金融产业。相关部门表示,将进一步统筹规划,把小镇打造成为杭州重要的新金融中心。

3. 配套优势

(1)便利的交通设施。上塘高架、德胜快速路从小镇贯穿而过,地铁、公交等公共交通一应俱全。（2）高品质的居住配套。小镇内已有多家实力雄厚的开发商投资开发了大量保留当地传统文化风格的居住区与住宅楼，完美反映江南风情。（3）优质的教育资源。小镇内规划了7所幼儿园、4所小学、3所中学、1所九年义务制学校，同时引入外部优质教育资源且已投入使用。（4）齐全的社会服务。小镇内设置了多家综合性医院、社区服务中心以及养老服务中心等机构，为居民生活、养老、看病等各种社会服务需求提供了极大的便利与足够的保障。（5）全方位的配套服务。小镇设置了富义仓、胜利河美食街、百瑞、远洋等会议餐饮配套，土蓄产仓库厂房改造的金融文创发布中心、杭州市第二人力资源市场和杭州北部人力资源服务市场等人才交流服务配套；另外，小镇还设立了"一站式"服务中心，为企业提供"一站式"服务。

（三）湘湖金融小镇

湘湖金融小镇，坐落于风景秀丽的杭州市萧山区湘湖国家旅游度假区，小镇规划区域约为3平方公里，以国家旅游度假区和5A级景区建设为发展抓手，充分发挥自身的深厚人文底蕴与自然环境优势，吸引私募基金、企业直投机构、金融投资公司等各类金融机构，并重点发展私募金融，将股权投资、风险投资、天使投资、上市企业投融资总部等业态集聚发展，建设中国版"苏黎世湖区"。

1. 地理环境

湘湖金融小镇坐落于国家级的旅游度假区，是传统文化中的风水宝地。小镇核心的金融办公及配套服务区，分为一期和二期两个区域。

湘湖金融小镇一期位于跨湖桥畔大小茅坞附近。其东侧的越王城山素有"周朝胜迹，越代名山"之称。春秋末期，吴越争霸，山巅越王城为勾践屯兵之地。南侧是有着8000年历史的跨湖桥遗址。据小镇规划建设相关负责人称，金融小镇一期由16幢中式风格单体建筑组成，其中一幢为综合楼，总建筑面积达2万多平方米，是湘湖集旅游、产业、文化于一体的休闲胜地。

湘湖金融小镇二期位于金西区块。从空中鸟瞰位于萧山区湘湖三期金西区块，依山傍水的湘湖金融小镇二期工程建筑部分已基本完工，园区内白墙黛瓦、小桥流水，尽显江南风情。眉山路上的湘湖三期金沙滩边，一片群山绿树掩映中，小镇二期就在这里。整个小镇没有围墙，完全开放式，一幢幢白墙黑瓦的建筑融入于湘湖的湖光山色。中国银行浙江分行首任行长金润泉故居以及文创园就位于小镇二期所在区域内。

2. 活动举办

先后成功举办全球共享金融100人论坛·湘湖峰会和丝路国际联盟大会，全球共享金融100人论坛永久会址和丝路国际联盟总部落户湘湖金融小镇。

2017年8月15日上午，由杭州市城改办牵头，组织浙江省、市10家主流媒体，来到湘湖金融小镇进行实地考察采访。这些媒体包括《浙江日报》、浙江教育科技频道、《杭州日报》、杭州电视台、FM89杭州之声、杭州网、《钱江晚报》《都市快报》《青年时报》《每日商报》等，共有10余名记者现场采访，湘管委相关负责人向来访的媒体记者介绍了湘湖金融小镇的概况，随后带领他们参观了小镇风景。

3. 入驻企业

小镇不仅风光优美、商业配套丰富，还有政策扶持，因此，一大批新金融企业纷至沓来。截至2017年9月，小镇已累计引进资产管理、股权投资、互联网金融等各类机构330家，另外，浙江大学金融学院"双创"基地、信雅达特殊资产产业园和万向区块链产业园等金融科技资源也相继落户小镇。

丝路国际联盟总部、千亿级丝路联盟母基金、中铁光大亚运基础设施投资基金等均已落户，致力于打造中国"苏黎世湖区"，着力构建丝路国际金融中心、私募金融高地、新金融众创空间等业态。随着丝路国际联盟大会、全球共享金融论坛·湘湖峰会等一系列金融论坛会议，金融小镇已经得到了全国乃至全球的关注。

4. 环境配套

小镇共分为四个区块——楼宇办公区、生态金融办公区、慢生活街区和金融总部区。配套有3万平方米慢生活街区，将开出民宿、酒吧、餐饮、咖啡吧……小镇还拥有大型会客厅，未来企业可以在里面举办论坛，进行项目路演。湘湖JW万豪酒店、开元森泊度假乐园等一批项目也已陆续启动建设。

湘湖公学也选址于湘湖。学校设初中部和高中部，招生规模2000人左右，计划2018年动工，2019年正式招生。它将是一所集绿色、山水、人文、智慧、未来于一体的中国4.0版示范学校，湘湖公学校长由原杭州第二中学校长叶翠微担任。

5. 周边景点

周边景点包括湘湖、杭州乐园、杭州极地海洋公园、杭州烂苹果乐园、跨湖桥遗址、越王城山遗址等。

杭州西湖的"姊妹湖"湘湖景区有湘堤卧波、湘浦观鱼、忆杨思贤、绿岛掬星、湖心云影、纤道古风、越楼品茗、跨湖问史等50个秀丽的旅游景观。人文底蕴方面，湘湖是唐代大诗人贺知章的故里，李白、陆游、文天祥等历代名人在此留有代代相传的不朽诗文。在第二届中国休闲经济发展论坛上，湘湖景区被评为"中国休闲旅游最佳目的地"，是浙江省内第一个获得此项荣誉的度假区。

6. 获得荣誉

2015年12月2日，湘湖金融小镇进入杭州首批市级特色小镇创建名单。2017年8月2日，湘湖金融小镇进入浙江省省级特色小镇创建名单。

在本章，我们从四个方面来阐述了河北省创设金融特色小镇的相关内容。首先，从区位特色和产业特色两个方面对河北省创设金融特色小镇的可行性进行探索研究，在得到河北省具有设立金融特色小镇的条件与优势的结论后，又对金融特色小镇的培育所必需的量化指标体系设计进行了探讨，并根据当前国家经济形势和中央政府制定的大政方针，提出河北省创设金融特色小镇的规划建议。建设金融特色小镇不能"拍脑袋"，也不能"摸着石头过河"，要积极借鉴吸收国内外特色小镇的成功经验，同时避免其建设过程中的问题与误区，因此，我们对金融特色小镇国外与国内创设范例进行了简单介绍，并其成功经验进行总结，剖析成功原因。

第七章

医疗康养特色小镇培育

第一节 医疗康养特色小镇建设的背景

一、为贯彻落实健康中国战略

首先,国家部委和各地方政府积极投身特色小镇建设,并出台相关的指导意见或规划。其次,"健康中国"升级为国家战略。2013年以来,国务院先后出台了一系列政策文件,逐步形成了国家对健康产业发展的顶层设计,2016年《"健康中国2030"规划纲要》的发布更是将健康产业上升发展到国家战略高度,大健康产业的政策红利不断释放,进入黄金发展期。

二、面临老龄化、亚健康、环境问题的日益严重

首先,全国人口老龄化问题严峻。2016年,中国60岁以上老人达到2.31亿人。据《"十三五"国家老龄事业发展和养老体系建设规划》,预测到2020年中国60岁以上老人将会增至2.55亿人左右,约占总人口的17.8%;到2050年,60岁以上人口超过4亿,占比达32.8%(目前的日本就是30%)。其次,亚健康、慢性病等健康问题越来越普及。随着社会生活节奏的加快,紧张的工作和生活的压力使人们生理与心理双重疲劳,从而导致了亚健康,其中白领阶层是亚健康的主要人群。根据统计数据表明,中国有近9.8亿人有亚健康问题。最后,环境污染问题严重,如大气污染、水污

染等问题会直接或间接对人类造成危害，又如大气污染对呼吸道慢性炎症发病率的影响等。

三、满足日益增长的养生需求

首先，人均收入水平提高，养老产业逐渐进入居民的重要消费领域。由于人口老龄化问题的加重以及人民生活水平的日渐提高，人们对医疗、健康、养老的需求越来越多，而我国目前这方面的供给却远远不足，因此医疗康养小镇的建设前景将相当广阔。其次，休闲经济近几年大热，健康产业与旅游产业的结合成为全球经济的新增长点。世界医疗旅游协会报告称，全球医疗旅游产业未来年增速有望保持15%~25%的高增长率，2018年的市场份额预计将会达到7000亿美元。旅游产业与健康产业的融合将是未来现代服务业的一个发展趋势，两个产业相互促进相辅相成。最后，养生观念的重视使消费需求逐渐从"疾病防治"转向"预防保健"。养生需求是对养老产业发展的补充与丰富，是在传统养老基本需求的基础上增添了健康服务与日常保健。

四、跟上大数据时代的步伐

在特色小镇建立社区化的精准医疗服务，利用大数据技术，掌握消费者较为完备的健康数据档案，对其进行全面的诊断与分析，对于罕见病、疑难病等状况利用互联网技术进行优质医疗的调配或转诊，为消费者提供优质、便利、系统的解决方案。集互联网、大数据、云平台与实体诊所线上线下相结合的创新型医疗服务机构，以"医疗健康+互联网"的方式，为分级诊疗、家庭医生签约、医养结合提供系统性的解决方案。与各地政府、卫计委通力合作，共同完成线下基层医疗服务（社区与乡镇）和线上分级诊疗、家庭医生签约、医养结合的落地服务，创建"互联网+医疗健康+养老医疗"的新模式。

第二节

国内外医疗康养特色小镇发展经验

一、国外医疗康养特色小镇发展经验

（一）德国巴登巴登小镇

在约 4 平方公里的范围内，德国巴登巴登小镇拥有 8 家私人康复诊所和医院。作为全球温泉康复疗养胜地，德国巴登巴登小镇依托温泉水疗以康复医疗技术闻名世界。这里背靠黑森林气候宜居，小镇沿着山谷蜿蜒伸展。这里成熟的医疗专家团队、全面的健康管理服务和健全的度假配套是小镇发展的优势。同时德国巴登巴登小镇医疗康养发展也得益于德国政府的大力支持。德国被认为是实力雄厚的专业医疗实胜地。为此德国旅游局通过扶持医疗康养机构成立、提升品质和宣传、放宽入境限制的措施，促进其医疗康养特色小镇发展。

（二）日本静冈医药谷

日本静冈作为日本癌症发病率最低的地区，具备发展医疗康养特色小镇的天然优势。这里温泉资源得天独厚，具有制药、医疗产业优势及丰富的教育资源。以县立静冈癌病中心为依托，日本静冈医药谷特色小镇快速发展。一是静冈有国际机场、港口、高速公路，位于日本的交通要道，交通便利，有力地促进了医疗康养特色小镇的发展。二是得益于政府的大力支持。日本在癌症和心血管疾病防治方面具有优势。因此日本将医疗旅游作为国家支柱产业，打造亚洲高端医疗与体检胜地。三是公私共同开发。由政府牵头，静冈医药谷由公私共同开发，实现了医疗、科研、企业三位一体产业集群发展，建立了从研发、治疗到保健的完整产业链开发模式，形成了集癌症治疗、生物制药、保健度假一体化的医疗康养特色小镇。日本静冈医药谷竞争力强、集约化高，是世界水平的健康基地。

(三) 瑞士蒙特勒

瑞士的蒙特勒是羊胎素的发源地。坐落于瑞士蒙特勒市的日内瓦湖畔，背靠宏伟壮观的阿尔卑斯山，构成一幅美丽动人的图画，置身这幅图画之中，顿觉超凡脱俗，烦恼尽消。蒙特勒特色小镇占地约3平方公里。在日内瓦湖畔弧形地带中，依山面水而建了众多家庭旅馆、74家酒店和11家高端私立医院。其中蒙特勒静港医疗中心，是全球著名的抗衰老专业机构。它提供一系列高端医疗美容服务，包括细胞活化治疗、抗衰老体检等。同时依托蒙特勒及日内瓦湖优美的自然风光和人文资源，打造蒙特勒特色小镇完整服务链，充分满足高端市场的需求，形成了集抗衰老、养生、度假一体的产业发展模式。

通过国外医疗康养特色小镇发展，我们可以看出其成功的经验主要体现在如下几个方面。一是市场定位要精准。国外这些医疗康养特色小镇，定位精准，以高超医疗技术为核心，突出环境疗养，带动其他产业发展。二是要生态和谐、规模集约。这些国外医疗康养小镇都选择环境优越宜居、规范集约，打造特色小镇与自然环境和谐统一，突出医疗康养"养"的魅力。三是区位优越、配套完善。这些国外医疗康养特色小镇都是选择交通便利，区位优越、配套完善的地方进行建设。四是要政府扶持，部门协作。这些国外医疗康养特色小镇都得到政府的大力扶持，提供便利优惠条件，同时各个相关部门相互配合协作，共同促进特色小镇的发展。

二、国内医疗特色小镇发展经验

(一) 陕西省礼泉县袁家村医疗健康创新小镇

袁家村位于中国陕西省礼泉县，周边有着丰富的历史文化资源，袁家村有村民62户，289人，汇聚了800位创客，吸纳周边村民3000多人就业，带动周边1万~2万人，年接待游客量520万，旅游总收入3.2亿元，人均纯收入76000元，人均可支配收入16000元。

袁家村规划用地1500亩，其中包含农家乐南北街、康庄老街、作坊街、祠堂街、书院街、民宿、酒店、观音庙、财神庙等。时至今日，袁家村已被评为中国十大美丽乡村、国家AAAA级景区、中国十佳小康村、全国乡村旅游示范村等荣誉。

袁家村的建设为医疗健康创新小镇带来了新的思路，其内容包括以下几点。

1. 找准产业定位，因地制宜

袁家村是中国典型的农业村镇，农民收入普遍偏低，发展速度缓慢，在无资金、无人才、少资源的情况下，袁家村选择以乡村旅游作为主产业，结合当地悠久的历史文化，通过农家乐、乡村生活、特色小吃等体验式项目开展独具特色的乡村旅游，建设关中印象体验地村景一体的旅游景区。乡村旅游作为袁家村打开旅游市场的钥匙，将袁家村各类要素整合，形成了以乡村旅游为重点，以文化旅游为特色，以特色小镇为形态的旅游产业链，可以说袁家村在主产业的选择上符合当地的特点，是特色鲜明的产业形态。

2. 核心产业提升，形成集聚

仅仅选择了主产业并不能作为一个特色小镇的支撑，袁家村将打造的主产业继续进行提升，提高已有项目的服务质量，拓展开发新的旅游项目，进一步满足游客多样性的需求，拉动周边城镇加入一同发展形成规模旅游服务体。

3. 合理规划布局，打造品牌

特色小镇的建设应规划先行，袁家村并非一蹴而就，而是在合理规划布局的基础上逐步进行建设，并在建设的过程中不断进行改进，新的理念、新的想法不断融入理念中，打造一个人才集聚、功能完善、产业链完整的特色医疗康养小镇，既有美丽的田园风光，又有现代化的智能设施的宜业宜居的美丽小镇。

（二）无锡阳山田园东方健康小镇

无锡阳山田园东方虽然与吉林小白山医养创新小镇的产业选择千差万别，但在打造模式上依然有借鉴之处，这其中包括以下内容

1. 明确发展定位，做优势资源平台

田园东方根据自身优势，选择以田园综合体为主要发展方向，打造一个集现代农业、休闲旅游、田园村庄为一体的多业态休闲旅游项目，将农业、文旅、居住有机地结合在一起，在发达地区的美丽乡村搭建资源整合平台，建立丰富的田园体验休闲度假项目集群，引进现代农业企业统一运营农业，整理农村土地和民居打造村落式分散化布局的田园村庄，三个产业的协同发展让这个

区位呈现出真正的现代田园生活方式，让市民下乡融入农村，让体验经济融入整个循环过程中。

2. 确定产业模式，合理开发运营

在产业模式的确定上，田园东方首先通过公司化、规范化、科技化运作，发展现代化农业产业园，形成当地的基础性产业；其次规划打造新兴驱动产业即文旅产业，以生态自然型多样的旅游产品和度假产品进行组合；最后开展田园社区建设，服务原住民、新住民和游客，最终形成一个新的社区，同时也是一个新的特色小镇。

3. 布局业态模型，打造全新生活方式

田园东方在设计业态模型时融合了两个概念：一是科技引领，二是可持续发展。首先，在深入理解这两个概念的同时，打造高科技现代农业，对接技术和市场，形成高科技农业要素集聚。其次，打造可持续的生态旅游度假目的地，结合自身文化、区位优势，合理规划，营造田园生活方式社区，让体验经济充分融入整个小镇中。

（三）仙居神仙氧吧小镇

神仙氧吧小镇位于仙居县中部的白塔镇，它位于神仙居省级旅游度假区的核心区域，是通往景星岩、神仙居、淡竹等主景区的门户，这里生态环境极好，风景秀丽，水资源丰富，空气中富含负氧离子，是养生、旅游的不二之地，因此又被称为"神仙居住的地方"

考虑到要进行长远的发展目标，特色小镇的建设初期就确定了高端化的建设目标，创建两年多来，小镇建设突出了"三高"。高起点编制规划。神仙氧吧小镇采用"多规合一、综合实施"的创新方式进行整体谋划，将空间布局、产业规划、用地规划、旅游规划、A级景区创建、智能小镇建设、视觉及品牌形象策划等各类规划策划同步编制、有机衔接，构建了较为完善的小镇规划体系。高标准谋划产业。神仙氧吧小镇以健康旅游和休闲产业为主，严把准入关口，大力开展招商引资，目前已累计投资22亿元，其中民间资本投资达16亿元。已经落地在建的包括丰安生物健康疗养中心、神仙居SPA养生度假基地、德信文化主题乐园、希尔顿度假酒店、神仙居悦城等十大项目，总投资达50多亿元人民币，而且引进了世界先进的高端养生、康体美容、健康检测等技术和文化休闲业态。小镇建设的目标是打造一个在国内一流，在世界上有影响力的特色医疗小镇。建设行业标杆,努力在业内形成影响力。高保障招揽人才。人才是核心竞争力,任何一个特色小镇的发展,都离不开创新驱动,作为医疗康养的特色小镇也同样如此,神仙氧吧小镇充分发挥自身交通区位、环境资源和产业特色的优势,在招引留才上下足功夫,通过建设院士康居楼、人才公寓、神仙居名人苑,大力推行仙居人才新政,深化"最多跑一次改革"等措施,全心全意做好"筑巢引凤"工作,不仅吸引了更多游客,而且更要把高端人才留在仙居。

(四) 吉林小白山医养创新小镇

小镇位于吉林市丰满区小白山乡,北与松花江相傍,西与南部新城相接,东与松花湖旅游风景度假区相望,南与万科松花湖滑雪场相依。距吉林市核心区域9公里,松江南路、新城东路及环山街三条主干道连接市区,吉林市外环高速、G202国道及规划中轻轨线经由小镇,是通往松花湖景区和万科滑雪场的必由之路。距离青山国际滑雪场、5A级松花湖景区、4A级朱雀山森林公园以及正待高端开发的小白山满族文化景区等重要旅游节点均在5公里左右。核心区占地面积约5平方公里,规划范围包含三家子村、鸡冠山村、大兰旗村三个行政村,规划区总人口5900人,贫困户98人。主要以蔬菜种植等都市农业为主,农民人均纯收入11000元。辐射区域内拥有医药学院、北华大学、卫校、女中等多所医疗机构及院校,具有导入健康双创要素的优势。医养创新小镇建设需要医疗合作的技术依托,吉林市有北华大学的医学院,吉林药学院,具有与国际医疗合作的基础。学校与国际合作的意愿十分强烈,是吉林市发展高端医疗产业的基础。

位于吉林市南部新城的筑石现代服务业集聚区是产城融合发展的载体,是健康小镇建设的先导区。面积34900平方米,建成面积34900平方米,总体功能由WE+创客空间、云创街区、云街区、创业公寓、青创中心、创客营地、特色商业街区、创客咖啡、逛吃食堂九部分组成,为创业孵化提供优质、灵活的办公空间和公用设施设备,提供人力资源、项目包装、投融资于一体的服务。截至2017年3月,入区小微企业203户,带动就业1659人,园区实现主营收入1600万元。被命名为"中国众创空间产业联盟吉林分站""吉林省创业孵化基地"现代服务业集聚区,健康产业双创基地,并被列为吉林市六个重大创新创业基地之一,命名为国际健康产业双创基地,形成了发展医养创新和高端康养的良好基础和拓展空间。

1. 小白山医养创新小镇产业内容

小镇重点建设三大中心、三大社区、三大公园，三大中心即城市RBD中心、国际医疗发展中心、健康文教发展中心。三大社区即健康生态养生住区、健康养老社区、全龄化CCRC社区。三大公园即滨江休闲公园、城市中央公园、国家生态循环农业公园。

小镇在产业布局上强调规划先行，在满足功能的前提下合理进行产业布局，将国际医疗产业、生态养生产业、健康农业等互相融合，打造一个可持续发展的具有明确产业特色的健康生态小镇。

2. 吉林市小白山医养创新小镇的运行机制

吉林小白山医养创新小镇以医养产业为优势主导产业，发展模式采取校、企、政三方联合的模式，吉林市丰满区政府为推进小镇建设工作成立领导小组，为小镇建设提供保障，由北华大学提供专业技术支持与高新技术落地，由当地企业进行专业化运营。

（五）浙江桐庐医疗健康创新小镇

桐庐小镇地理位置优越，交通发达。规划建设用地面积2.6平方公里。小镇背靠大奇山国家森林公园，与桐庐县无缝对接，是桐庐富春山健康城的核心区块。小镇三面环山，毗临富春江，环境优势明显，森林覆盖率超过80%，全年340天空气质量达到或优于二级标准优良天数，PM2.5浓度年平均值小于35，空气中富含负氧离子，每立方厘米达到2578个，远远超国家6级标准。小镇所属区域年平均气温在15度左右，夏天的气温也平均在26度左右，比起避暑胜地庐山也不遑多让。守着富春江，小镇的水资源合格率达到100%。

浙江桐庐的建设为医疗健康创新小镇带来了新的思路，其内容包括有如下几个方面。

1. 产业定位

该镇依托规划区域内优良的生态环境和健康产业基础，以优质的自然环境和"桐君"国药文化产业为依托，以建设一流健康服务行业为产业核心，打造一个集旅游和康养为一体的宜居、宜业、宜养、宜游的特色健康小镇。

2. 运作思路

小镇的发展以健康养生、医疗保健、养生旅游、健康饮食作为发展的主体,将健康管理和医疗服务作为其主产业的支撑,以健康制造、电子商务、物联网、休闲体育等项目作为拓展项进行多元化建设。形成一个完善的产业链,拉动地方经济全方位发展。

另外小镇建立三大功能模块,分别为核心区、配套区、拓展区。核心区重点进行医疗服务和医疗研发建设;配套区是对养生、保健、健身等项目设施进行建设开发;拓展区主要是对医疗膳食、中药材、医疗保健品、有机农产品进行培育,旨在丰富产业结构吸引广大客户。

3. 招商政策

第一是代办服务政策,小镇落户企业,管委会对其进行全程代办服务。第二是人才政策,对紧缺的高层次人才提供100～120平方米、设施完善的人才专项房;企业引进的高级企业管理人才,且年龄在55周岁以下的,在桐庐首次购买住房的每人可申请购房补助20万元。第三是平台政策,对企业建立并批准被市级院士工作站的,除享受杭州市一次性50万～100万元奖励外,给予一次性20万元建站经费。

4. 小镇的特色项目

健康小镇会客厅作为小镇的线下门户,可以作为小镇对外宣传的窗口,让来宾可以直观地健康特色小镇的整体建设情况、入住企业的发展,同时作为桐庐县对外宣传的一张明信片。会客厅占地400平方米,分为形象展示区、核心展示区、VR生态体验区、互联网+健康体验区等四大功能区块,主要承担规划展示、参观接待等功能,通过LED大屏等硬件设备全方位展示富春山健康城整体的规划;同时结合wi-fi、云、移动互联网等信息化通信技术,以打造一个集现代化与信息化为一体的先进性会客厅。

江南养生文化村一直致力于打造以"绿色""系统"为根本,以中医药调理为特色的睡眠服务产品。在睡眠诊疗上,江南养生文化村摒除化学药物干扰,从环境、医疗、饮食、运动、心理、生化习惯六大方面帮助客户养成良好睡眠习惯,并同步结合线下度假村式园区服务,让治疗与身心舒压完美结合。

5. 未来方向

富春山居医疗养身基地将在小镇的东侧区域进行规划建设,为了提升老年人的幸福感和归属感,方便老年人能够在此安度晚年,这里会建成一个疗养中心、一个敬老院、一个医疗体验中心。

一个健康产业孵化园将会在小镇的中间区域进行规划建设，为实现智慧健康产业、孵化园培育成桐庐经济新的增长点，小镇将引进一批高新技术产业，主要包括一些信息经济、互联网、大数据等，将这些产业与医疗康养小镇的建设紧密地联系在一起，实现共同发展。

在小镇的西侧未来将会规划一个健康细胞园，所谓的健康细胞园就是银行，建设一个专门为小镇服务的一个银行，解决小镇建设发展过程中的融资和投资问题，以保证小镇有一个强大的融资后台，以防止在建设过程中的资金链断裂而导致的"烂尾"项目，保证小镇的建设长期可持续性。

第三节 国内外医疗特色小镇发展经验对河北省建设医疗康养小镇的启示

（一）因地制宜，明确定位

医疗康养小镇的定位应该明确，小镇建设的核心是"医疗康养"而并非"旅游"，旅游是以医疗康养为基础的，主次关系应该明确。医疗康养小镇的建设必须在医养这条路线上探索自身特色，形成自身独到的竞争力，因为只有这样才能在医养小镇激烈的市场竞争中站得住脚，形成长久的生存空间。应该将精力及资金等朝自己的特色产业上发力，坚决反对综合发展，"面"铺得不要太宽，"手"不要伸得太长，要着力打造自己的"专科强势"。"专科强势"就是要与当地的特色资源结合起来，这种特色资源可以是专治某种疾病的技术、药材，也可以是当地独具特色的医疗健康文化、饮食等。既然要打造自己的特色就要区别于现在已有的特色小镇，可以借鉴其他特色小镇建设的优点长处，但不可单单地进行复制粘贴，要根据自身优势取长补短，发挥自身建设的长处，将资金和精力集中于自身特色上，做到"好钢用在刀刃上"。"在地化"是医养小镇的专科优势和打造鲜明特点的基础。另一关键点在于突出特色的同时应该着力探索国民的医疗康养需求，把握需求才能形成持久的竞争力，另外，随着我国中医药文化在国际上的影响力越来越大，小镇的建设也应该考虑到国际上的医疗康养需求，将目光投向国际，打造国际知名医疗康养小镇。

（二）合理扶持，政府推动

在医疗康养小镇的发展中，政府应该积极地推动并做好以下几个方面的角色：一是"宏观政策的调控者"，积极制定相关扶持政策，如确定医疗康养小镇的产业定位，在建设上给予土地、财政方面的支持，对需要引进的技术设备等进行税收上的支持，对国外游客和专家予以相对宽松的政策环境；二是"市场秩序的监督者"，积极制定相关法律法规，使小镇在建设的过程中有法可依，减少不必要的精力和资源的浪费，遇到问题有法可查；三是"产业发展的服务者"，政府应该做好各个部门间的协作，积极地推进"放管服"改革，增强服务质量的效率，做好顶层设计的工作，大力推动医疗小镇相关方面的工作进程；四是"利益的协调者"，政府应该积极利用PPP融资平台撬动社会的资金，并对资金的使用情况进行严厉的监督，在推动小镇健康快速发展的同时要保护广大投资者的利益。

（三）适宜规模，特色布局

医疗康养小镇的建设与其他类型小镇的建设一样，一定要将建设的中心落实在"小"和"特"这两方面。其中"小"就要求小镇的建设规模不能太大，要做到小而精，体现一种空间格局；而"特"要求小镇的建设不能照搬照抄，要有自己的独特之处，有其他小镇没有的产业特色，只有做到"特"才能在这个竞争激烈的市场上形成竞争优势，这也是小镇吸引客源的一个主要方面。

（四）交通便捷，设施完善

便捷的交通是医疗康养特色小镇吸引客源的必要前提条件。小镇的地址选择十分重要，首先要满足环境资源的开发条件，其次还要满足交通的足够便利，以保证充足的城市客源。完善的医疗配套设施是小镇吸引客源的重要前提，打造高端化、信息化的现代化设施是特色小镇建设的基本硬件条件。

第四节

河北省医疗康养特色小镇培育

一、背 景

医养旅游是将医疗康养与当地生态环境、旅游结合起来，形成一种合理的结合，在旅游的同时享受对应的医疗康养特色服务或者在医养的同时享受旅游带来的舒适感。因此，医养小镇建设自提出之日就在全球范围内受到强烈关注。现如今，养生旅游在国际上已经初具规模，许多国家已经建设了一些独具特色竞争力的医疗康养小镇。我国的养生文化已经有几千年的历史，先人对于健康、养身、长寿的追求从未间断过，在前人的基础上，当代人又对一些养生进行了创新，如温泉养生、茶艺养生、专业医疗养生等。但我国目前对医疗医药产业的开发与利用相比于我国悠久的养生文化而言还算是处于初级阶段，与国外的医养旅游产业相比也有巨大的差距，还有很大的提升空间。进一步分析发现，我国目前的医养旅游业仍存在一些问题，包括地区发展不平衡、产业链不完整、开发的深度不够、不能很好地把握广大消费者的需求，很多地区仅停留在概念分析的阶段，实证能力不足。

医养旅游需求在马斯洛需求层次中处于较高层级，因此医养特色小镇较传统旅游特色小镇有更高的门槛和技术要求，主要体现在是否具有相应方面的高端人才竞争力、医疗资源方面的竞争力，是否具有较为完善的相关法律法规进行指导约束，是否拥有健康的市场竞争环境。对于医养旅游需求者来说，小镇建设除了应该具备应有的高端医疗设施、优美的自然风光外，还应该具有浓厚的养生氛围。通过SWOT进行矩阵分析，我国发展医养特色小镇存在的内部优势体现在旅游资源丰富、传统中医技术、区位等，但也存在一些劣势，如服务产业发展较弱、小镇的品牌还未得到认可等；外部方面优势体现在我国即将步入老龄化时代、对于医养产业的需求旺盛上，与此同时也存在着与国际同行业的竞争劣势，医疗设施较为落后的不足。因此，应充分发挥杠杆效应，用内部的优势撬动外部的机会，探索河北省医养产业和特色小镇的共同发展的机会。

二、河北医疗康养特色小镇培育方向

1. 加快产业升级，实现产镇融合

将"康养"与"旅游"进行产业融合，在保持现有的产业优适的基础上积极地探索开发新的板块，深度挖掘广大游客的需求。另外，将产业一步一步进行延伸，从最初的基本医疗服务延伸向高端的基因工程、医疗科技研发方面扩展，努力打造完整的产业生态圈，实现产镇一体、协调发展。

2. 彰显文化特色，营造小镇氛围

彰显特色养生文化，不能够仅仅停留在营销策略上，而应该在项目的建设和运营的全过程中充分体现，把握好内外两个"抓手"。特色文化彰显的"外抓手"应体现在小镇建设的整体感觉风貌上，小镇的建筑风格、指示牌、公交车等要处处展现小镇的独特风格，时时刻刻地向游客展示小镇的独特魅力、独到文化，要使小镇的形象深深地烙在游客的心中，打造一种品牌效应让游客有身临其境和"穿越"之感，提升游客的文化体验。而"内抓手"则应在项目产品和康养设施上下功夫，通过不断地引进优质的项目产品，开发自身独特的医疗康养产品，将小镇的建设保持一种一直在进行的状态，不断地升级换代，展现出小镇自身的生机和活力。项目产品应避免大众化的旅游纪念品，应当体现在"特"上，如开发医药膳食、让游客亲身体验医药膳食的制作过程、种植医药植物并向游客传授讲解其相关知识、请相关医药专家免费义诊等。

3. 运用PPP融资模式，撬动社会资金

PPP（Public–Private Partnership）模式是指政府和社会资本合作，是公共基础设施建设项目的一种运作模式，在近几年特色小镇的建设应用中取得了不错的效果。建设河北特色小镇可以运用PPP融资平台，撬动社会的资金，一方面可以降低政府的财政压力，另一方面也可以提高广大城镇居民的参与性和积极性。政府作为特色小镇建设的引导者，应当做好监督和引导的作用，维护市场环境，提供相应的政策支持，提高行政效率。特色小镇的建设也是城镇化的一个途径，作为广大城镇居民更应该发挥自身的积极性，投身到小镇的建设中去，加快小镇建设进程。

4. 运用信息化互联网技术，建设智慧型小镇

互联网技术与传统产业的完美结合是现代产业发展的一个大趋势，"互联

网+"已经成功地运用到很多行业并取得了不错的成就。河北省在进行医疗特色小镇的建设中可以将互联网、人工智能、智慧系统等现代科技进行融入,可大大提高小镇的经济效益,提高小镇的吸引力和竞争力。将互联网技术运用到小镇的建设中去,能够提高小镇的服务质量和服务水平;高端医疗企业可利用互联网技术和智能管理信息系统开展远程医疗服务,一方面解决了地域的限制扩展了其业务范围,另一方面也对其品牌效应的建立拓宽了渠道。小镇建设中后期小镇居民可以通过互联网做一些电商业务,将本地的特色医疗、医药产品通过电子商务平台销售出去,进一步提升自身品牌影响力。

5. 保护生态环境,发展新产业

医疗康养小镇的建设,生态环境是其建设的基础,也是其吸引客源的一大亮点,因此小镇的建设不能以牺牲原始生态环境为代价。河北省开发康养小镇时应当注意传统历史遗迹的保护,生态资源的合理开发,不能够竭泽而渔,做到既要绿水青山,又要金山银山。

6. 建设只是开始,后期运营管理才是关键

特色小镇的开发建设只是开始,后期的运营才是产生效益的关键。在小镇的后期运营方面可以借鉴国内外一些典型成功经验,保证小镇高效持久的运作,在这个过程中不断地对其进行创新完善,将已经过时的产品产业果断剔除,不合理的地方积极地进行改进。使小镇保持生机活力,保持持久的竞争力。

三、河北省医疗康养特色小镇的定位

"健康中国 2030"把健康推向一个战略新高度,大城市工作人群对于健康的需求越来越旺盛,这也给医疗康养小镇的建设指明了方向。河北省进行医疗康养特色小镇建设的出发点和归属点应该落实到健康上,打造一个以健康养生产业为主体,将旅游、保健、养生、药膳等产业作为其依托产业的产业链,形成一个生态、健康、美丽宜居的特色小镇。根据市场的需求,以本地特色文化或者非物质文化遗产为依托,建设一个宜居、宜养、宜游的特色休闲度假区。河北省打造医疗康养小镇有两个方向:一个是打造医疗养老型小镇,随着我国逐渐步入老龄化的时代,对于养老的需求会越来越旺盛,而河北目前这方面做得又不是很多,所以有很大的市场前景;另一个就是建设一种休闲医疗体验式小镇,主要客源是那些在大城市中工作的人,建设配套有各种医疗保健型设施,缓解工作压力的同时享受到专业的医疗特色服务。

四、促进河北省医疗康养特色小镇发展

(一)致力于打造河北独具特色的医疗康养特色小镇

随着"健康中国"战略的实施以及康养旅游的推进,自然、文化、康疗等医疗健康资源成为特色小镇搭建要素的重要组成部分。新型城镇化发展既要考虑对医疗健康资源的合理使用与整合,也要围绕旅游、文化、健康、体育、养老等核心要素形成特色小镇产业聚集结构,医疗健康成为其顶层设计中不可或缺的一环。人们对于医疗健康的定义简而言之为:"治、疗、养"三个字。"治"是以医疗为目的,治愈某种疾病;"疗"是以康疗、理疗为目的;"养"是以养生、养心、养老等为目的,追求安养健康的生活方式。从消费需求不难看出,医疗健康已经渗入每个人的基本生活,不单是对某一特定领域的特殊需求。健康产业与其他产业要素有机结合,已经成为全球经济发展新的经济增长点。因此,在城镇化发展视角下,医疗健康已经成为从顶层设计到项目落地过程不容忽视的要点。

随着人们对养老、健康等问题的关注,颐养类特色小镇如雨后春笋般在全国各地陆续搭建。就传统文旅特色小镇而言,其受众画像多为具备一定经济基础,同时具备一定可支配的业余时间的中老年人士,而该类人群对于医疗保障的需求显得尤为突出,缺乏高端完备的医疗设施就会造成无法满足市场的需求,这将导致对广大客户吸引力的降低,甚至造成已有客户的流失,无法形成持久经营。医疗健康产业作为所有特色小镇内群众生产生活的刚性需求,是特色小镇基础设施建设的重中之重。

(二)在大数据互联网时代打造河北"多产业+双引擎医疗康养特色小镇

在互联网时代,医疗健康产业如何与特色小镇深度融合,并实现有效运营,蓝卡(国际)健康集团董事局主席于浩波认为,高度应用互联网技术,贯以大数据支撑,进行特色小镇医疗健康产业运营是破题关键,而完备配套的

医疗健康条件是打造高品质、高性价比特色小镇的前提。

首先,在特色小镇建立社区化的精准医疗服务,利用大数据技术,掌握消费者较为完备的健康数据档案,对其进行全面的诊断与分析,对于罕见病、疑难病等状况利用互联网技术进行优质医疗的调配或转诊,为消费者提供优质、便利、系统的解决方案。于浩波以蓝卡健康的服务模式来举例说明。蓝卡健康是集互联网、大数据、云平台与实体诊所线上线下相结合的创新型医疗服务机构,以"医疗健康+互联网"的方式,为分级诊疗、家庭医生签约、医养结合提供系统性解决方案。与各地政府、卫计委通力合作,共同完成线下基层医疗服务(社区与乡镇)和线上分级诊疗、家庭医生签约、医养结合的落地服务,创建"互联网+医疗健康+养老医疗"的新模式。

在互联网等技术手段的支持下,医疗健康产业与特色小镇发展相结合应遵循"多产业+双引擎"模型。

"多产业"是指以医疗健康特色产业为主的众多副产业共同协调发展的模式,强调多产业之间的延伸与融合;"双引擎"是指特色产业引擎、智慧化及互联网引擎。以医疗健康产业及其他相关产业为主体,其他产业如餐饮,旅游,农业等为依附产业格局进行规划建设,将互联网、大数据技术应用于各个产业及各产业之间形成良好的互动,共同发展形成一条完整的产业链。

互联网技术是这个时代的命题,医疗康养小镇的建设务必搭上这班车,运用互联网技术对小镇的品牌进行宣传,将小镇的产品与互联网技术有机地结合在一起,打造一个河北省乃至全国独特的医疗康养小镇。

第八章

文旅特色小镇培育

据国家旅游局预计,我国文旅行业将成为国家支柱型产业,体量在 10 万亿级。《国务院关于加快发展旅游业的意见》提出,力争到 2020 年我国旅游产业规模、质量、效益基本达到世界旅游强国水平。我国将由旅游大国迈向旅游强国,实现旅游业发展质的飞跃。文旅产业的投资机会大大增加,中国文旅发展增质提效的时代已然到来。但是,在中国文旅发展方面,需要提升与改进的地方仍然存在,这些都是亟待解决的时代课题,而文旅特色小镇无疑是解决问题的办法之一和进行创新实验的重点领域,创建与培育文旅特色小镇具有非凡的时代意义和广阔而深远的美好前景。

第一节 文旅特色小镇的类型特征

一、文化类特色小镇

新时代背景下的特色小镇在发展过程中,始终贯彻发掘、保护和培育发展特色文化的理念,而文化类特色小镇侧重于特色文化在特色小镇发展中的主导和核心作用,文化类特色小镇中的特色文化发展主要有发掘和弘扬历史传统文化和地方名人事迹;借鉴其他文化概念,打造某一文化主题和品牌;进行文化创新,形成独特文化产业三种方式。按照特色小镇中特色文化的发展方式,可将文化类特色小镇分为弘扬继承型、借取集成型、创意创新型特色小镇。

（一）弘扬继承型小镇的类型特征

任何文化都由渊源和发展两个内涵组成。文化特色小镇中的特色文化就是指不同地方的不同文化传统，每个城镇和乡村或者地区都有着自己独特的、优秀的文化传统。一个地方的文化传统是由在当地生活的一代又一代的人们创造和发展而来的，一直以来都是作为人们的精神家园，同时这又成为特色小镇发展的先天优势，是一种文化软实力，使人们对小镇自然靠近，让人们安心在小镇待下。因此，继承历史遗产、讲好传统故事的发展路径是文化类特色小镇中的一种重要类型。

弘扬继承型小镇按挖掘和传承内容不同可分为三类：第一类，继承历史资源。文化能够赋予草木、器皿以灵气，使之具有回味无穷的意蕴。挖掘当地资源，遵循历史发展脉络开发，创新文旅发展，通过体验性产品和空间的打造，运用商业化手法运营发展，通过体验式旅游传播，达到传承目的。文化传承特色小镇主要采取体验式游览，包括生活和节庆的不同形式，通过一种深切地融合互动提高吸引力，塑造具有影响力的文化品牌，打造感受民族文化、体验民俗风情等浸入感强的文旅模式。此外，红色文化具有历史意义和继承性特征，是在革命战争年代，由中国共产党人、先进分子和人民群众共同创造的，并极具中国特色的先进文化。每个红色景点都有红色故事、红色人物、红色传奇，具有红色文化优势的地方应当广泛挖掘深入整合，感知红色历史，努力构建红色基因的传承高地，对社会主义核心价值观的培育和养成也具有十分重要的意义。第二类，继承地理产业资源。生态环境和地方文化是地方上的宝贵资源，而将两个元素相互融合，会产生互促互进及其奇妙的化学反应，能发挥当地传统手工业小作坊的深厚资源优势。适宜种茶的地方发展茶文化、有文房生产天然优势资源的地方可以大力弘扬中国传统书法和国画、盆景历史悠久的地方可以强力宣传推销盆景产品，充分利用历史经典产业，使之成为亮眼的地方名片。第三类，继承历史名人优势。在中国历史上曾出现了很多名人，他们遍布各个角落，很多地方因为他们的巨大影响力而声名鹊起。目前，很多名人以及事迹进入特色小镇开发者的视线，他们广泛收集整理资料，总结名人的精神内核，塑造文化象征名片，以此吸引文化爱好者和追随者，并相互促进某一特定文化更科学完善地继承和发展，有效规避同质影响，这样可大大增强核心竞争力。

(二) 借取集成型小镇的类型特征

文化的魅力不仅仅在于传承，文化的魅力还在于开放和包容。文化的碰撞与融合推动文化向前发展，这是一个不断变革、曲折向前的过程。文化类特色小镇的发展，可以借助外部力量，集异域或其他地方文化之大成，总结创新文化创意，形成特色鲜明的借取型特色文化。

借取集成型小镇主要借取三类不同的内容。首先，借取地方文化。距离产生美，别具一格的异域风情总是能够对人们产生莫名的吸引力，如果特色小镇能够将中西方文化有机结合并加以利用，为人们能带来别样风情和文化滋养，那将是一件益事、美事和乐事。这种文化发展模式必将在文化类特色小镇发展中独树一帜。其次，利用文艺作品中的情节或者抓取文化中有挖掘潜力的角色或人物，这类文化通常拥有特定的"粉丝"群，借取的不仅是一种文化，更是一种情怀。最后，借取生活主题文化。这种发展模式是以人们的爱好乐趣为导向，寄希望于通过特定场景和场所的设计打造来满足人们的某种愿望和向往，如农耕体验园、摄影专业基地、禅修养生主题小镇等等类别。这种方式可以增加文化的内涵，使文化发展的范围扩大化，增加社会的和谐，促进特色小镇百花齐放式地创新发展。

(三) 创意创新型小镇的类型特征

经济快速发展，社会也在发生巨大的变革，如今我们的社会整体已经形成了从宏观转向微观的大趋势，特色小镇作为新生事物，它的发展理应顺应时代潮流，摒弃过去的笼统发展概念，进一步细分特色小镇发展的市场。创新型特色小镇就是其中最有活力的创新实验"排头兵"，创新型特色小镇将目光聚焦于七大产业，融合发展多个领域，广泛招揽创新英才，集聚创意想法，不断推进成果转化落地，这也是特色小镇中最务实和注重在实践中检验成果的实业小镇。

创意创新型小镇按创新形式不同可分为三类。首先是艺术创意文化小镇。这是以艺术小镇、创意小镇为代表的一种"轻资产"文化创新产业发展模式。现如今，很多文化小镇打造的更多的是一种民间文化，而不是一种时尚的艺术创意文化。艺术创意小镇定位时尚产业，创新式延续生活方式，打造特质艺术文化。特色小镇的发展融多种元素于一体，同时向外延伸，增加广度，发展国际视野，主动参与、积极引领国际潮流。其次是区位新兴文化小镇。这类特色小镇因其地理位置的特殊性，可依靠其特有的交通区位，按照发展特色产业、培养优势文化、开发新型旅游、建设民生社区的总体发展理念转型升级，如航空文化小镇、边境文化小镇，通过创新联动发展成为该区域的网络节点，联动周边城市资源，实现资源合理有效的利用，发展成新兴的文化产业形式。最后是创业创新文化小镇，主要包括一些具有表性的高端制造小镇、金融创新特色小镇等。创业创新小镇集聚高端人才，发展智能科技，不断追求高端和创新，做事定点高位，并且在"做事"的过程中逐渐形成积极向上、诚实守信、和谐合作的创业文化氛围。

二、旅游类特色小镇

新时代背景下的特色小镇作为探索创新的重要抓手，并且旅游业发展至今已颇具规模、面临转型升级优质发展，旅游类特色小镇便应运而生，这无疑为旅游业进一步创新转型提供了沃土。旅游类特色小镇侧重于游乐功能在特色小镇发展中的主导和核心作用，旅游类特色小镇中人们的需求主要有注重体验和身心感受，寻找休闲放松的好去处；追求大型刺激的娱乐体验，喜爱集中的娱乐主题场所；在探寻名胜古迹的过程中，获得更完备和贴心的服务，吃、住、娱更加便捷，景区更加生活便利化。按照特色小镇中旅游目的不同，将旅游类特色小镇分为休闲度假型、主题娱乐型、名胜古迹型特色小镇。

（一）休闲度假型小镇的类型特征

经过近20年的旅游大发展，人们的旅行方式已经悄然改变，人们的眼光不再局限于走马观花、观赏风景拍拍照片，更加追求愉快的参与感和处于美丽的环境之中的融入感，从原有的观光旅游逐步向休闲和度假游转型，更加注重获得美的享受和身心的放松以及追求越来越多的度假目的。面对变化的发展环境，一些早期发展起来的古镇古村需要进一步突破提升，一些新开发的小镇项目也将面临更加系统和复杂的规划。

休闲度假小镇按游览目的不同可分为四类：一是田园风光乡村游，主要包含体验农耕生活、民俗文化，农家乐吃住娱服务、乡村休闲活动等形态；二是湖光山色生态游，主要包含游览环境优美、生态优良的地方，包括一些群岛、滨海、湖泊山川，人们希望呼吸新鲜的空气，追求生态环境的优美、大自然的陶醉；三是寻梦探秘古镇游，主要是指一些历史悠久的古城古镇，这类古城镇通常保存着大量的古建筑，当地的人们依然保持着原有的生活形态和历史文化，古镇以其幽静的环境、传统的风貌建筑、丰富的人文风情，吸引人们在不一样的小城里寻找一份静谧，探寻一丝惊喜；四是健康颐养康养游，主要针对一些生态良好、具有优质温泉等康养资源的地区，可以在休闲放松的同时达到休养生息、调养身体、追求健康生活的目的。

（二）主题娱乐型小镇的类型特征

主题娱乐型特色小镇主要是指以创意主题娱乐为目标定位构建的创意旅游综合体，特色小镇通常设置特定的主题，按照人们的玩乐需求综合运用高科技手段并科学规划设置多层次项目，小镇内既包含各种大型娱乐园区，又包含各种休闲和服务接待区域，是一个现代的大型旅游综合体。主题娱乐型特色小镇作为满足旅游者多样化休闲娱乐需求和选择的休闲娱乐活动空间，根据特定的主题创意，建造一种具有创意性活动方式的现代旅游场所。其主要类型包括主题乐园和欢乐城等两种类型。

（三）名胜古迹型小镇的类型特征

中国名胜古迹众多，游客在游览风景名胜的时候，既可以欣赏到每个地方的多彩风光，又能感受到博大精深的中国文化。虽然大多数的名胜古迹都已经建立了特定的旅游风景区，但是针对风景名胜区规划发展特色小镇有其时代意义。旅游产业发展到今天，同样面临着产业转型升级，一些传统的风景名胜旅游景区除了进一步完善景区内部的基础设施和服务等功能外，同样需要打造自己的特色小镇，使旅游景区更加生活化，拓展景区周围的旅游区域，延伸产业链，提升服务品质，提高景区的人性化和吸引力。

第二节　文旅特色小镇的培育思路

近年来，特色小镇的概念非常火爆，各地涌现出不少特色小镇。文旅特色小镇属于传统优势领域，与其他类型相比有比较深厚的发展基础和较差的发展时间。近年来的统计数据显示，从全国到各个地方的特色小镇规划中，文旅特色小镇的数量超过了 2/3。有的地区还专门制定了文旅特色小镇的指导意见，可见文旅特色小镇在我国的特色小镇发展过程中占有重要的地位。作为传统优势项目，在培育中应更加注重提升小镇品质，创新发展模式。

特色小镇绝非附属于中心城市的卫星镇甚至那些功能单调的所谓"睡城"，而要在经济社会层面真正具备自主性。从文旅特色小镇来说，在资源精深利用、消费链条延伸等前提基本到位的条件下，人的价值和能力无法被替代的几个领域，如农餐、休闲、运动、文创等主题的文旅特色小镇均前景看好。

一、IP 为核

在前述适当基础产业门类的支撑下，文旅特色小镇的核心是高认知度和强排他性的自主 IP，换言之，文旅特色小镇有 IP，才有"魂"。文旅 IP 打造需因地制宜，"适合"比"扎眼"更重要，其正确发展模式，可归纳为三个类别。

（一）全产业链集聚型文旅特色小镇

这是文旅特色小镇的最优绩效模式，是打造高价值自有 IP 并围绕其集聚文旅"全业态"，从单纯文旅小镇发展成为多元化输出 IP 的文创产业集群。运营方应培育专项范畴清晰、自主控制力强、市场潜力持续、变现渠道丰富、可供复制输出的文旅 IP 资源体系。借此，小镇的空间、环境、场所作为 IP 展示平台，旅游是令公众认知 IP 及其增值变现的"一手"渠道。围绕文旅 IP 构建的地方产业体系则通过全业态 IP 输出实现真正巨大且可持续的经济绩效。

例如，美国布兰森小镇地处相对落后的密苏里州，常住人口 7000 人，但年接待人次高达 700 万，其核心就是以"纯净的拉斯维加斯"作为核心品牌，长期、系统、深入建立和运营怀旧演艺文化 IP 集群与产业体系。当地政府引进和扶持本土演员，令其成为业界名人，形成稳定优质人才储备。政府与这些本土艺人签约，除保障本地演出外，帮助其出版作品、外派专场演出，形成对全美怀旧演艺市场的垄断力。如此，显著降低经营风险和提升文旅 IP 绩效，构成怀旧演艺、旅游服务和度假地产等三大产业门类高效联动，良性循环的文旅产业体系，始终占据全美行业龙头地位。

再如，四川自贡的大山铺镇依托规模和品级具备优势的恐龙化石群遗址，率先打造恐龙博物馆，获得全国恐龙旅游细分市场的顶级文旅 IP，这对于此类四线城市镇区而言殊为难得。更为可贵的是,通过30年的发展,围绕该镇形成全球领先的仿真恐龙产业集群,在技术能力、性价比等方面始终保持优势,产品销往全球,实现文旅IP的外溢发展。在此基础上,通过引进"自贡恐龙欢乐王国"主题乐园这样的新兴产品形态,实现与市场趋势的同步升级,保障文旅IP的地位和价值,同时有助产业集群的整体与时俱进。

(二) 基础产业增维型文旅特色小镇

我国很多小镇的第一、第二产业历史成就辉煌,现状亦仍良好。但是,基础产业边界显著,增长见顶、产业维度不足以支撑可持续性发展,增加第三产业维度成为必然选择。此类小镇须首先突破原有产业维度思维惯性,深刻理解文化加持对于扩容增值的决定意义与作用机制,其关键在于三个坚持,即坚持围绕基础产业深挖、培育和演绎文化;坚持依托基础产业构建拓展文旅业态体系;坚持文旅环境、设施和业态的主客共享原则。

茅台古镇便是突出代表。作为茅台有史以来第一个以"旅游"命名的规划,引导地方政府把旅游产业确定为引领区域转型升级的重要抓手,令其成为拓展白酒产业发展维度,解决当地产业体系升级、城镇建设升级、品牌形象升级的"金钥匙"。茅台古镇在总体规划中提出"世界著名酒文化风情小镇"总体定位和"国酒之乡,神秘茅台"形象定位,作为文旅IP体系的核心,并在此框架下实施文化复兴、产业融合、空间疏解、国际化和标准化等四大策略。通过赋予"国酒"更为丰富且具文旅吸引力的文化意象,并对核心文化加以全维度、全环节、全业态运用,构建形成完善高效、个性鲜明的"酒旅融合"产业链,令这个工业小镇迅速实现既有IP的文旅增维与价值变现。

(三) IP借势创新型文旅特色小镇

我国一些地区的历史古镇和仿古小镇"扎堆"现象严重,导致过度常规化与同质化问题,随着市场升级变化,其观光时代的风光已然不再。然而,尽管这些项目不具备吸引力强的"原生"文旅业态和产品,但可能拥有支撑特色文旅IP的优势环境条件,其原则在于,基于"合理"场景的文旅IP植入,令人甘于"入戏";脱离"原生"场景的文旅IP强加,令人必然"脱线"。由此,针对客群感官体验习惯,对"原生"场景的主题强化与对"植入"IP的创新呈现,是打造此类文旅特色小镇的必要手段。

如近年大热的古北水镇，在原有五个自然村落基础上整治改建而成，规模基本达到特色小镇标准，可被视为借势已有IP的"定制化"文旅特色小镇，有望成为未来的主要发展模式之一。从文旅产业的技术角度看，古北水镇的成功关键，可归纳为几点：一是蹭环境，塑主题。选择司马台长城作为"背景"，为古北水镇的历史主题背书，打造"虚拟现实"的主题沉浸感。二是成熟IP二次开发。每个北方人心中都有一份"江南情结"。古北水镇选择乌镇作为"对标物"，以"北方乌镇"作为IP形象定位，高效构建清晰的形象认知和强烈的游客期待，并在北方环境中切实落地，这种"创新混搭"最易激发到访动机与消费激情。三是高密度、全覆盖的业态。兼具观光、休闲与度假功能，其业态规模、门类、氛围都超越绝大部分现有历史古镇或仿古小镇。四是内容与营销创新。承接《奔跑吧兄弟》《真心英雄》等多档节目，实现外部强势文娱IP对该项目的价值背书，并将内容打造为全新游线和夜游活动方案。

二、资本为基

优质IP为文旅特色小镇带来可持续价值提升与变现需要以充足资本的科学投放为基础。当前虽然处于文旅投资风口，资本热情很高，但仍须保持理性，如热点地区泡沫率高、大盘项目跑马圈地、以文旅之名行地产之实、内容供给与市场需求不合拍等一系列问题必须得到有效抑制。在实际操作中，应特别注重以下两点。

（一）轻重结合，方能避险增效

以"重资产+高周转率"为核心的房地产思维并不适合特色小镇，项目定位不准可能会血本无归。特色小镇投资应以内容为王，轻重结合才能游刃有余，真正实现可持续长线回报。

为此，需要对文化IP、特色装备等轻资产门类进行精准、充分、持续投入，其与重资产的建设投入同等重要，甚至更为重要。投资者应合理权衡对于轻重资产的投入比重，拿捏"匹配良好"的"分量"。

首先，要致力于研发或引进IP级别的文化资产，高效吸引市场的关注，作为文旅特色小镇的"金字招牌"；其次，要致力于保持对先进技术手段的充分及时了解，制订并落实相应的资金计划，保障必要更新，避免"临时抱佛脚"；最后，也是最为重要的，务必以专业水准与创意理念，将文化资产与先进技术灵活结合，形成体验效果良好、更新成本可控、溢价水平更高的文旅特色小镇体验产品体系。在当前热门的旅游轻资产中，机会显著、价值潜力巨大的门类包括原生文化 IP、文创内容生产、高技术主题演出、专项康体疗养、户外运动设施和赛事、智慧旅游服务等。

（二）适合才好，巧用融资渠道

文旅特色小镇的设施、业态、活动等门类非常丰富，而当前的融资渠道发展也是日新月异，这就要求确保资本供需双方的匹配性，力求发挥杠杆效应，令资本实现最优收益。

举例而言，如基础设施、公共服务设施、大型公共吸引物等适于采取 PPP 模式，合理平衡公共部门投入产出和社会经济综合效益；如文旅 IP 开发运营、核心文旅资源储备、持续内容更新的连锁型项目等适于采取产业基金模式，释放创新潜力乃至推动孵化上市；如小型时尚周期项目、特色文旅节事项目等可尝试产品众筹模式，规避市场风险和提高实施效率；等等。

三、人为根本

文旅特色小镇的特质应是以人为本，服务于人，其核心目标是让"人"在配套设施完善、人文环境优雅的特色小镇中更好地工作和生活，注重以人为本，积极发挥"人"的作用。

（一）以发展民生为己任

社会发展至今，必须摒弃资本搭台、文化唱戏的发展模式，全社会尤其是公共服务部门要以民生发展为己任，在涉及民生、与群众利益息息相关的政策制定和规划出台问题上，一定要全面考虑、谨慎设计，一点一滴为民生，一枝一叶总关情，特色小镇是人民的小镇，特色小镇的发展建设要始终以提高人们生活质量、增强人民群众获得幸福感为宗旨。

（二）多种方式招才引智

人是建设和创新主体，特色小镇的发展是一种高质量发展，必须依靠人同时也是人的发展。要打造生态宜居的生活工作环境，更重要的是培育尊重才智的和谐社会氛围，让每个人都能来得了、留得下。同时，小镇的创新发展还要积极培养具有开拓精神的创新人才，现代科技突飞猛进，项目的开发与完善既需要专门人才又需要管理经营的人才，要做到以人才支撑小镇振兴。另外，基于一定的产业基础和人文环境的改善，吸引更多的在外创业人员回乡参与建设发展，是不可忽视并且十分有意义的重要抓手，在外创业人员拥有专业技术，但在家乡得不到施展的舞台，同时他们还渴望回到自己的家乡，如果特色小镇有一定的经济基础和明朗的前景规划，并给予一定的优惠政策，一定会成功吸引在外务工人员返乡，而这无疑将为特色小镇的发展注入强劲有力而稳定和谐的巨大动力。

（三）在实践中与民共建

特色小镇的发展不能仅仅依靠政府政策，仅仅靠政府政策推动建设特色小镇也不可能成功，而是要去调动广大人民群众的积极性，以中国精神凝聚共识，发挥人民群众创造历史的科学规律，综合协调产城人文综合发展，使特色小镇内涵和特质在共建、共享、共生过程中得到有效培育。

综上所述，文旅特色小镇在我国的前景良好，但需以切实有效的行政和市场手段，前瞻规避影响其健康持续发展的各类误区和冲动，并以"IP+资本"为核心原则，根本在人，统筹集聚与合理配置文旅产业全要素，令其真正成为推动地区经济社会转型升级和文化生态复兴繁荣的关键操手。

四、文旅特色小镇培育建设须规避六大问题

（一）业态发展肤浅化

在新型城镇化的大力推动下，为古村镇带来巨大的变革压力，同时又意味着这是一次重要的发展机遇。特色小镇一方面需要在传统概念方面进行变革，包括建设布局和商业陈列；另一方面更需要修炼内功；小镇的生活业态、商业发展内涵都需要改变，甚至是内在的文化基因也需要优化提升。如果特色小镇在建设过程中单纯地考虑商业化行为，就会造成小镇既无外部吸引力也无内在魅力，最终导致项目失败。

（二）业态转型滞后

旅游业在近 20 年得到了快速的发展，一时间众多旅游景点景区如雨后春笋般冒了出来。从目前的情况来说，众多旅游景点的包装和打造同样存在产能过剩而品质不高的问题，粗放式高耗能发展、粗线条的景区景观比比皆是，那么文旅特色小镇就不能重走老路，而是要抓住转型期，按照观光、休闲和度假的不同需求分层次规划小镇项目。不同的项目在开发层面上要有不同的侧重点、定位和不同的面向群体，只有这样才能不迟滞于社会发展，不迟滞于行业转型。一些成熟的小镇需要进行改造，一些新项目需要进行更加系统复杂的规划。

（三）忽视移动互联

互联网作为新兴产业在诞生之初就发展迅猛，在其快速发展近 20 年后，移动互联不但没有进入平稳增长期，而是以更快的速度向前发展，"互联网+"概念的广泛应用就是其最好的印证。同样在特色小镇的发展中，应充分考虑移动互联时代给人们，尤其是工作生活方式带来的改变，在这样的背景之下，固定的工作形态和办公的地域界限被打破，假如特色小镇给人们提供更加轻松便捷的工作环境和高效的硬件设施，再加上其全新的文化氛围和生态环境优势，必将吸引一大批城市里的人群过来创业或者边度假边办公，这些都会为特色小镇的持续发展注入强进动力，加大体验式零售的发展。相反，如果忽视高新技术的发展，就不敢迈开追求高科技的步伐，必将会使小镇便利性、快捷性大打折扣，甚至小镇初期的开发建设也会效率低下。

（四）旅游和城镇商业铺大摊子

首先，文旅特色小镇的建设配套标准肯定是要高于普通小城镇，因此我们在规划时期就不能按照普通镇的规划标准要求，而是要高标准规划，充分考虑特色小镇的不同特性，结合独特内涵，因地制宜。其次，在发展旅游和商业的问题上，要谨慎选择，面积不要过大，摊子不要铺大，适当留有可供调整的余地，使各项配置趋于科学合理，避免不必要的重修重建、补修补建，造成人为的浪费，特色小镇规划面积就那么大，核心区域更是寸土寸金，我们应该珍惜使用，每一寸土地都用到点子上，发展面积过大就会在运营中出现大量的空闲商铺。

（五）发展不均衡缺乏创新性

在传统概念的基础上，旅游已经形成了围绕旅游服务展开的"美食、住宿、出行、游览、娱乐、购物"完整体系，所以遵循惯性，现在的文旅特色小镇发展也基本按照这个体系进行布局。但是目前的旅游市场已经发生变化，传统的这六大要素需要重新认识和阐释，并进行创新性发展，人们已经不再满足于简单的吃、住、购，而是寻求不一样的美食、住宿和购物体验，追求差异化。同时，人们更加注重文化体验、文化感受，只有进行深度体验才能获得较深感受。这些都应该指导规划发展的设计并且对核心面积与业态量级产生重要影响。

（六）再度陷入过度商业化

未来的文旅小镇的商业设施除了承担基本的吃饭、购物、住宿功能外，还承担文化展示、文化体验、互动交流、游览体验等复合的功能。每一个商铺都是一处景点，每一个店铺都是不同的文化体验，旅游价值和文化价值将摆在首位，这同样能够带来消费增长，更大的消费增长是在休闲娱乐过程中产生的消费，是更高层级更高品质的消费，作为文旅商业业态进一步转型的发展方向。同时，在商铺设置上要鼓励"个性"，少一些共性，既要避免千城一面，也要避免百商一面，大家对于现在的旅游商品都有一个共同的感受，无论到哪个景区，纪念品或者吸引人的小玩意儿总是那几样，这就陷入了同质化，没有一点生机与活力，完全为了商业而商业，这就无法体现其独特优势，特色小镇核心竞争力的形成和特质发展更无从谈起。当然，这些都对招商、培育和运营提出了更高的要求，需要大量的人才和专业的团队做支撑。

第三节　文旅特色小镇典型案例

一、简介

文旅类特色小镇发展较早，体系较为成熟，体量也较为庞大，笔者通过搜集资料加以整理，总结出红色文化小镇、民俗民族文化小镇、历史经典产业文化小镇、名人文化小镇、异域风情文化小镇、影视文化小镇、摄影主题小镇、艺术创意小镇、区位新兴文化小镇、创业创新文化小镇、田园风光小镇、生态旅游小镇、寻梦古城小镇、健康颐养小镇、主题乐园小镇、风景名胜小镇等16个典型种类，现选取各个类别中的典型案例加以列示，仅供参考。

二、典型案例

（一）红色文化小镇：山西晋中大寨镇

大寨镇位于山西省晋中市昔阳县。这里，曾是中国农业的一面红旗，是一个时代的鲜红印记。

从1953年起，村民们治山治水，花了几年工夫在"七沟八梁一面坡"上创造了亩产千斤的奇迹。1964年，毛主席发出号召"农业学大寨"。大寨一时声名鹊起，参观者络绎不绝。而今，大寨镇"三园联动"，初步形成了大寨、石马、潘掌三大旅游新格局，以红色文化为特色，大寨旅游景区属于国家AAAA级景区，周恩来纪念亭、郭沫若诗魂碑、叶帅咏诗处、大寨民俗馆、团结沟渡槽……大寨拥有并开发了众多独特的旅游资源。2015年，大寨旅游经济总收入达到了1亿元。

（二）民俗文化小镇：陕西袁家村民俗小镇

袁家村隶属于陕西省咸阳市礼泉县，通过近几年的发展已经树立起其乡村民俗小镇的品牌，主要推出特色美食和关中丰富的风俗体验产品。袁家村借助资本，重新打造街道和建筑布局，再现原汁原味的家乡味道。在民俗文化方面，他们最有发言权，用建筑景观规划改造，营造风俗氛围，将游客快速带入并牢牢吸引，使游客在快乐中完成消费体验。袁家村的特色发展为村民带来了实实在在的获得感和生活幸福感，同时促进了乡村振兴发展，为其他村镇提供了样板和榜样。

（三）历史经典产业文化小镇：浙江龙泉青瓷小镇

龙泉青瓷小镇地处浙闽边境，位于龙泉市西部，拥有优越的山水资源和丰富的瓷土资源，民间制造瓷器的历史跨越百年，其间虽历经沧桑但依然保存生机。龙泉青瓷小镇总体规划布局"一核心、三组团"，核心区位于上垟镇。上垟镇见证了青瓷发展的百年历史，是现代龙泉青瓷的发祥地，在当地仍然保留曾经的上垟国营瓷厂办公大楼、青瓷研究所、工业厂房、龙窑、倒焰窑等历史建筑，成为不可复制的青瓷文化历史。龙泉青瓷小镇目前正在开发中国青瓷小镇开发项目，项目建设规划分三期，总投资 30 亿元。依托小镇深厚的文化历史底蕴和青山秀水的美丽风景，其吸引青瓷企业和传统工艺作坊入驻，创造4000 多个岗位，一个世界级青瓷小镇已初具规模。他将带着历史使命，传承世界青瓷技艺，发展青瓷文化创意，促进青瓷文化交流，为青瓷发展发挥举足轻重的作用。

（四）名人文化小镇：浙江汤显祖特色小镇、江西三翁小镇

丽水市遂昌县汤显祖戏曲小镇和江西抚州市临川区的三翁小镇都是以中国明代戏曲家、文学家汤显祖为 IP 打造的名人文化小镇。

400 多年前，汤显祖来到遂昌做知县，在这个位于浙西南瓯江上游的美丽小城里，汤显祖写了《牡丹亭》，并写出了诗句："山也清，水也清，人在山阴道上行，春云处处生""官也清，吏也清，村民无事到公庭。农歌三两声。"

遂昌县汤显祖戏曲小镇以《牡丹亭》的原创地为品牌亮点，打造戏曲养生福地、戏曲体验乐地、戏曲爱情圣地，通过"一山一水一泉"的地理承载，打造汤显祖戏曲小镇，树立国际戏曲文化交流的标杆。

江西抚州市临川区作为汤显祖的故乡，围绕这个独有的 IP 规划建设了三翁小镇项目，三翁小镇以戏曲文化为主题，旨在打造一个以戏曲文化为主题的山水风情小镇，由抚州市与英国斯特拉福德市、西班牙阿尔卡拉市三方共同建设，以此纪念汤显祖、莎士比亚、塞万提斯三位在世界文坛上名垂青史的文学巨匠。

（五）异域风情文化小镇：广东欧洲小镇

深圳南山荷兰花卉小镇，郁金香的香味弥漫，荷兰风车迎着微风转动，欧式建筑的商场内展示五彩斑斓的花卉。游客穿梭在小镇中，人来人往，整个小镇呈现出一片祥和、休闲、舒适的生活场景。东莞隐贤山庄巴塞尔小镇，点点滴滴都透露着异域风情，在这里仿佛置身于欧洲一样，欧式路灯，随处可见的小装饰、小雕像，每一个细节都让人陶醉。惠州五矿哈斯塔特奥地利小镇，以

奥地利古典音乐为蓝本，按照圆舞曲、叙事曲、小夜曲、协奏曲、波尔卡的形式营造出各种风情和浪漫的氛围，讲述引人入胜的美丽故事。古典音乐和现代戏剧、电影、舞蹈、音乐剧、艺术展览、音乐会的海报展示在五矿小镇的街头，随处均可以看到。

（六）影视文化小镇：浙江横店影视小镇

横店的发展，文化是一把总钥匙。"文化"二字就是横店发展的基因与密码。以文化为抓手，以文化为支撑，以文化为灵魂，从文化到文化力，从文化力到文化产业和文化经济，是横店发展的一个显著特征。文化和人的结合就是文化力，这是横店发展的内驱动力。把建立在文化力基础上的文化产业和文化经济的固有市场和产业属性挖掘出来，释放文化蕴藏的巨大能量和产业空间，借用影视、旅游的手段，培育产业基础，建立产业链条，做大产业集群，"无中生有"地创造了横店影视的奇迹，建成了纵贯华夏五千年文明史，上至春秋战国秦汉唐宋，下至元、明、清、现、当代的大型全系列影视实景拍摄基地，被誉为"中国好莱坞""中国影视梦工厂"。

有关数据显示，截至2016年年底，横店累计接待剧组1800多个，拍摄影视剧5万部（集），古装剧出品量占全国的2/3。2016年，横店接待游客1800万人次，带动东阳旅游收入达165亿元。

（七）摄影主题小镇：浙江丽水摄影小镇

对于特色小镇来说，颜值高是可以当饭吃的，而这其中一类就是摄影特色小镇。在摄影小镇中除了中国一些已成名的地方外，最典型的就是丽水。丽水用一张很有名的《瓯江帆影》的照片打响了丽水的知名度，并制定了中国第一部摄影发展规划，把全域都做成摄影主题区域，既适合深度摄影，也适合写生。

在这里，面对风景你会觉得这是多么美好的田园牧歌，但回头看，会发现美景之后全是在摄影的人。摄影特色小镇不仅能靠风光吸引人，还能解决留住人的问题。摄影的人主要拍早上、晚上的光——"曙暮光"，在这个逻辑下就能够留他们住在这里。特色小镇可以设置多个拍照点，周边点缀上很多小品，并用木棍或三角铁焊出一个三角架，上面固定好云台，把大师拍的照片放到旁边，底下光圈、快门都标上，满足这些摄影起步者拍出大片的梦想。

(八) 艺术创意小镇：深圳梧桐山艺术小镇

坐落于梧桐山下的艺术小镇，阡陌纵横，绿影婆娑，面积为 31.82 平方公里，于 1993 年 5 月被广东省政府授予省级风景名胜区。按照罗湖区委区政府的总体规划，把梧桐山村等 7 个自然村打造成为集文化、创意、艺术、旅游为一体的艺术小镇。在这条由百年老街改造而成的艺术街上，遍布街巷的涂鸦、各具特色的门面，吸引了不少游客好奇的眼光。在山下，在溪边，在也许有蛇爬过的窗棂，在肯定有星星闪烁的房顶，在大铁锅和木柴的烟火中，在从城里成群赶来的脚步声里，一种忽远忽近的生活在人眼前。只有空谈最合适，空谈艺术、空谈文学、空谈远方与诗歌，才好搭配这里的山居生活。

这里，有山水的乐趣，有流云的空间，一半城市，一半郊野。山水秀丽，民风淳朴，山脚下隐喻着无数的文化艺术工作者，其圈子甚多，各得所乐。在茂仔村，就已经聚集了无数艺术家。村子安静淳朴，租金价格便宜，对于艺术家来说自然和政策环境简直得天独厚，这里最有名的工作室是梧桐部落。在坑背，坑背村的规模更小，从高处远远望下去，整个村子只见是个半圆形的月牙一样。很多油画家在这里有一个活动的工作室，一幢幢两层楼的建筑极具特色。此外，还有大量的艺术工作室，艺术家比邻而居，由百年老街改造而成的艺术街上，遍布街巷的涂鸦、各具特色的门面，吸引了不少人探寻的目光，他们在这里安静地生活、创作。

(九) 区位新兴文化小镇：浙江寿昌航空小镇

寿昌航空小镇位于省级建德经济开发区，规划面积 3.1 平方公里，占地水域面积 70 亩，山地面积 50 亩，即将变成国内功能最为完善的通用机场，并发展成为特色航空小镇，开发飞机组装制造、维修、培训、航空旅游及航空体育赛事等多项功能。小镇主要打造航空休闲旅游业，将主要开发作为核心的横钢主题乐园区块、通用机场区块、卜家蓬工业平台区块。依托建德千岛湖通用机场和航空产业园，跨界整合资源，构筑集通航飞机托管、改装中心产业化、通用航空器前沿技术支撑为一体的通用航空示范基地。

目前，已有浙江东华、中信海直、中国飞龙等 18 家航空公司超过 40 架飞机在此进行训练以及既定的航空作业练习。其中，建德千岛湖通用机场，距离建德市区 15 公里，是浙江省第一个获颁发 A 类民用机场许可证的通用机场。

（十）创业创新文化小镇：安徽铜都创新小镇

2017年9月，安徽省特色小镇建设领导小组办公室公布第一批25个省级特色小镇名单，经开区铜都创新小镇成功入列。

经开区铜都创新小镇东起天山大道，西至黄山大道，南接铜芜路，北接铜陵西湖城市湿地公园，占地面积3平方公里。创新小镇以同方信息港为基础和起步区，涵盖中科大创业园、逸顿商业街、一里洋场及翠湖公园区域；统筹规划小镇的生产、生活和生态三大功能区，并把创新小镇建设作为促进战略性新兴产业集聚发展基地建设的重要抓手。

2017年是创新小镇建设的前期准备阶段，经开区抓好谋篇布局，启动建设工作；2018~2019年将全面实施小镇建设方案，到2020年，对小镇建设工作进行综合评价，进一步巩固建设成果。围绕一年打基础、两年大变化、三年基本建成的建设目标，经开区在创新小镇建设中着力培育主导产业，夯实创新创业平台，加强环境综合治理，完善小镇基础设施，全面提升基本公共服务水平。聚焦铜基新材料产业，促进铜产业高端化发展；推动创新平台建设，努力促进科技成果转化；围绕以氮化镓为代表的新型半导体材料研究，打造经开区半导体材料研发中心；依托同方信息港，建设互联网数据中心、铜陵工业云计算中心、大数据资产评估中心和大数据人才培训中心。

（十一）田园风光小镇：浙江楠溪江田园风光小镇

位于浙江省温州市永嘉县的楠溪江，即便是盛夏，也只有25℃左右，是避暑游玩的好地方。楠溪江风景名胜区是中国国家级风景区中唯一以田园山水风光见长的景区。楠溪江以水秀、岩奇、瀑多、村古、滩美而闻名。

楠溪江的石桅岩，三面环江，因上亿年前留下的一座船桅形孤峰而闻名。在楠溪江游玩，可以沿着溪边的栈道散步，观赏形状各异的奇石和青山秀水之间的美丽风光，也可以泛舟游览，在澄澈的楠溪江之上，乘着小船在碧绿的潭水之中，欣赏迎面而来的两岸风光。

楠溪江沿岸，还坐落着许多古村落、古建筑，它们选址讲究、规划严谨、风格古朴，与自然环境和谐相融，是中国的四大民居之一。深藏在永嘉县山脉中的茗岙梯田拥有壮观的梯田景观。每年五六月，这里正是梯田灌水的季节，也是观赏梯田的最佳时节。傍晚，夕阳将梯田染成一片金黄，水面泛着金色的涟漪,波光闪闪,十分动人。楠溪江不仅景致秀美、风光无限,还拥有不可错过的美食。马站煎包金黄脆香;楠溪素面洁白柔韧,配好汤料下锅,晶莹柔软,口感非常好;楠溪江的麦饼也是地方特色之一,松脆喷香,回味悠长;香鱼是楠溪江独有的淡水鱼,它肉质细嫩,自带特殊香味,无论如何烹制都十分鲜美。此外,一份细如纱线的沙岗粉,也必须要尝一尝,在当地有几百年的历史。想要寻一处风光美丽、美食颇多的避暑之地,楠溪江是一个不错的选择。

(十二) 生态旅游小镇:广东望夫镇

望夫镇位于广东省茂名市电白区东北部,东与阳西县新圩镇隔儒洞河相望,南与马踏、观珠镇毗邻,西与沙琅镇接壤,北靠罗坑镇,是茂名、阳江两市的交界镇之一,因望夫山和绕圩镇流过的望夫河(下游为儒洞河)而得名。望夫镇自然风景优美,境内有风光旖旎的望夫山,有美丽传说的望夫石,还有连片碧绿的翠竹屏障等,是一个山好、水好、空气好的小镇,也是发展旅游的好地方。乘着深茂铁路江茂段开通的春风,望夫镇将积极融入珠三角3小时生活圈,继续加强生态、自然资源保护,充分利用自然资源引进旅游项目开发,积极推介旅游路线,打造旅游小镇,打响"绿水青山""天然氧吧"旅游品牌。

目前,望夫镇正在推进的旅游项目有丰垌"六和书院科教展览文化旅游中心"(简称六和书院)、陈垌水库生态旅游度假区等。六和书院原名六和庙,坐落在电白区望夫镇丰垌村委会,距望夫镇12公里,"文化大革命"时期受到破坏,于2016年11月经电白区发展和改革局批准立项,定名为丰垌"六和书院科教展览文化旅游中心"。六和书院总占地面积2500多亩,集开发培训基地、文化馆、文化广场、公园、观光旅游于一体的科教文化展览馆,该项目主要是科教文化和乡村旅游为主。六和书院目前已投入8000万元,主要用于土地和博物馆、文化广场等基础配套设施建设。下一步,将全力投入景点建设。若施工顺利,预计在2020年之前全面完成并投入使用。六和书院项目建成后,可改善村民生活居住环境、提高村民文化素质、引领村民发家致富,利用自然景观优美、人文和谐等优势,积极探索新农村建设,发扬书院历史带动发展农村新动能,提早保护生态环境。陈垌水库生态旅游度假区,位于望夫镇塘肚村委会北面的陈垌岭,与望夫山相望,陈垌山面积约4000亩,水库面积约200亩,是一个自然景观与人文景观相交融、亟待开发的新旅游观光胜地。陈垌水库生态旅游度假区计划投资3亿元,打造集农家乐休闲度假设施、水上游乐、休闲垂钓中心、狩猎场、原始森林生态观光区等项目于一身的多功能度假区。由于该旅游区距沈海高速、马踏高速路口仅需15分钟，紧邻深茂高速铁路，项目建成后将吸引周边县市、珠三角乃至全国各地的游客过来度假，进一步带动望夫镇商业、饮食业等经济发展，增加就业机会，提高人民群众收入。

（十三）寻梦古城小镇：江苏周庄古镇

周庄镇位于苏州城东南38公里，著名国画家吴冠中对它赞誉有加，称它"黄山集中国山川之美、周庄集中国水乡之美"。周庄有着丰富的历史文化底蕴，是具有1900多年历史的水乡古镇。西晋文学家张翰，唐代诗人刘禹锡、陆龟蒙等曾居周庄。周庄四面环水，被阳澄湖、淀山湖和南湖环抱。河湖的阻隔使它避开了历代的战乱，可以使原有建筑物及独特的格局完全保存至今，明清建筑占全镇60%以上，元末明初巨富沈万三后裔所建的沈厅、明初中山王徐达后裔所建的张厅，都是明清住宅的典范。这些建筑历史悠久又保存得十分完整，为文物、建筑、美术、摄影、旅游爱好者们提供了宝贵且丰富的资料。

南北市河、后港河、油车漾河、中市河，形成"井"字形布局。居民傍河筑屋，依山成街，河道上横跨14座古桥，再加上淳朴的民风，便成就了江南一派古朴、明静的幽雅。周庄有着独特的生活形态和风味以及一种质朴的生活气息。你可通过观察去发觉，也可不知不觉地感受到处处带给你的温情享受。

（十四）健康颐养小镇：浙江临安颐养小镇

临安是首批全国生态建设示范市，历史悠久，生态优美、人文荟萃、交通便利。临安拥有"国家级生态市""中国优秀旅游城市""全国绿化造林先进县""杭州后花园"等称号，具有发展养生、养老事业产业的天然优势。

根据杭州市老龄工作委员会办公室发布的杭州市老年人口最新数据，截至2016年年底，临安区有11.95万60周岁以上的户籍人口，占全区总人口的22.48%，人口老龄化现象较为严重，解决养生养老问题的任务较为紧迫。近年来，临安区委、区政府始终坚持把社会责任放在首要地位，在问题面前主动承担，打造医药健康产业融合发展平台——天目医药港，并在港内规划颐养小镇，为大众提供养生养老好去处，促进养生养老事业和产业有机的融合。

颐养小镇是浙江省第二批特色小镇，小镇依托临安山水兼备的自然优势，深入分析当前养老事业产业发展现状，聘请同济大学建筑院对颐养小镇进行统一规划,科学设计,精心布局。颐养小镇定位精准,布局科学,发展目标明确,着重解决养生养老社会问题,推进养生养老事业发展。颐养小镇以大健康理念为核心,以服务"大众健康"为己任,以医药研发,康体养老,健康休闲等为主导产业,构建"医、养、研、产"四位一体发展模式,"医养结合、以医助养、以研促医",为大众带去健康管理、康复护理、健身康体、养生养老等"治未病"为特色的健康服务。

在发展过程中,颐养小镇始终把工作落到实处,坚持完善基础设施,建设优美环境,满足人们对舒适生活的追求。同时,颐养小镇也出台相关的住房政策和入驻政策,以此吸引优质健康产业入驻,为大众提供更加完善和先进的服务。

颐养小镇因地制宜,充分利用天然优势,解决临安养生养老的社会问题,推动养生养老事业和产业的发展。颐养小镇不仅仅是一个特色小镇,更是造福一方的新型小镇。

(十五)主题乐园小镇:上海迪士尼小镇

迪士尼小镇是上海迪士尼度假区内的大型购物餐饮娱乐区,面积超过46000平方米。迪士尼小镇将向公众免费开放,总共包括五个区域:"小镇市集""百食香街""百老汇大道""百老汇广场"和"迪士尼小镇湖畔"。

迪士尼小镇围绕上海迪士尼乐园规划建设,定位高标准国际化的迷人街区,让游客流连其中,发挥才智、探索奥秘。在这里,可以感受意想不到的全新体验。游客可以在享用美食的时候欣赏到独特而具有魅力的风景。同时,小镇将兴建华特迪士尼大剧院,该剧院可同时容纳1200位观众。剧院计划推出全球首部普通话版的音乐剧《狮子王》,并单独售票。小镇规划设立近50家店铺,满足游客的多层次、高质量的购物选择,亚洲首家迪士尼世界商店也将在此开设。迪士尼小镇的首批租户,包括众多知名度高且备受信赖的国内外品牌,将与上海迪士尼度假区紧密合作,共同为游客提供优质的购物和餐饮体验。

迪士尼小镇的设计团队巧妙聚合迪士尼与经典中式元素,并不加改造地保存海派文化元素。石库门建筑风格充分运用在迪士尼小镇,对这一独特海派传承表达了诚挚的敬意。迪士尼小镇七个具有中国特色的全新米奇形象,用来表达中国传统的金木水火土元素和中国文化中象征着和谐的龙凤。

（十六）风景名胜小镇：安徽深渡山水画廊小镇

深渡山水画廊小镇位于歙县深渡镇，东连千岛湖、西接徽州古城，南倚新安江、北向昌溪石潭，是黄山—千岛湖—杭州"名山、名水、名城"黄金旅游线上的重要交通枢纽，距千岛湖景区60公里，游船可直达，距徽杭高速公路入口15公里，距即将开通的黄千高速五渡道口5公里。深渡镇是全国重点镇、全国改革发展试点镇、国家级生态乡镇、全国"一村一品"示范镇、国家级美丽宜居小镇。

新安江山水画廊景区为区域产业发展核心，综合建设和利用区内特色农业民俗、商埠文化和服务设施，服务景区发展，建设"旅游+"产业与新服务业双轮驱动的综合服务体。计划总投资14.7亿元，截至目前已完成投资5.7亿元，未来3年计划投资9亿元。空间布局规划面积4.66平方公里，包括深渡社区、大茂社区、凤池村、茂英坦和定潭村。功能结构布局"一核两带四片区"。一核，即小镇核心区；两带，即新安江山水画里景观带、玲珑湾水上娱乐休闲带；四片区，即凤凰岛旅游度假区、综合服务生活区、河湾精品农娱区、定潭村落文娱区。

目前已完成深渡山水画廊小镇规划编制并实施。获批小镇整合国家专项基金1.05亿元，用于完善镇区道路、路网、三线下地、停车场等基础设施建设。2017年1~7月，小镇完成投资1.4亿元，实施山水画廊景区产品提升工程、阳产摄影点改造提升工程等项目，千百渡生态创意园建成营业，深渡宾馆完成升级改造准备试营业，蓝天方圆工业民宿建设稳步推进。

第四节 河北省历史地理和人文发展优势

一、概况

河北省位于燕山以南，黄河以北，太行山以东，内部包含北京和天津。河北省是我国唯一拥有高原、山脉、丘陵、平原、湖泊和海岸的省份，是一个拥有丰富文化旅游资源的省份。

深厚的文化积淀和秀丽的壮美山河相得益彰,逐步形成了特征鲜明的燕赵旅游体系。清西陵是清代皇帝的陵墓之一,总共有14个坟墓。承德避暑山庄是中国现存最大的皇家园林。我国长城的经典所在当属明代金山岭长城,该段的特点是:具有险峻的地理位置条件,拥有开阔不受阻隔的宽广视野,可以严防死守,是一个气势雄伟的非常有气势的建筑,被确定为第三批全国重点文物保护单位、一级旅游景区和国家风景名胜区。

丰富多样的地形地貌、温和宜人的气候造就了河北独特的自然风光。例如,远近闻名的北戴河休养胜地,夏季平均气温非常适宜,是一个旅游避暑的绝佳去处。

河北省还拥有深厚的北方陶瓷艺术文化,境内拥有定窑、邢窑、磁州窑和唐山陶瓷等典型代表。河北省拥有5座国家级历史文化名城;3项5处世界文化遗产;4座中国优秀旅游城市;11个国家级森林公园;5处国家级自然保护区。全省现有34046处不可移动文物;非物质文化遗产代表性传承人91人,在全国名列前茅;省级非物质文化遗产代表性传承人260人。

二、地域文化

河北省在历史发展过程中,在不同的地域逐渐形成了五个大的文化脉系,简要列示如下。

1. 革命文化

以西柏坡中共中央旧址、八路军129师司令部、八路军城南庄晋察冀司令部旧址、前南峪抗大旧址等为支撑元素。八路军129师司令部、前南峪抗大旧址、西柏坡中共中央旧址、八路军城南庄晋察冀军区司令部目前已经成为人人向往的革命圣地。其中,最为特别的是西柏坡——最后一个农村指挥所,经过不断的完善发展,每年均接待大量的参观者瞻仰学习。

2. 和合文化

以老龙头、山海关、潘家口水下长城、金山岭长城、大境门等为主要支撑元素。河北省内的长城途经最长,保存最完整,其中的建设设施极具代表性,具有非凡的观赏价值和研究价值。万里长城是中华民族精神的象征,凝聚着中华民族的伟大力量。

3. 根脉文化

以赵国都城邢台、邯郸及中山国遗址、易县燕下都、涿州三义宫、邺城、永年广府古城、正定古城等为主要支撑元素。河北省拥有战国七雄之二，燕人荆轲、赵国信都（今河北邢台）赵武灵王、廉颇蔺相如都彰显、标榜了诚义文化。

4. 神韵京畿

以直隶总督署、承德避暑山庄、遵化东陵、易县西陵、宣化钟鼓楼、义和团廊坊大捷以及阳原县泥河湾遗址等为主要配套元素。在元代为书省，明朝为都城，清代为直隶省，地位突出，拥有保卫都城的地理位置。清代，直隶总督控制着北京、天津和河北保定的政府机关。第二个政治中心在承德，此外，张成与北京后花园、水源、廊坊京津走廊现状的关系也可以讨论和宣传。位于张家口市阳原县泥河湾古人类遗址、卓鲁县炎黄潭三大祖传遗址、张北县元中渡遗址等历史遗迹，使其重要魅力得到增强。

5. 开放文化

支撑元素主要包括秦皇岛港、京唐港、曹妃甸港、黄骅港以及中国近代工业摇篮——唐山。唐山是中国近代工业的著名摇篮，在唐山，诞生了多个中国近代工业的第一，同时环渤海还有旅游胜地北戴河、黄金海岸等，港口运输也面临着快速发展的窗口机遇期。

三、地方名胜

河北主要有保定大慈阁、保定白洋淀、保定清西陵、保定野三坡、秦皇岛山海关、万里长城、承德避暑山庄、石家庄西柏坡、唐山清东陵景区、崆山白云洞、邢台峡谷群等名胜古迹。

四、综述

综上所述，河北省拥有得天独厚的自然地理条件、深厚的历史文化传统、丰富多彩的旅游开发资源。在深化改革转型发展的背景下，传统的文旅产业发展模式需要进一步转型完善，进行产业升级，文旅特色小镇可结合河北省既有优势资源，整合七大产业，集聚创新资源，转化创新成果，提升培育质量,注重人性化体验和人们的参与感,使文旅产业发展搭乘特色小镇的"快车",走上革新探索之路,河北文旅产业和文旅特色小镇发展将大有可为。

第九章

体育特色小镇培育

第一节 体育特色小镇的概述

一、体育特色小镇的含义

根据《国家体育总局办公厅关于推动运动休闲特色小镇建设工作的通知》，体育特色小镇具体是指集运动休闲、文化、健康、旅游、养老、教育培训等多种用途于一体的空间区域、全民健身发展平台和体育产业基地。体育特色小镇的独到之处在于其对于特色运动休闲项目的引入，做到小镇与体育产业相结合，打造具有地域特点的体育文化中心。

所谓的体育小镇，就是以体育这个概念为主体，通过这个主体进行外延，如用体育基地的建设、体育设施的完善以及体育赛事的举办来不断丰富这个主体，最终形成体育产业，并与旅游相融合，带动整个区域的经济以及发展，从而形成经济、生态环境都较好的特色小镇。

二、体育特色小镇的特征简介

根据观察国内外的各个体育特色小镇的发展情况，本书发现了体育特色小镇基本上都有一些比较相似的特征。第一，把单项体育活动或赛事当作主导，结合本身的地理区位特征或地方体育产业特色等自然优势，建设以单种体育活动项目向外延伸的产业集群和产业生态链的体育类特色小镇。第二，把体育产业与城市新建设紧密结合。体育特色小镇除了兼具其本身的一些功能外，还能实现生态、美丽、养生、宜人的特点。第三，与体育类型的企业一起共同打造体育特色小镇。参与体育特色小镇建设的企业本身就有独特的资源优势，在此基础上找寻适合自己的体育类主题进行相应创新，整合相关资源，实施科技发展与创新，从而实现企业成长和体育小镇经济的可持续发展。

三、发展体育特色小镇的意义

体育产业是目前经济发展中的"宠儿"，不管是传统企业还是互联网公司巨头，都在纷纷抓住体育产业机遇，顺势而上。它们对体育方面投资力度不断增加，并积极构建体育产业发展圈，不断在相关的产业链中进行布局，上百亿元资金争先恐后地进入体育赛事转播、体育用品、体育彩票等领域。

伴随着国家供给侧结构性改革的逐渐实施以及"健康中国"战略的深度推广，广大群众对于体育方面的需求从低水平、单一化向高水平、多元化的方面进行延伸，体育产业将从追求规模的扩大转化为对于质量管控以及在整个行业中的竞争力地位，而这一过程中迫切地需要体育特色小镇作为一个载体，推动体育产业向更高的层次发展。

从宏观整体角度来看，建设体育特色小镇是为了满足人民群众对于运动休闲日益增加的需求，是整体体育产业发展的需要。如今，中国特色社会主义已经步入了新时代，我国社会主要矛盾已经发生改变，变成了人民日益增长的美好生活需要和不平衡、不充分的发展之间的矛盾，因此建设体育特色小镇意义重大。另外，建设体育特色小镇，可以拉动一些贫困落后地区的社会经济增长，弥补国家经济发展中存在的"短板"；最重要的是体育特色小镇是从基层出发，带动基层群众参与到文化体育建设中来，有利于推动全面小康和健康中国建设。从微观来看，建设体育特色小镇，有助于城市区域间拓展体育产业市场、加速资金流入，促进镇域运动休闲、旅游、健康等现代服务业共同发展，形成区域带动效应，为城镇经济社会发展增添新的活力，为乡镇全民健身事业和健康事业的深度融合与协调发展做出贡献。

第二节
体育特色小镇的类型特征

一、产业型体育特色小镇

（一）定义简介

产业型体育特色小镇是以体育设备及其相关用品的生产制造为中心，上下延伸，如向上发展产品的研发、设计等，向下发展交易、运输、物流等，形成上下游的产业链，并与健康、旅游相融合发展的新型小镇。该类型小镇一般是建立在该区域具有先天发展优势的体育产业资源上的，从而以生产制造以及上下游为核心，依靠于城市进行发展，分布于大中城市的周边以及城市新区。

产业型体育特色小镇的培育应该集中于两个方面：第一，弄清楚是否具有独特的先天优势的产业制造资源，这点至关重要，因为其决定了小镇是否能够发展成产业型以及相关核心产业的发展方向，根据核心产业进行深入挖掘，实现相关配套产业以及相关支撑产业的聚集，形成一个整体的发展框架。第二，将体育产业与其他产业进行一定的融合，找准产业与产业之间的连接点，将其统一起来，选择发展一些第二、第三产业，从而扩大整个消费群体，增加相应的产业价值。

（二）相关案例分析

1. 蒙特贝鲁纳镇

蒙特贝鲁纳是意大利北部畜牧业中心的特雷维索省的一个小镇，毗邻意大利制革中心佛罗伦萨，这个小镇手工制鞋的历史长达数百年。从20世纪70年代起就享有"冰雪产业之都"的称号。全球有接近80%的赛车靴、75%的滑雪靴、65%的冰刀鞋、55%的登山鞋以及25%的直排轮滑鞋等一系列鞋靴都来自这个小镇。

因此，大量的制造产业汇集于此，当地整个产业链上的企业有400余家，包括设计研发、款式分析、模具制作、配件生产等产前配套生产企业以及商业协会、中介、媒体、营销和配送等产后相关服务产业。让商业、居住及公共服务等城市功能得到了进一步的完善，形成了"运动鞋生产集群 + 城市服务功能"的小镇发展架构。而且各个制鞋企业以小镇区域为中心，在半径大概5公里范围内沿线发展，形成多个产业聚集区。产业链和便捷的交通网络让各个区域之间构成一个"大分散、小集中"的布局，核心体育用品的生产推动上下游企业的发展，推动小镇进行特色化的发展。

蒙特贝鲁纳镇是一个典型的产业型体育特色小镇，其利用自身的手工制鞋的先天优势，聚集产业进行相应发展，让其年销售额超过15亿欧元，这些值得我们去进行研究以及相应的借鉴。

2. 德清莫干山裸心体育小镇

德清莫干山裸心体育小镇处在浙江德清莫干山，而莫干山又处于气候宜人、土壤肥沃的长江三角洲的杭嘉湖平原，其境内重峦叠嶂、风景秀丽、气候舒适，物产、旅游等资源十分充足，大约有林地11万亩，其中竹林面积将近6万亩。小镇依靠着极佳的生态自然环境以及德清体育健身、场地服务及体育用品的销售和制造等多家企业，探索发展一种以"裸心"体育为核心，将体育、健康、文化、旅游等产业有机融合的新型模式，将体育产业开发和新型城镇化建设有机地融合在一起的体育特色小镇。目前，在小镇探索运动、户外放松休闲、骑行文化等牵引下，实现体育产业销售收入过百亿元，体育产业集群效应十分明显。

"裸心"体育特色小镇体育项目给我们展现出了与众不同的空间功能布局。首先，其有一个整体的产业文化中心位于镇域的中心地带，主要是负责商务接待、技术开发、产品展示、体验娱乐等多样化功能；其次，小镇沿着黄郛路有一个以体育产业文化为主题的产业展示带，集中了体育产品、文化创新、餐饮美食、主题住宿等多种产业形式；最后，小镇当然不能缺少会飞的翅膀，其中一翼就是位于镇北的 Discovery 户外极限探险基地，另一翼则为镇南的久祺国际骑行营。其独特的结构布局给小镇增添了无限的特色。

小镇在拥有良好的山水资源的基础上，依托于体育制造产业，抓住时机，巧妙地推出满足市场需求的户外运动项目，打造"户外运动赛事集散地、山地训练理想地、体育文化展示地、体育用品研发地、旅游休闲必经地和富裕民众宜居地"。这从纵向上延长了体育制造产业上下游产业链；从横向上推动了体育与相关产业的深度融合，最终形成以体育小镇为平台的产业聚集区。

二、养生型体育特色小镇

（一）定义简介

养生型体育特色小镇是指以良好的生态环境为中心，配以体育运动，把健康养生作为建设的主要目标，再与旅游和度假相结合的而形成的特殊小镇。随着国家人口老龄化加重、人们精神压力越来越大，人们对于更加健康的生活方式的需求越来越迫切，养生型体育特色小镇应运而生。与其他小镇相比，你会发现在养生型体育特色小镇中，体育起着辅助的作用，其更加注重养生、修心、养性等。它面对的人群也是显而易见：高压力、亚健康人群以及老人。

养生型体育特色小镇的培育应该注意以下几个方面：首先就是小镇的天然养生资源要丰富，如水资源、空气质量、山体森林等。因为只有具备了这些天然的优质资源，才具备了打造养生型特色小镇的基础。对于体育运动项目的选择上也应该区别于其他类型的体育特色小镇，应该选择运动强度不大、自主控制时间性很强的一些项目活动，如瑜伽、太极、游泳、高尔夫等。其次，养生型体育特色小镇应该配备一定的医疗服务，便于人们清楚地了解自己的身体状况以及养生所能起到的效果。最后，必不可少的当然是一些基础配套设施，如酒店、体育建材等。

（二）相关案例分析

奥修国际静心村坐落在印度的一个小镇普纳，位于穆拉河和穆塔河的交汇处。谈到起源，奥修国际静心村的前身为奥修国际社区，其占地大约有243亩，是主修心灵的大师奥修在1974年所建立，有40多年的历史。创立之初是学院派，以"多元大学"为中心，包括11个性质不同的学院。创立初期就吸引大批西方年轻人以及来自不同国家的求道者，前来体验静心和内在转变的课程。这里主要设施是：两处户外餐厅、一处咖啡厅、一座健身房以及奥林匹克级的游泳池，在静心村周边也建设了国际公寓，为前来学习的学员们提供休息的地方。该村镇主要以居住1个月以上的客人为主要收入来源，年客流量大约有20万人次。餐厅里提供的是自种的有机素食，提供的水是由村内自行过滤，所以基本不存在被污染的情况。美丽的园区里有大理石的人行道、瀑布以及典型的花园等。在奥修国际静心村内，处处可以静坐沉思，村内环境舒心宜人，曲径通幽，让人能暂时忘掉烦恼。这里的静心活动内容大部分都是由舞蹈来进行相应的表达，用动态的动作来释放内心的能量，并不只是依靠冥想打坐。无论是静心，或是治疗团体，都是让学员能够发现自己的内心，先清除体内的负面能量，再求外表的提升。静心村形同给一个在文明世界摸爬滚打的人，可以回归自我、修补身心的沙漠绿洲。奥修国际静心村把印度传统瑜伽运动融入进来，与旅游产业进行合并升级，大力挖掘周围潜力。来到奥修静心村的游客们既可以去周边商场挑选具有当地特色的棉以及珠宝，也可以去服装精品店里买到别致的现代衣饰，还可以在许多规模与浓厚氛围的书局中购买英文版的书籍和杂志。购物之余，各国风情餐厅也为游客提供了不同的异域体验或者回家的感觉。因此，奥修国际静心村为游客提供了集购物、餐饮、静心休闲为一体的服务，其也成为品牌特色鲜明的养生型体育特色小镇。

三、休闲型体育特色小镇

（一）定义简介

休闲型体育特色小镇指的是以良好的生态环境为根本，融入丰富多样而且极具参与性的体育活动（如山地运动、水上运动、球类运动、冰雪运动等）所形成的，面向全民消费的体育小镇。虽然说休闲型体育特色小镇看起来是体育特色小镇中特点比较不明显的一个，比较常态化，不过正因为它的常态化，人们对于其期望会更高。因为你要打造出一定的特色和特点，以区别于一般的休闲场所等。

休闲型体育特色小镇的培育应该考虑以下一些方面：因为休闲型体育小镇比较常见，它们通常都依托于相应的景区进行发展，因此其必须要有至少一个比较突出的项目点，以吸引人们的目光。同时，作为一个普通的休闲型体育特色小镇，要充分考虑到全民的需求，从不同的年龄段出发，打造符合不同年龄段进行相应休闲娱乐的设施。休闲型体育特色小镇应该具有普适性，因此在选址上应该尽量考虑消费人群以及自己本身辐射的范围，尽量选择在大城市周边以及人群密集的区域。

（二）相关案例分析

1. 河南嵩皇体育小镇

嵩皇体育特色小镇坐落于河南省登封市，处于郑州、洛阳、焦作、平顶山、许昌"一小时快速交通圈"核心，交通便捷。毗邻中华武术文化传承地——少林寺、传统理学发源地——嵩阳书院等文化旅游胜地。小镇以登封具备天然优势的文化旅游资源为主要依托，将现有的资源整合利用，融入体育产业要素，同时带动与体育的相关增值产业的发展，使新兴的现代体育文化和古老的嵩山文化完美融合。小镇充分拥抱体育元素，为体育爱好者和相关体育企业间构建了一个友好交流平台，同时兴建各式各样的运动场馆，营造良好的文化氛围。与此同时，小镇大力开发体验型体育项目，不仅有卡丁车、射箭、拓展训练等传统体育项目，方便普通游客参与体验；同时加入了赛车体验、飞行体验、热气球体验等高端项目，供喜欢刺激冒险的游客进行体验。科学安排体验项目可以同时覆盖不同爱好、不同年龄段的大部分人群，让每个人在小镇都能体验运动之美。并且小镇重点关注于各种项目的参与性，就拿小镇的一大特色赛车来讲，游客在迈进赛车区的一刹那，就会被小镇的各种赛车show、摩托车show等表演show深深地吸引，这样游客就逐步走进这种氛围，提升自己的代入感。随着游客的逐步深入区域，会有专业的赛车手出现以及小镇特制的模拟拉力赛车的车辆，如果你自己就具有赛车驾照，还能自己申请一辆赛车，去专业赛道体验赛车的独特魅力，当然，如果你没有驾照也不需要遗憾，你还可以找专业赛车手当司机，在赛道上体验奔驰在荒野中的感觉。通过营造独特的氛围、提供专业的设备和人员、布置顶级赛事用的赛道来使游客完美地参与其中，得到更好的运动体验。

嵩皇体育特色小镇符合国内体育发展的现状，为打造休闲型体育特色小镇提供了一个参考案例，值得去参考学习。

2. 新西兰皇后镇

新西兰皇后镇坐落在新西兰第三大湖泊瓦卡蒂普湖的北岸，被南阿尔斯山脉所包围，享有"新西兰最著名的户外活动天堂"的美誉。小镇总体占地面积大约25.55平方公里，镇上的人口约2万人，在小镇一天几乎就可以走完整个小镇。但就是这样一个不起眼的小镇，每年游客的接待量接近300万人。小镇根据自己拥有的独特天然的湖泊与多样的地形地貌特征，形成了种类多样的户外休闲运动项目,其中大部分项目是以极限、冒险为中心,像一些极限运动如蹦极、喷射快艇等源自于此,皇后小镇被人们亲切地称为"极限运动的天堂"。

小镇充分发挥镇内部高山峡谷、激流险滩等天然优势,将静态的自然风光开发为具有冒险性、刺激性和极具参与性的户外运动,而且提供高档住宿、特色餐饮等全方位的旅游服务,让体育与休闲旅游相得益彰,共生发展,形成良好效应。除此以外,皇后镇附近有很多当地的葡萄酒庄,专门生产高端优质的红葡萄酒、白葡萄酒等多种口味的葡萄美酒,当地酿酒业是除了户外运动外另一个飞速发展的产业。在这里人们除了寻求体育项目的刺激外,有许多的游客会选择一些平缓的游览体育项目,如徒步观光以及骑单车沿着河流和湖泊穿越乡村。皇后镇四季分明,每个季节有着截然不同的风貌。春季,白雪还未退去,百花却已盛开;夏季,蓝天白云,艳阳高照;秋季,鲜红与金黄的叶子给城市染上了多彩的颜色;冬天,崇山峻岭被白雪覆盖,气候清爽。小镇根据四季不同的特点,以体育探险为核心,打造观光旅游、文化体验等多元化规模效应,并充分发挥冬季庆典对小镇进行相应的推广营销,形成了以户外探险式休闲为主体的综合型体育特色小镇。

新西兰皇后镇探索出一种和谐的体育旅游相融合的发展模式,不仅让皇后镇惊险体育运动资源和当地旅游开发相结合,并且随着旅游质量以及规模的深入发展,新西兰皇后小镇更加能吸引来自世界各地爱好旅游和探险的游客来这里休闲娱乐。皇后镇这种从单一的观光旅游发展到体育与休闲度假相结合的旅游模式,值得我们借鉴。

四、赛事型体育特色小镇

(一) 定义简介

赛事型体育特色小镇是指依托有影响力的体育赛事,同时与场地特征或地方体育产业特色相结合,延伸发展与赛事有关的服务,从而形成以单项体育活动项目为核心的产业集群的体育类特色小镇。如今,体育赛事是体育产业活动中必不可少的一部分。有独特影响能力的体育赛事完全可以带动一个区域的经济发展与体育文化进步。不过作为赛事型体育特色小镇,对场地的要求比较高，可以经常承办此类型的相关体育赛事。在赛事结束后，不能将之荒废，利用场地可以开展与之相关的体育活动。

本书认为赛事型体育特色小镇的培育首先要考虑的就是交通餐饮方面，因为毕竟是大型活动赛事，人流量会比较大，如果不充分考虑到交通以及餐饮等方面的服务，那么人们就会对此失去兴趣，转向其他的地方。其次，作为小镇的建立者，要充分考虑承办赛事的能力以及规模，如是承办省级、国家级还是世界级等，提供良好的赛事服务。最后，对于赛事型体育特色小镇来讲，运动员的保障工作服务也必须尽善尽美，如翻译、安保、医疗等。

（二）相关案例分析

百丈时尚小镇坐落在浙江泰顺的飞云湖畔，具有丰富的自然地理资源。小镇初始规划面积达到 18.74 平方公里，项目 40 多个，总投资大约 35 亿元。百丈时尚体育特色小镇把"时尚"当作主题，除发展曲棍球、赛艇、皮划艇等时尚体育赛事活动之外，小镇还按照国家 4A 级风景区建设标准，开展全镇域海棠主题绿化，全程范围内的标志牌统一进行相应的设计，规范旅游标识标牌系统建设，设置雕塑等景观建筑小品，交通主干道添置各类体育标识和体育文化元素路灯，营造出浓厚的时尚体育小镇氛围。特别是加大对环湖绿道慢行系统这一关键性项目的推进力度（总投资约 1.2 亿元，长度 28 公里），通过环湖绿道慢行系统这"一环"，串联综合服务区、奥体核心区、农业拓展区、时尚体育体验区、洪口旅游服务区、叶岸山旅游综合体、户外运动拓展区、商业生活服务区这"八团组"，努力打造处处有景、景景有异的体育旅游体验圈。届时，以此为基础，拟引进和培育打造环湖马拉松、环湖骑行、铁人三项等国际国内品牌赛事。同时，开展时尚体育小镇 LOGO 标识的征集，举办时尚体育小镇征文比赛，营造时尚体育小镇建设的良好氛围。小镇依靠良好的生态环境和优质的飞云湖水资源，吸引国家赛艇青年队、省皮划艇和曲棍球队等前来进行冬训。百丈时尚小镇以品牌赛事为核心，打造国家水上休闲运动中心。并在此基础上，与时尚体育旅游相结合，着重发展环湖休闲旅游公园，以此将百丈时尚小镇发展成以赛事与训练为核心，同时兼顾旅游休闲的体育特色小镇。

第三节

体育特色小镇培育重难点

一、资源整合与集中

从前述体育特色小镇的类型来看，不管是哪种体育特色小镇都无法避免的问题就是体育资源。体育特色小镇必须有丰富且充足的体育资源。但从我国现有的发展模式来看，绝大部分优质的体育资源都属于体制内，很难得到有效的分散利用。不仅包括整个体育人员的资源，而且对于相关的体育场馆基地也是由政府进行统筹安排，对于民间来讲体育资源就会变得比较稀缺。对此，体育特色小镇就要牢牢抓住当前国家发展体育小镇进行体育变革，通过对小镇进行一系列的管理组织创新，可以有效地与体育体制改革释放的优质资源进行相应对接，从而探索出一条特色的发展道路。由于各地体育资源与情况不同，需要具体问题具体分析，结合自己的独特优势进行具体规划。另一个有效解决资源问题的方法就是从国外引进相关的体育资源，对于国外有特色赛事以及优质的体育资源，我们可以结合自己本身所具备的特点进行相应的引进，国外有些趣味与挑战兼具的赛事，对我们发展体育特色小镇有着重要的引导作用。不过，从根本上来讲，体育资源整合与集中核心还是在于制度问题，必须通过相应制度的改革与创新才能有效地整合与聚集相应的优质体育资源。体育特色小镇发展的最大的难处就是缺乏协调整合优质体育资源的相关机制，只有通过管理机制创新，才能为体育特色小镇建设打下一定的基础。

二、规划层次

从规划内容来说，我们应该把体育特色小镇分为三个层次：第一个层次，把研究放在一个大的区域进行，不能说我们发展体育特色小镇，就以小镇对待小镇，这样就会显得特别片面，也会不适应当地的发展。一定要把它放到更大的区域环境中综合考虑，结合当地的经济发展以及对应的社会发展来考虑小镇本身的发展情况。第二个层次，需要我们对建设的特色小镇有一个相对应的用地规划，用地规划整体方面的内容最好达到应该有的深度，不给小镇建设带来不必要的麻烦。第三个层次，要突出强调以镇区为对象进行相应的形态规划的编写，且形态规划的编写也必须在城市设计深度的指引进行。

三、环境条件匹配

体育特色小镇发展除了离不开资源之外，环境条件也特别重要。体育小镇环境条件应该满足运动与健康两个方面的整体要求。体育产业是大健康产业中不可或缺的一部分，像康体运动、慢病调养、康复运动等都能成为体育小镇的健康产业的发展模式。那么，体育特色小镇就必须具有以下几个方面的环境条件。

首先，体育小镇必须有能够容纳相应规模项目的环境基础。不仅需要满足体育"十三五"关于群众体育配套设施的相关要求，而且还应该提供运动组织和培训等一些服务。在硬件条件上像运动场地、运动场馆、设备器材等应该充分进行对应的完善。由于体育小镇可选的运动项目有很多，而不同的运动所需要具备的条件也不同，因此环境有时候恶劣一点反而会成为优势，如山险、林密、水急可以开发一些户外体育运动，使体育活动与之相匹配。

其次，就是对自然环境的需求。对于空气、水、食物供给必须要符合国家规定的安全健康标准，优美健康的自然环境对于体育特色小镇来说也是必不可少的。良好的自然环境可以让消费者通过运动舒展身心、放空自我，同时缓解部分消费者亚健康的生理状态。有些体育特色小镇对运动环境要求和大城市不同，不一定要举办什么大型的赛事活动，让体验者能够亲近自然才是体育特色小镇的魅力所在。

四、消费人群与盈利

体育特色小镇如果想要实现可持续发展，就要对消费以及盈利给予足够的关注。体育特色小镇需要消费人口的支持。体育特色小镇的另一个挑战就是如何在吸引群众的目光之后，及时地把人们留住，实现可持续的发展。然而目前国内的体育消费人口严重匮乏，就像现在流行的 APP 软件，对于体育这么庞大的产业以及中国这么大的消费人群，竟然没有一款体育 APP 软件的人数能达到 8 万人。探寻其原因，是当前的供给与需求的不平衡。当前随着生活水平的不断提高以及精神追求的逐步增加，广场舞和暴走似乎日益火爆，马拉松也风靡全国各地。其实人们的消费需求很高，但是得不到满足。其实对于体育消费来讲，每个行业缺乏内部的针对性。那么对于产品的创新以及针对性的升级将会很多。例如，针对青少年进行体育培训，我们的目标不一定要培训出专业的运动员，而是可以激发青少年对于体育的热爱，培养他们健康的心理与全面人格。对于不同的人群我们可以满足他们不同的需求，从而吸引大量的消费人群。针对盈利来说，体育特色小镇建设初期，应该把目光和重点放在小镇的建设的效果以及质量上，从而吸引到更多的人群，使小镇能够得到人们的青睐，让人们成为小镇的常客，那么小镇的盈利就不需要有过多的担心，可以实现可持续的发展。

五、市场主体

体育特色小镇的运营管理缺少具有综合能力的市场主体。政府由于想摆脱以前一直由自己出资或垫资的模式，减少自己的债务，因此要尽量从社会资本的角度出发，把企业当作主体。但市场上具有这种能力的大型企业大多没有开发体育产业经验，并且绝大多数的体育产业发展都很难盈利，但我们可以换一个角度出发，让体育项目拉动旅游消费、促进相关的培训与课外活动消费；同时进行与周围产品的配套消费，让体育特色小镇跨界融合，共生发展。

其实有不少人都认识到体育特色小镇应该进行跨界发展，但跨界人才是跨界发展面临的主要问题。就像前面提及的由于体育事业一直以来基本上是在体制内进行运行管理的，与其他经济产业部门很少有过深入的接触，导致在体育体制内的人不了解其他产业的相关知识，而其他产业的人不懂体育产业的内容，跨界复合型人才严重缺失。

面对这样复杂的体育运行环境，市场主体严重发育不全。作为体育特色小镇的运营主体，不管是政府还是开发企业，抑或是体育机构，它们都有自己的局限性，所以需要进行模式的创新与升级，顶层设计、资源导入和整体运营，都需要跨界人才与跨界平台机构。因此，着力培养跨界人才是发育市场主体的关键。

六、警惕房地产过度消费

国家对于相关的圈地和违规建设进行了严厉的审查,防止一些不良商家利用热点进行炒作。在这里我们需要强调的是房地产和"特色小镇"建设是有一点背离的。如果房地产提前进入的话一定会把体育特色小镇的各项成本整体拔高,那么在房租、场地费用等开销居高不下的情况下,我们好多新兴的产业想得到一个快速高效发展的愿望就难以实现,在这种情况下,房地产势必会对其他产业造成一个挤出效应,导致小镇新兴产业得不到良好的发展,就达不到小镇要起到集聚效应的作用。

对于体育小镇来讲,有的省提出"体育特色小镇"建设的项目很多,而有的省提出的则很少,其实多也好、少也好,这不是一个根本问题,我们首先是要考量区域的经济发展状况,如果当地的经济状况以及实际情况不好,但是又想要打造特别多的特色小镇,这肯定是不切实际的。体育特色小镇更多的是以传统的行政区划作为单元,让"体育特色小镇"以乡镇作为载体。

第四节 河北省体育特色小镇的典型案例

一、张家口崇礼太舞滑雪小镇

(一)小镇简介

太舞滑雪小镇位于河北省张家口市崇礼区,是由崇礼太舞旅游度假有限公司投资建立,总占地面积约为40平方公里,是我国最大的滑雪度假区,它也是2022年国际冬奥会项目主场,总投资金额超过200亿元。小镇内部散落着崇礼县最高山峰玉石梁,山体垂直落差达到510米,整个积雪时间接近半年,与世界著名的落基山、阿尔卑斯山同处于北纬40~50度,这个纬度也是世界上公认的"山地度假"黄金地带。

（二）小镇特色优势

小镇的规划设计是由世界著名团队加拿大 Ecosign 山地规划设计公司担纲的。该公司曾经 5 次参与国际冬奥会的设计规划，努力专注给每位滑雪及度假爱好者带来最极致的运动体验。根据不同的游客对于滑雪的了解程度不同，太舞小镇划分了不同的雪道区。初学者雪道区是安全入门的乐园，它的规模是亚洲最大的，造雪面积大约有 6 公顷，不同区域配备了 10 条魔毯。而初级雪道区独立区域，不与其他中高级别雪道相交，全面保障了初级滑雪者的人身安全。特别为儿童开辟了越野滑雪探险乐园，让儿童深刻体会到滑雪的乐趣。中级雪道区雪道条数较多，整体坡度均匀，难度系数多样化，雪道朝向四面八方，为滑雪者提供多样化的选择以及相应较为舒适的滑行体验。高级雪道区的现代舞、兰巴达等高级雪道最大坡度可以达到 52%，而最大长度将近 800 米，可以为滑雪的疯狂爱好者提供超级刺激的滑雪体验。太舞小镇拥有 4 条法国 POMA 轿厢式缆车和脱挂抱索器高速缆车，给游客提供了极大的便利。而 POMA 是世界上专门从事索道设计、制造等一条龙服务的公司，拥有极其丰富的行业经验。其造雪系统是美国 SMI 造雪系统，配备水冷却系统可保证极端气温下进行造雪。而其为游客们提供的雪具是奥地利 FISHER 雪具，是国内唯一一家采用奥地利菲舍品牌器材的滑雪场，让滑雪者拥有不一样的滑行感受。

（三）相关改进建议

1. 进行多方面宣传

崇礼太舞小镇目前的知名度相比较其他国内滑雪场以及相应的度假小镇而言比较低，可以加大对于自己小镇一些特色的宣传，通过微博、微信、客户端等形式使大众可以了解到崇礼太舞小镇，从而能够到崇礼太舞小镇来放飞自我。同时，可以构建一个崇礼滑雪论坛，给滑雪雪友们提供一个交流心得技术的平台，带动其他人去了解滑雪、关注滑雪进而喜欢上滑雪这项刺激的运动，最终可以增加小镇的盈利能力，提高小镇的收入。

2. 给顾客提供充分的便利

首先，因为崇礼太舞小镇在冬季天气将会特别寒冷，气温低，许多滑雪的人们想要给自己滑雪留下精彩一刻却无奈因为温度问题而导致手机自动关机，有可能还会错过一些重要的信息和电话，如果小镇能够在雪具大厅、山顶休息室等地方设置自动充电设备以及相应的取暖设备，那么就可以帮助游客解决困难。在滑雪场地的设置上应该及时维护和补充广播设施以及对应的引导标志物，它们可以为方向感不好的游客们提供有效的帮助，使游客们能够准确地找到自己的目的地。最后，崇礼太舞小镇可以在网站上和公众号等平台上提供相应的天气预报工作，使游客们提前做好防护准备。

3. 开发多形式购票方式，简化租赁过程

太舞滑雪小镇在周末与非节假日票价不同，在淡季和旺季票价差距也比较大，为了满足不同游客的要求，太舞小镇可以在其微信公众号、官网、其他的购票网站上提供相应的价格变化以及优惠信息和购票渠道，使游客们能够享受到充分的便利。同时，因为旺季的太舞小镇人山人海，雪具大厅往往人满为患，特别嘈杂，没有秩序，如果能够简化相应的租赁过程，将雪卡、储物柜卡等实行一卡通制度，相关雪具设备排放顺序化、条理化，那么游客在得到方便的同时，雪具大厅也会显得秩序井然。

第五节

河北省体育特色小镇培育建议

一、统筹规划，制度创新

随着新型城镇化的发展，统筹规划是培育体育特色小镇的重中之重。我们要把规划放在首要位置，在规划的基础上，对体育产业方向、土地格局、配套设施、顶层设计以及生态环境保护等方面进行统筹考虑。因此，河北省首先要统筹思想，系统规划。对自己体育产业的方向以及对应配套设施设施和生态环境方面有一个把控，从整体上对体育特色小镇进行规划。与此同时，可以借鉴浙江省特色小镇的"多规合一"与"融合式规划"的思想，综合政府各有关部门，遵循"宽进严定、分类分批"的原则对体育特色小镇进行培育。要充分发挥传统体育项目、人文资源和自然资源相融合的优势，出台对于体育特色小镇的利好政策，对于体育特色小镇进行充分的培育。既然是体育特色小镇，那么它的魅力和特性就在于"体育"二字，其生命力也就在于"体育"，建设体育特色小镇就必须要体现"体育"的魅力所在。随着人们消费层次的逐渐升高，人们对于体育消费需求的水平也逐步提高，从低质量到高质量转变，从单纯的体育用品消费转向体育服务消费，一些如骑行、滑雪、攀岩等参与性特别强的体育项目也逐步成为体育特色小镇的发展重点。

二、因地制宜，走差异化路线

体育特色小镇在体育产业项目选择上要首先考虑小镇各个方面的因素。要充分考虑到河北的资源条件以及相应的区位特点和人口结构，因地制宜，结合小镇自己的一些资源优势确定核心的体育产业，根据确定的体育产业来重新整合资源，同时出台相应的政策为体育特色小镇的长远发展保驾护航。对于体育特色小镇来讲，其核心就是体育产业的发展，寻求后期发展潜力大的运动项目作为根本载体，走差异化路线发展体育特色小镇。体育特色小镇要把"体育"放在首要位置，在体育的基础上对"特点"加以凸显。要对体育市场进行精确划分，给群众提供不同的体育产品和体育服务，以此来增加产业的竞争力。要遵循《体育产业发展"十三五"规划》中关于打造"各具特色的体育产业集聚区和产业带"这一基本要求，通过树立"绿色、创新、开放"等思想理念，以冰雪、滑翔伞、花样滑板、潜泳、极限摩托、山地户外、汽摩运动等运动为重点发展项目，在此基础上形成体育服务产业生态链，融合不同的要素来促进体育产业的发展。不同的地区可以选择不同的项目进行发展，没有必要针对某一个项目一拥而上，导致就一个项目发展的体育特色小镇扎堆。

三、借助互联网形成跨界融合

我国体育产业已经迈入了一个新的发展阶段，跨界融合为目前正在飞速发展的体育产业注入了一针安心剂，体育产业在未来的发展模式以及方向是投资跨界以及运营融合，因为未来产业之间的界限将会越来越模糊。而产业之间彼此融合能够有效地增强体育产业与其他各个产业之间协作关系，避免部门管理出现障碍，能够有效地降低产业之间彼此门槛壁垒和礼仪冲突，从而有效地降低整体市场的交易成本，促进市场有序发展。培育体育特色小镇，要贯彻落实跨界融合理念，以"互联网+体育"的思维形式将体育产业与旅游、房地产、文化、养老等产业进行有机结合，促进产业的延伸拓展。在"互联网+体育"的大环境下，未来的休闲体育产业领域，将会充分发挥互联网的技术优势来实现产业结构升级、技术革新，以此推动与其他产业的融合。因此，河北省应该将体育特色小镇的打造与互联网相联系，不断进行融合创新，推动自己体育特色小镇的发展。

四、让市场发挥作用

十八届三中全会中提出的"市场在资源配置中起决定性作用"这一言论给培育体育特色小镇提供了思路。培育和建设体育特色小镇，要充分发挥政府检查监督、规范秩序、公共服务等职能，但同时也必须要让市场在资源配置中起决定性作用，对于河北省建设培育体育特色小镇来讲亦要如此。首先要正确面对政府与市场的关系，尤其防止政府的过度干预。要厘清政府与市场的边界，避免政府直接接触内部管理，使市场没法参与其中。政府要担任"有限"和"有效"的责任，体现服务型政府的精髓。政府在体育特色小镇的培育中要突出自身的指导作用，特别是前期的规划安排、政策实施以及后期的环境保护与文化传承。其次，对于参与到体育特色小镇建设中来的企业，要让它们成为建设的主体，发挥好企业的效果以及特性。政府要从"全能政府"向"服务政府"进行转变，简政放权，发挥市场主体的作用，让企业真正成为体育特色小镇的主体角色。在体育特色小镇建设中，可以拓展政府和社会资本合作参与的新渠道，尤其需要重点关注对龙头企业的引进和指导。通过构建合理的收益分配机制、诚信机制和绩效考评机制，让更多的企业能够投入小镇建设中。最后，要加大改革的力度，对资源要素进行优化配置。土地、资本、人才、科技、信息等都在体育特色小镇建设培育中具有不可或缺的要素资源，其中最突出的是土地要素资源，因此，对于要素配置中的体制性壁垒需要进行全力消除，用严格、公正、公平的竞争手段，不断刺激市场的活力，提高资源要素的整体配置效率。可以通过对用地规划的科学布局、对新增用地实行差额配置、适度放宽用途管制、统筹规划建设资金等措施来使特色小镇培育建设中的土地要素配置难题迎刃而解。

五、绿色打造，生态环保

十八届五中全会上提出的"绿色发展"这个理念不单纯作为一种发展理念，同时也是一个行动纲领，给培育体育特色小镇设定了相应的要求。河北省是工业大省，污染比较严重，雾霾情况也比较严重。但是培育体育特色小镇必须要树立绿色发展理念，坚持可持续发展的思想，给群众提供便捷完善的基础设施。对于培育体育特色小镇来讲，良好的环境是其前提和基础，也是人民群众的基本生活需要。体育特色小镇虽然从建设上来讲是产业小镇，不过它更需要成为一个生态小镇。我们在培育的过程中要坚持把生态放在首要位置，同时做好政策鼓励以及资源支持。其次，对于河北省整体生态环境的整治需要进行相应的加强，对河北省赖以生存的生态环境进行保护。从国家层面来看，培育体育特色小镇突出了绿色发展的理念，在体育特色小镇申报审批的过程中，对于严重破坏生态和污染环境的体育特色小镇，实施一票否决制度。同时，对于新闻媒体来讲，不能为了博眼球、赚点击，报道一些不符合实际情况的新闻，而应该充分发挥好自己的舆论监督职能，为保护生态环境做出自己的一份贡献。社会公众也应该努力提升自己的环保意识，形成良好的生态创建氛围。同时需要关注社会利益以及公共利益。最后，培育体育特色小镇要以群众为主体，建设绿色生态的社区生活环境。必须要加快完善小镇的基础设施建设，重点提升信息网络、停车场所、水电管网等设施，并努力完善医疗、文化、教育、公共卫生等配套建设。与此同时，注意在基础设施建设的同时对环境保护不能松懈，要坚持绿色打造，生态环保，让我们每个人都为建设小镇贡献自己的一分力量。

体育特色小镇是如今我国经济发展中体育产业的一大特色。不仅体现了"生产、生活、生态"三方面有机的融合，而且还体现了"大体育、大健康、大环保"等先进理念。随着当今社会的发展，体育特色小镇对于体育产业、产业跨界融合以及城乡一体化等方面具有重要的促进推动作用。目前在国内发展的体育特色小镇中，浙江省应该处于前列，对其他省份发展体育特色小镇具有较强的指导作用。因此，对于河北省来讲，应该借鉴浙江省发展的情况，根据本省的经济发展状况以及本身的特定条件等多种因素寻找自己的体育特色小镇发展模式，而不是一哄而上，盲目开展。培育和建设体育特色小镇，在发挥好政府审核监督、指导牵引、规划秩序等职能的同时，要让市场在资源配置中起决定性作用。通过政府、市场、社会等各个方面的力量，提高资源配置效率，实现产业跨界融合，优化生态环境，走差异化的发展路径，满足人民群众对美好生活的向往与追求。

第十章

特色小镇评估体系构建

第一节 特色小镇的认证与评估

特色小镇，是在社会主义新常态下由浙江省在全国率先提出来的城镇重大发展战略，是破解浙江省发展"瓶颈"与实现转型升级的重要路径。

从行政区划上来说，特色小镇并不是一个真正的城镇，而是在空间位置上具有自主发展性的、附属于城镇内部或其周边的项目集合体，这一集合体同时具有居住生活、观光旅游、产业发展等特色功能。从地域范围上来讲，特色小镇可以是相对较大的村落，也可以是坐落于大城市周围的小城镇，还可以是大城市内部相对而言较为独立的城区。特色小镇的一些服务功能是可以与周边或从属城市共享的。特色小镇在建设发展方面也有着较为严格的标准，其中普通的特色小镇建设需要达到3A级及以上的硬性要求，而休闲旅游类特色小镇则必须要达到5A级及以上的标准。总而言之，特色小镇的建设以及其发展需要立足于"创新、协调、绿色、开放、共享"五位一体的发展理念，与此同时，也不能忽视自身的特色，对其日后发展规划实现准确定位、科学发展的理念，充分将其生态资源与人文底蕴实现有机的结合。

特色产业是特色小镇的核心，特色产业一般指的是各类新兴产业的集合，如区块链、私募基金、大数据、绿色金融、智慧城市、互联网金融、云储存等绿色、健康、可持续的服务业。特色小镇也是一个适宜居住与就业的大社区，其中既包括景色宜人的生态环境，也包含有现代化的办公设施，还配置了高端公共服务设施以及较为人性化的交流空间。特色小镇的建设发展还将以企业为主、以政府为引导为准则，并且以市场化运作的形式，打造一个产城融合高度化的空间，且在建设发展过程中彰显其独有的地域特色。

特色小镇的详尽规划建设以及发展应该尽量保持其独特性，为了避免同业竞争以及发展类同的现象，还应该更加多维度地展示自己的魅力与特色，形成"个性化"的发展模式。

第二节　特色小镇评价原则与方法

一、特色小镇评价

如果要避免跟风建设，就需要建立一个特色小镇的科学评估体系，什么样的小镇是好的小镇？什么是差的小镇？

根据 CAS（complexity adaptive systems，CAS）理论可以推演出特色小镇的评估标准，主要有以下几个方面。

第一，开放性。发展较好的特色小镇的产业开放性较强，不仅能够持续地向产业链上游移动，而且可以自主切入全球生产链中。在全球的产业链和价值链都处于动态变动过程中，假如某一特色小镇拥有某类产品在此产业链中蒸蒸日上，那么这一特色小镇就会脱颖而出。

第二，适应性。发展较好的特色小镇不仅拥有较强的独立性，而且主要表现在其可以独立应对市场变化、独立解决新技术颠覆性创新等方面。而发展较差的特色小镇的适应性就相对弱化，进而引发资源产业的衰落。

第三，强强联合。特色小镇需要与外部资源实现强强联合，使它产生某种"反磁力"效应。发展较好的特色小镇的"反磁力"效应是其招商引资的必由之路，而发展较差的特色小镇，磁力效应十分弱小，以致磁力效应几乎为零，这是造成其竞争力较弱的主要原因之一。

第四，产业群聚。一国或一地区的竞争力，往往取决于在地理位置上不足以引起注意的"边缘地带"，而非由那些更为引人注目的指标决定。这些"边缘地带"指的就是企业群聚，同一种类型的企业在相同的区域范围内群聚，彼此之间既有高度分工又有相互之间的合作，凭此产生高效率以及无限可能的创新活力。在地理上这种群聚是不算博人眼球的，但是很有可能变为一个区域性甚至是全国性的很有竞争力的发展地带。

第五,协和共生。发展较好的特色小镇与周围地区能够协调共生,能弥补主城区的缺陷,充分发挥"环境修补、产业修缮、生态修复"的功能。而发展相对较差一些的特色小镇,与周边的发展几乎是同质的。

第六,超规模效应。发展较好的特色小镇,完全超越了城镇规模效应。海伊小镇,坐落于威尔士和英格兰的分界线上,由原来冷冷清清、人烟稀少的英国传统城堡发展成为全球第一个、也是目前第一大的二手书镇,简单又纯净,别有一番乡间风味,被誉为"世界旧书之都"。

第七,协同效应。发展较好的特色小镇会与周边的其他小镇产生协同效应,杭州的云栖小镇与周边小镇之间形成了协同创新的小镇群,这个"群"就是高水平的"协同"效应平台。

二、特色小镇的评价原则

特色小镇发展水平的评估指标体系是指在生态学、公共理论、城市经济学、环境科学等各学科的理论基础上,综合运用各科相关原理并采用数理统计的方式,科学、系统、全面地对特色小镇发展的综合水平进行评估。同时,特色小镇的发展水平的评估指标体系还应该明确地将特色小镇的特色展现出来。

因而,对于特色小镇的评价应当恪守以下几项原则。

1. 以人为核心原则

特色小镇的评价指标体系最终以定量的形式进行评价,与此同时,还需要秉承着以人为核心的原则,把特色小镇的各个环节的参与者都纳入指标体系建设中,将主观与客观因素充分结合起来。

2. 独立原则

对特色小镇的评价应当是客观的,因而其指标应该具有独立性,各个评价指标之间既不允许互为解释,也不能够彼此补充,并且以此来确保最后对特色小镇的评价结果是客观的、科学的。

3. 典型代表原则

特色小镇的评价指标应该从各维度选取,从其本质出发,立足于特色小镇的内在含义,用客观、科学、全面的视角来阐释特色小镇的综合发展水平。

4. 系统原则

特色小镇的评价指标还应当将生态环境、社会公平以及经济发展等各个方面纳入指标体系，而不应该仅仅从经济和规模两个角度出发，还需要对当地的气候环境以及生态发展加以衡量。不能仅仅追求经济效益和规模效益，更应当同时将环境因素和生态因素纳入可持续发展的范畴内。

5. 动态性原则

不同的特色小镇由于其时间、空间的不同，因而对其评价指标应该充分考虑动态性原则，在指标维度、权重等方面均应体现出该原则，而且这一原则可以使对特色小镇的评价能够适应当前社会的发展变化以及政策的调整。

6. 可操作原则

特色小镇评价指标的数据应该精准，而且统计口径要一致，既可以较为简易地获取，也可以量化和对比。

7. 共性和个性相结合原则

特色小镇的评价指标体系既包含个性指标，又包含共性指标；既有横向比较性，又有纵向比较性；既包含特色指标，又反映共性指标。

第三节 特色小镇评价指标体系设计

一、特色小镇评价指标的四个维度

从特色小镇自身含义出发，多维度构建发展其评估体系，主要将从形态、制度、功能、产业四个维度来加以划分，进而使特色小镇的发展理念同其内涵相结合，构建出特色小镇的评估体系。

1. 形态维度

特色小镇在空间形态、建筑形态、人文景观、生态环境等方面需要展示自身的特色，应体现出其整体布局的鲜明特色和城乡空间结合的协调性以及投资、融资环境的优越性。

在一定的范畴内，特色小镇属于一个特殊的行政区划。对特色小镇的评价指标体系应以其发展规划和目标作为基准点，在此基础上设计出与其发展相协同、相促进的特色产业制度、投融资制度以及人才引进制度，还要对小镇的环境治理及其可持续发展机制形成保障。

2. 制度维度

特色小镇在一定程度上属于一个特殊的行政区划，在特色小镇地域范围内设立的各项制度应因地制宜、因时制宜，既要以特色小镇的特色建设与发展为中心，又要保证制定的各项制度能够符合特色小镇特色产业的顺利进行与发展，从而在制度上为特色小镇的建设与发展提供保障。

3. 功能维度

特色小镇所具备的每一项功能应该在凝聚力以及和谐性方面表现突出，在生态、社会、经济三个方面的博弈中应当保持协调共生的发展模式。

4. 产业维度

在特色小镇中发展的产业应具有一定程度的创新性，各类产业尽量与特色小镇周边的产业形成或延伸为前后向、横纵向的产业链。同时，要增强特色小镇各类产业的对外开放程度。

特色小镇的评价指标体系如图 10.1 所示。

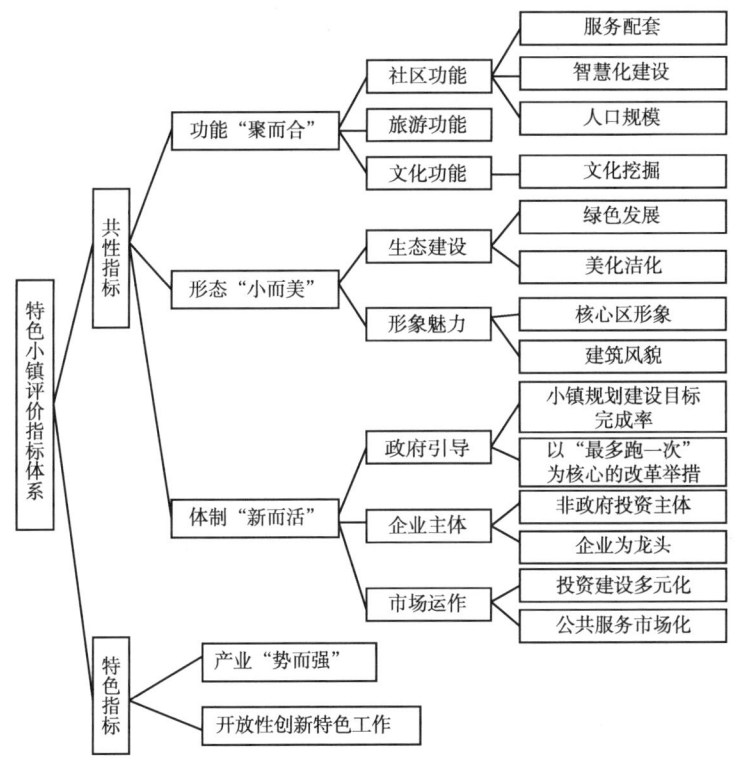

图 10.1　特色小镇的评价指标体系

二、特色小镇的核心竞争力指标体系分析

特色小镇的核心竞争力的指标体系可以借助三要素六因素模型来加以分析，具体分析如下：

因素Ⅰ——Groundings（基础），表示产业集群的供给要素，具体包含"资源""设施"；

因素Ⅱ——Enterprises（企业），表示产业集群内部的结构要素，包括"供应商""企业结构及战略竞争"等；

因素Ⅲ——Markets（市场），是产业集群内的需求要素，包括"本地市场""外地市场"两个要素。

GEM模型可以从定量的角度更为客观和全面地分析产业集群的竞争态势，在借助GEM模型分析特色小镇的发展现状以及特色的同时，将其创新性的运用到特色小镇核心竞争力的指标评价体系中。

第一，资源和设施两个要素对于评价特色小镇的核心竞争力方面具有基础性，这既包括原生态的自然资源和自然环境，也包含特色小镇在人力资源、科学技术以及金融发展等因素。

第二，在特色小镇中设立发展的企业应以小镇特色为依托、通过产业集聚实现小镇产业的规模化，在供应商与企业自身的特色建设和竞争战略方面，实现庞大的经济效益。

第三，市场是产业发展的"摇篮"，要在市场大环境中检验特色小镇各类产业的竞争力是最为直接、最为有效的方式。

鉴于此，特色小镇的核心竞争力指标体系将按以下几个方面进行构建。

1. 基础设施

特色小镇将社会资源聚集起来并不仅是工业发展的新的载体，也是坚持"以人为本"的新基地；特色小镇不仅是一个适合居住和就业的大社区，也是特色产业产生和发展的大平台。因此，在基础设施方面，特色城镇需要更加现代化。

2. 环境资源

环境资源已成为特色小镇建设发展的重要基础性力量。环境资源包含生态环境、文化资源、区域环境以及旅游资源。特色小镇的环境资源竞争力选择了以生态、旅游和文化资源作为评价指标体系的一部分。生态环境就是通过特色

小镇的绿色植被覆盖率、空气质量以及水质环境来衡量的。而文化资源的衡量就用资源价值和资源效用。旅游资源主要通过衡量资源的丰富程度和受欢迎程度来进行相应的评估。

3. 资本资源

特色小镇是资源、资本、土地、人力、技术和其他经济因素的配置空间。广义而言,人力和技术也是资本要素,而能全面反映特色小城镇经济实力的因素是金融资本因素。今天在特色小镇的竞争更多的是知识和智慧的竞争,所以科技、高素质人才也可以从侧面展示特色镇的研发实力,所有这些均是代表技术资本。同样地,员工工资也在侧面暗示了市场对人力资本的价值的评估。

4. 产业规模

如果这个特征是特色小镇生活的灵魂,那么工业就是支持小城镇的生物的支柱。特色产业带动了各级特色小镇产业的发展,是小镇经济发展的核心驱动力,而这又主要以产业集聚、产业带动和产业效益的方式表现出来。

(1) 产业集聚。产业集聚指的是在特定的地理区域内,同一类的产业实现了高度集中;在一定的空间范围内,产业资本要素实现了不断集中。一方面,产业集聚有利于提高生活水平;另一方面,产业集聚有利于强化特色小镇从而促进经济增长和产业结构的优化升级。特色小镇的产业发展特点是产业集聚力,衡量产业集聚则主要取决于集聚效益。

(2) 产业创新。产业创新是对旧产业结构的创造性破坏。在许多情况下,这不是企业的创新行为或结果,而是企业集团的创新集合。产业创新是特色城镇建设和发展的核心竞争力,也是可持续发展的动力来源。

(3) 产业效益。产业效益指的是小镇特色产业发展过程中产业对经济和社会进步发展的贡献,主要以产业效益促进经济发展程度来衡量其经济贡献,以创造就业机会来衡量其社会贡献,并在此基础上实现经济和社会的可持续发展。

5. 政府支持及创业能力

在社会主义市场经济的背景下,特色小镇的建设应当充分发挥市场的主导作用和政府的调节作用。然而,政府支持仍然发挥着重要作用,在政策、服务、规划、管理四个方面,政府对于特色小镇的可持续发展的支持力度是十分强大的。政府对城建的的规划和发展方向也直接决定了特色小镇的发展方向。同时,政府对特色小镇发展的税收、财政、土地等优惠政策,也在一定程度上影响了特色小镇的发展速度和质量。特色小镇的健康发展需要产业集聚和创新,创业能力也是特色小镇的核心竞争力的关键因素之一。创业企业的增长率还是许多研究人员评估特色小镇创业的重要因素,但在现实生活中,这一指标相对还不够完善。因此,企业的存活率也应该得到综合评估。企业的存活率在很大程度上反映了特色小镇的创业能力水平。

三、特色小镇核心竞争力评估的 GSC 模型环

在 GSC 模型的指导下,以特色小镇的发展实际作为基准点,通过运用 GSC 模型环,对特色小镇评价指标体系进行分析,可以看出,基础因素指的是特色小镇的核心竞争力中的环境和基础设施;特色小镇发展的外部保障要素和支撑因素指的就是资本资源和政府支持;而特色小镇发展的核心竞争因素则是特色产业的发展能力,同时特色产业的发展还需要资源、资本、基础设施和政府的支持。

综上所述,我们构建了 GSC 环,这是一个集内部基础强度(G)、外部支持强度(S)和核心竞争力(C)于一体的特色小城镇核心竞争力评价模型。

四、特色小镇核心竞争力的 GSC 模型权重分析

GSC 模型权重分析原则主要有以下几个方面:数据来源的可获得性、可靠性、综合性分析,可行性分析以及定量和定性相结合来分析等。利用德尔菲法来筛选多位专家对特色小镇的评价,而后对评价进行筛选,最终形成的指标体系包括基础设施、环境资源、资本资源、产业发展、政府支持 5 个核心指标。在此基础上,又细分了 18 个二级指标和 32 个三级指标。将主观赋权法和层次分析法相结合,运用数理统计软件来对评价指标的各个权重系数做出计算,详情如图 10.2 所示。

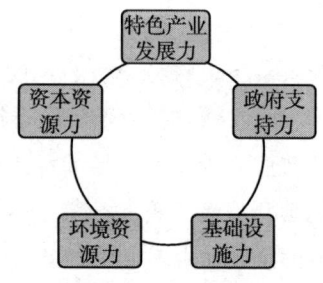

图 10.2 特色小镇核心竞争力 GSC 模型环

第一步,根据设立的指标体系,运用 YAAHP 软件 10.3 版构建层次模型,采用标度类型为 1~9 对比较阵进行数据录入,并且将问卷导出。

第二步,确定研究特色小镇评价体系的理论专业学者、旅游规划专家、投资顾问,对特色小镇评估的各个环节,相关工作人员进行一对一问卷调研。

第三步,问卷导入之后,在各领域专家学者集思广益得出结论之后,将其各自的结论与结果按照向量方法进行赋权,最后可以得到如表 10.1 所示的评价指标的相关权重系数。

表 10.1　　　　　　　特色小镇核心竞争力指标体系权重

一级指标(权重)	二级指标(权重)	三级指标	权重
环境资源力 B_1 (0.1521)	生态环境 C_1 (0.0775)	生态植被绿化率 D_1	0.0341
		生态水环境质量 D_2	0.0175
		空气良好率 D_3	0.0259
	文化资源 C_2 (0.3560)	文化资源价值 D_4	0.0130
		文化资源的效用 D_5	0.0226
	旅游资源 C_3 (0.0390)	旅游资源丰度(吸引力)D_6	0.0254
		旅游资源知名度 D_7	0.0136
资本资源力 B_2 (0.1490)	技术资本 C_4 (0.0473)	高级人才比例(元)D_8	0.0312
		科研院校 D_9	0.0161
	人力资本 C_5 (0.0430)	员工平均薪酬(元)D_{10}	0.0430
	金融资本 C_6 (0.0586)	固定资产投资额 D_{11}	0.0255
		特色产业投资总额 D_{12}	0.0210
		民间资本活跃程度 D_{13}	0.0121
基础设施力 B_3 (0.1210)	交通道路 C_7 (0.0306)	公共交通便利性 D_{14}	0.0306
	信息网络 C_8 (0.0467)	Wi-Fi 覆盖率 D_{15}	0.0467
	休闲环境 C_9 (0.0289)	居民休闲环境 D_{16}	0.0289
	游戏设施 C_{10} (0.0149)	旅游休闲服务设施完善程度 D_{17}	0.0149

续表

一级指标（权重）	二级指标（权重）	三级指标	权重
特色产业发展力 B_4 (0.4801)	产业集聚 C_{11} (0.0434)	产业集中度 D_{18}	0.0314
		相关企业规模 D_{19}	0.0120
	产业带动 C_{12} (0.0443)	产业带动度 D_{20}	0.0443
	产业效益 C_{13} (0.0958)	产业贡献率 D_{21}	0.0623
		就业吸纳率 D_{22}	0.0335
	产业市场 C_{14} (0.1036)	市场知名度 D_{23}	0.0217
		市场占有率 D_{24}	0.0539
		市场需求 D_{25}	0.0280
	产业创新 C_{15} (0.1930)	专利及创新产品 D_{26}	0.0752
		专利（创新产品）应用率 D_{27}	0.1178
政府支持力 B_5 (0.0979)	政府政策 C_{16} (0.0601)	产业发展规划 D_{28}	0.0239
		政府优惠政策 D_{29}	0.0362
	政府服务 C_{17} (0.0228)	政府服务水平 D_{30}	0.0228
	创业能力 C_{18} (0.0149)	创业企业增长率 D_{31}	0.0057
		企业孵化成活率 D_{32}	0.0092

第四节 特色小镇分类考核评价研究

一、问题的提出

自2016年2月国务院印发《关于深入推进新型城镇化建设的若干意见》中强调要"加快培育中小城市和特色小镇"以来，全国的特色小镇建设在如火如荼地进行，不断为新型城镇化提供新样板，文化小镇、旅游小镇、科技小镇、工业小镇、商业小镇、金融小镇等形态纷纷呈现。全国掀起了建设特色小镇的热潮、多点布局、别具特色、产城融合的特色小镇建设已呈现燎原之势。

需要说明的是，浙江版特色小镇是"非镇非区"概念的小镇，与建制镇类型的特色小镇有本质区别。"非镇非区"概念小镇并不是行政区划单元上的一个镇，也不是产业园区的一个区，而是按照创新、绿色、开放、共享发展理念，融合产业、文化、旅游、社区功能的创新创业发展平台。而建制镇概念特色小镇则是指经省、自治区、直辖市人民政府批准设立具有行政级别的镇，为了区分两类小镇，目前官方及媒体普遍称后者为特色小城镇。本书所述特色小镇是"非镇非区"概念的小镇。

为了加强特色小镇建设的监督检查、指导引导工作，确保小镇建设不偏离方向，提升小镇产业、人居、文旅集聚功能，朝着规划建设目标健康发展，有必要对小镇建设实施全方位考察、考核和综合评价，并以此评判各小镇建设成效的优劣，鼓励先进，鞭策后进，在建设过程中及时纠偏纠错，避免造成更大资源浪费。而特色小镇的类别多样性、地区差异性和建设进度的不一致性，使其考核评价标准不能千篇一律，不能"一刀切"，不能只用一把尺子。本书旨在对特色小镇分类考核评价作些有益的探索，抛砖引玉。

二、综合评价的简单分类

（一）按评价目标可分为立项评价、考核（验收）评价和综合评价

（1）立项评价的目标是对特色小镇规划的可行性、合理性等进行评估，界定是否符合创建标准。

（2）考核（验收）评价是对特色小镇建设做阶段性的考核，判断其建设是否按预期进行，评价当前已取得的成果，以此为下阶段的发展战略提供参考。

（3）综合评价是在特色小镇建设一个固定周期后，对其建设结果进行综合评价，可通过对全国特色小镇进行排名，并按小镇类型进行分类，依据不同的评价标准进行分析，评价特色小镇建设成效。

（二）按评价所处时间阶段可分为事先评价、中期评价和事后（总结）评价

（1）事先评价。对特色小镇项目方案、规划、标书、申报书等材料的科学性、可行性、完整性、前瞻性等方面作出全面评价与比较，评价结论可以作为立项或筛选的依据。

（2）事中评价。是指在特色小镇建设进程中，对其进度、质量等各个方

面的情况是否符合计划、规范、标准、目标要求作出检查评价，确保其进展正常、合规、顺利。

（3）事后评价。即在特色小镇阶段性建设结束以后，组织人员对工作绩效、项目成果、总体完成情况等按既定的评价方法进行全面考核和综合评价，计算出合格率、达标率、优秀率等，并可对特色小镇建设成就按考核结果进行排名。

（三）按评价对象产业属性不同可分为多种特色产业评价

不同产业的评价差异性主要表现在评价指标上有所不同，指标的权重及分值有所区别。根据特色小镇创建工作的规则和制度设计，特色小镇创建要经历严格的申报、评审、通过或退出等环节。更重要的是，走差异化、个性化发展路径的特色小镇，需要一整套共性指标和特性指标相结合的综合评价来分析影响特色小镇产业发展的关键性因素，并在对特色小镇产业不同发展阶段的不同特征研究中，探索特色小镇发展的新的规律。

三、特色小镇分类评价的必要性

（一）特色小镇特色的多样性

特色小镇具有其独有的地域特色、产业特色、文化特色、经营特色、民族特色，不同的地域或民族会有各自的特色文化，且先天资源不尽相同，不同的小镇甚至有不同的特色建筑。

（二）特色小镇立项标准的特殊性

不同类别的特色小镇，有不同的立项标准和要求。例如，在规划设计时，文化旅游类小镇对景区等级要求更高，对投资的要求可能低于其他类别小镇。

（三）特色小镇建设目标的差异性

由于特色小镇"特色"不尽相同，其建设目标自然也有差异，例如，文化旅游类小镇的建设更注重生态环境和人文气息，目的在于吸引游客，而产业类小镇主要在于企业入驻和产值增加。因此,对特色小镇的考核评价必须因地制宜、差别化对待,使评价结果更加契合实际情况,更加客观公正。我们提出以产业特色为主,结合地区差异的分类设想。

按产业性质,即根据小镇产业各主体从事的主营业务类别、对社会的贡献等划分为制造产业类、新兴科技类、文化旅游类、商贸时尚类、金融基金类、农业田园类、运动休闲类等。不同产业类型的小镇适用不同类型的评价指标体系。浙江省特色小镇考评体系采用了公共指标与特色指标相结合的做法,设计出了七套指标体系,分类考核、分类评价。因为不同类别特色小镇的发展存在明显差异,不具可比性。例如,浙江玉皇山南基金小镇和云南普洱茶小镇,根据其实际情况分别划归金融类小镇和农业田园类小镇,如果与制造业和科技类小镇用同一套指标考核评价,在建设面积、入驻企业数、游客人数等方面就很难考量与对比。

四、考核评价原则

综合评价体系首先需要确立以下理念:一是短期见效,即资金和政策有了,短期内从城镇形态、产业发展方面必须见到成效;二是长期有用,即符合供给侧结构性改革、新型城镇化、发展新理念;三是分类考核,基于每个小镇产业支撑不同、文化传统不同,定位也就必然有差异,所以发展路径和考评也必须有所区别;四是对接融入,特色小镇毕竟是一个相对有限的发展空间,其区域带动力、人口承载力有限,所以我们的评价体系倡导特色小镇应该与其他小镇对接,应该融入中心城市的发展战略,在对接融入中发挥特色小镇的最大效用。

开展考核评价,是特色小镇建设规范、指导工作的有机组成部分,必须做到公正公开、科学合理、统筹兼顾,导向明确,应遵循以下六项基本原则:

(1)内容全面。考核评价的具体内容须涵盖特色小镇建设的各个方面,且评价指标体系设置应包含所有能反映评价对象现状的测度内容。

(2)口径统一。构建统一标准的考核评价体系,指标统计口径保持稳定和一致,保证指标及指标体系的横向纵向可比性。

(3)重点突出。考核评价须突出特色产业特色性、特色小镇宜居性和运营体制创新性等重点内容,有针对性地设定相应指标及权重,从而有效发挥考核评价的作用。

（4）指标定量。考核评价以定量为主，采用可量化指标，最终形成量化考核评价结果，提高考核评价的准确性和可操作性。

（5）适度差异。在考核评价及设定指标的过程中，须充分考虑特色小镇类型及各地区生态环境、经济、文化、民生等方面的复杂多样性，在使用指标及分析考核结果时允许有适度差异，科学合理反映、评价各地区小镇建设的实际情况。

（6）注重动态。考核评价主要采用增量指标来表现特色小镇建设动态发展情况，注重建设进度和建设成效。横向比较时也要关注各指标的动态变化情况。

五、分类评价方法

（一）达标评价法

事先确定考核验收标准，可以是定性的标准，也可以是定量的标准，采用赋分或其他方式，对照标准或规划指标进行评价，判评考核对象是否达到既定标准或测量出达标程度。

（二）指数化综合评价法

建立分类评价指标体系，采用功效系数法将指标值通过指数变换，加权计算出综合指数，对综合指数进行类内排名比较，评价其绩效的优劣，进而可以进行类与类之间的无量纲对比，得出特色小镇综合排名。

特色小镇指数化综合评价法包含静态达标和动态发展两个方面，用以全面反映和评价特色小镇的建设情况。特色小镇由于产业定位、建设空间、投入资金、建设内涵、功能定位、运行方式、建设进度、综合效益等均具有一定差异，因此需要建立"共性指标+特色指标"的综合评价体系。对于当前全国各个特色小镇的建设基本情况的评价，可采用静态排名方式。动态发展指数则可以简明扼要地反映特色小镇的计划执行进度与发展趋势，能够长期积累数据、持续动态跟踪观察小镇发展。通过全国特色小镇动态发展排名，开展特色小镇建设情况的纵向比较和评价分析，可以为主管部门和地方政府加强特色小镇建设的监测、指导工作提供科学依据，提高对特色小镇发展趋势的预见性和决策科学性，促进全国特色小镇建设的健康发展。

六、分类评价注意事项

（一）小镇分类要精准

在对特色小镇进行分类时，要抓住小镇的主导产业。例如，海南英州互联网种业小镇，利用互联网推动现代农业的发展，应该归属于农业类，而不是科技类小镇，只有在精确分类的基础上，才能使评价结果更具科学性。

（二）评价指标体系要科学

各类小镇的评价指标体系既要满足小镇考核评价的统一要求和评价目的，又要适合所属类别小镇的具体情况。一是要多用相对指标，便于横向比较和最后的并类评价；二是要合理分配指标权重，统一指标在不同类别小镇评价指标体系中可能会赋予不同的权重。

（三）评价方法要先进

对特色小镇的分类评价宜采用指数化综合评价法，一方面要参照、借鉴国际先进评价方法；另一方面要根据特色小镇考核评价需要及各类小镇的实际差别对技术方法作合理调整或改进。

第五节 特色小镇指数化综合评价方法研究

一、特色小镇综合评价的基本概念

本节旨在探索运用综合评价方法对全国在建特色小镇进行科学、客观评价的理论依据及实践路径。综合评价理论与方法是统计学的一个分支。它是基于事物的复杂性而采取的多维度多指标综合测度评价方法，有多种评价方式。最为普遍的有两种方式：第一种是通过构建一套由若干方面指标构成的多维度全面测量研究对象的指标体系，建立考核验收标准，可以是定性的标准，也可以是定量的标准，采用赋分或其他方式，对照标准或规划指标进行评价，判评考核对象是否达到既定标准或测量出达标程度；第二种是通过构建指标体系，采取加权平均的方法，根据各指标数据的标准值、评价汇总方法和权数，对各个对象的各个层次的内容进行汇总，合成为一个标准化指标，比较该指标的数值大小，进而判断各个对象的优劣程度。此方法对于类别多样、地区差异性强和建设进度差异较大的全国特色小镇非常适用，可通过对全国特色小镇进行综合评价，并以此评判各特色小镇建设成效，鼓励先进，鞭策后进，帮助政府管理部门总结成功经验，解决建设中存在的如占地过多、债务化风险大、以建镇名义开发房地产等偏向行为问题，保证特色小镇健康持续发展。

二、特色小镇的综合评价类型

（一）按评价主体不同可分为自我评价、主管部门评价和专家评价

（1）自我评价：设计国家特色小镇自评标准，例如，是否较好完成特色小镇建设要求、是否及时生成特色小镇统计报表、是否能结合宏观经济形势和特色小镇产业发展情况，预判特色小镇发展的趋势，剖析发展中存在的问题等内容。由该特色小镇管委会或负责人自我评分。

（2）主管部门评价：可由国家发展改革委、国土资源部、环境保护部、住房城乡建设部四部联合，依据报送上的特色小镇建设有关数据和对特定特色小镇的实地考察调研，对全国特色小镇进行评价。

（3）专家评价：由目前国内特色小镇研究方面的专家教授等各界权威人士，从专家视角对全国特色小镇进行评价打分。

（二）按评价主体手段可分为主观打分评价、客观得分评价和主客观相结合评价

（1）主观打分评价：指主要由考核者的主观判断对被考核者进行的评价，由于（评价主体）考核者的不同会产生较大差异。

（2）客观得分评价：以直接量化的客观指标为依据，按照一定的客观标准对特色小镇进行的评价打分，不受（评价主体）考核者主观因素的影响。

（3）主客观相结合评价：由于主观打分评价、客观得分评价都存在局限性，因此，在实际综合评价中，往往采取主客观相结合的方式进行评价，以保证评价结果更为准确科学。

（三）按评价量化方法可分为得分评价、指数化评价和合格（达标）评价

（1）得分评价：采集构建多维度全面测量特色小镇的指标体系数据，对照满分表对每一个特色小镇进行评价，采用打分的方式计算所有指标得分总和。

（2）指数化评价：建立分类指标体系，采用功效系数法或其他方法将指标值通过指数变换，加权平均计算出总指数，进而进行类与类之间的无量纲对比，对总指数进行类内排名比较。

（3）合格（达标）评价：事先确定考核验收标准，可以是定性的标准，也可以是定量的标准，采用赋分或其他方式，对照标准或规划指标进行评价，判评特色小镇是否达到既定标准，并测量达标程度。

中国特色小镇建设不是一蹴而就的，而是一个阶段性的、不断发展的过程。立项评价、考核评价、综合评价覆盖了特色小镇建立初期到结束的整个过程，立项评价，能首先挑选出优质特色小镇，加以培育和建设；考核评价，能全面掌握和及时反映特色小镇建设过程中取得的阶段性成绩，通过对特色小镇建设过程深入调研、跟踪观察，帮助主管部门和地方政府提高宏观决策的科学性和对特色小镇发展趋势的预见性；综合评价的考评结果能展现全国特色小镇建设发展全貌，综合反映并系统分析各地特色小镇建设水平与存在的差距。三者评价的侧重点不同，互相区别又关系密切，形成了互补互助的关系，给各地特色小镇建设方向提供了参考。

三、特色小镇指数化综合评价方法

特色小镇的综合评价方法有很多。其中，将综合评价方法与统计学中的指数理论与方法相结合，就诞生了指数化综合评价方法。指数化综合评价方法可

持续、动态、可视化地反映评价对象,是一种目前国际上更为流行且得到广泛认可的方法。以下简单介绍一下指数化综合评价的几种计算模型(主要是当量平均综合评价法的一些细分方法:综合指数法、直线型功效系数法、标准化系数方法)。

(一) 综合指数法

1. 评价原理

综合指数法,又称平均数指数法,简称指数法。基于编制好的综合评价指标体系,在事先确定特色小镇的考核验收标准或者规划的基础上,将小镇各项细分指标进行单独评价,最终形成总的指数评价得分,可通过指标指数、分类指数、总指数用于直接反馈小镇详细的建设进程。指数值越高,小镇建设质量越好,指标数量不受限制。

2. 计算过程

需要事先确定两个方面的内容:特色小镇综合评价指标体系、细分评价指标的标准值。根据考核指标实际值与标准值的数据处理,计算单项指标指数值,采取适当的构权方法确定指标权重,合成评价模型,并计算得到特色小镇总评价指数。

第一步,根据特色小镇的规划与评价标准,构造评价指标体系。设有 p 项指标,记为 $x_1, x_2, x_3, \cdots, x_p$。

第二步,确定各个细分单项评价指标的标准值 x_{0i},i 代表指标号(i = 1,2,3,…,p)。每项指标的标准值 x_{0i} 设计可以从特色小镇的指标平均水平、历史最高水平、计划水平、理想水平多方面考虑,或者根据实际需要设立多个标准参照值。

第三步,采用基础构权法或扩展构权法构造各项指标的重要性权重 w_i,即各项指标的权重是根据其重要程度决定的。通常情况下,选用层次分析法(AHP)较多。

第四步,计算单项指标的指数值 k_i。$k_i > 1$ 表明指标所反映的评价值高于标准水平;反之,$k_i < 1$ 表明其评价值低于标准水平;若 $k_i = 1$ 则表明指标的评价值刚好等于标准水平。k_i 越大,说明该项指标评价水平越高。

k_i 计算公式:

正指标:

$$k_i = \frac{x_i}{x_{oi}} \tag{10.1}$$

逆指标：

$$k_i = \frac{x_{oi}}{x_i} \tag{10.2}$$

其中，x_i 第 i 个指标的实际值。重点区分各指标本身的好坏与适度属性，划分为正指标①、逆指标②与适度指标③。适度指标需要采用单向化方法进行变换。

第五步，将单项评价指数进行加权合成，求得小镇总评价指数。最常用也是最基础的计算方法为幂平均合成模型，具体包括几何平均、算数平均、平方平均三种综合指数合成公式，适用情况不同，具体根据实际需要进行选用。

几何平均综合指数：

$$\bar{k} = \sum w_i \sqrt{\prod_{i=1}^{n} k_i^{w_i}} \tag{10.3}$$

算数平均综合指数：

$$\bar{k} = \frac{\sum w_i x_i}{\sum w_i} \tag{10.4}$$

平方平均综合指数：

$$\bar{k} = \sqrt{\frac{\sum w_i x_i^2}{\sum w_i}} \tag{10.5}$$

3. 评价分析

（1）单项指标评价。综合指数法区别于其他综合评价法，特点优势在于可以充分反映特色小镇细分指标以及基础设施建设、产业创新、招商引资等分类指标的建设水平以及小镇规划、建设理想、历史发展最高水平、指标平均水

---

① 正指标，评估指标之一，指标数值大小与绩效水平呈正向关系，如高新技术性人才引进数与专利增加数。
② 逆指标，评估指标之一，指标数值大小与绩效水平呈反向关系，如单位增加值综合能耗。
③ 适度指标，评估指标之一，指标数值在一定范围内最佳，数值过大、过小均影响绩效水平下降，如公司资产负债率。

平多方面标准中的建设程度，对各期指标指数值进行动态对比，多个维度对特色小镇展开全方位的分析功能设计。

（2）指数结果评价。指数化综合评价的最终表现形式是百分制数据，指数结果大于1，表明一段时期内特色小镇的发展水平正逐步向小镇的规划标准/建设理想化水平靠拢、小镇的建设成效较往期平均水平有明显上升趋势；反之，指数结果小于1，则该段时期内小镇建设程度、建设水平有所回落。总指数值对量化测评特色小镇具有重要参考与指导价值。

（3）评价结果排序或分类。根据总评价指数结果对重要评价对象（细分指标）状态的高低优劣进行排序或分类，必要时可进一步统计分析与数据挖掘。以总指数评价结果为依据，充分运用横纵向、动静态相结合的统计分析原则，可以对总指数结果、分类指数结果、各细分指标等建设多维评价对象，重点对评价结果以排序/分类等形式进行公示。在不适合直接公布评价结果的特殊情况下，是最合适的表现形式之一。

（二）直线型功效系数法

1. 评价原理

不同于其他综合评价方法，功效系数法具有其明显的评价优势与评价实用性。直线型功效系数法是借用多目标规划中功效系数法的思想得出的一种综合评价技术。在最终指数评价中不需要与其他指数指标对比，评价值本身具有实际意义，实用性极大。该功效系数法，也被称为"改进后功效系数法"，充分融合了综合指数法等多种评价方法的优势特点，可以称作所有综合评价方法中最全面、最严谨的评价方法之一。

2. 计算过程

功效系数法需要事先为每项评价指标明确一个最大值与最小值。其基本思路简单来说，首先为单项指标确定一个具有参考、比较意义的取值范围，保证指标与其最大、最小值相同度量单位，明确该指标实际值在范围内的"位置"，并在既定的得分范围内，给予指标相应的评价得分，同时根据相应的权重情况，合成最终指数评价分值。

第一步，基于综合评价指标体系中的每一指标确定一个不容许值 $x_i^{(s)}$ 和满意值 $x_i^{(h)}$，即统计学专业术语中的统计范围下限与上限。$x_i^{(s)}$ 和 $x_i^{(h)}$ 通常是通过征求专家意见确定。在评价指标实际意义中,其表示一段时期内各项细分指标评价标准范围。

(1) 全国特色小镇类比。

$x_i^{(s)}$ 和 $x_i^{(h)}$ 分别表示同一评价对象下,全国特色小镇/同类产业特色小镇的最大值与最小值;

(2) 特色小镇横向类比。

$x_i^{(s)}$ 和 $x_i^{(h)}$ 分别表示特色小镇建设的最理想值/规划标准、特色小镇建设以来指标最低水平。

第二步,区分评价体系中各指标属性,将所有正指标、逆指标、适度指标进行正向化处理,避免在计算功效系数以及功效分数的过程中影响计算结果。

第三步,计算各评价指标的功效系数 d_i。需要注意的是,在单个指标评价中,为避免单个指标过好/过差对整体评价模型的偏向性影响,对于 $d_i<0$ 或者 $d_i>1$ 皆取整,即保证 d_i 的取值不超过 [0,1]。计算公式如下:

$$d_i = \frac{x_i - x_i^{(s)}}{x_i^{(h)} - x_i^{(s)}} \tag{10.6}$$

其中,d_i 的取值范围在 [0,1] 内。当 $x_i = x_i^{(s)}$ 时,$d_i = 0$;当 $x_i = x_i^{(h)}$ 时,$d_i = 1$。

指标经过单向化处理,对以下情况都适用。当 $x_i < x_i^{(s)}$ 时,$d_i < 0$;当 $x_i > x_i^{(h)}$ 时,$d_i > 1$;当 $x_i^{(s)} < x_i < x_i^{(h)}$ 时,$0 < d_i < 1$。

第四步,计算功效分数 Fd_i。为提高指数评价模型的可读性、易用性,将评价结果以"百分制"的表现形式方便理解与分析评论。计算公式如下。

$$F = d_i \times 40 + 60 \tag{10.7}$$

其中,F 的取值范围在 [60,100] 内,即 100 分满分线,60 为达标线。

第五步,对各单项指标的功效系数 d_i 或者功效分数 Fd_i 进行加权平均,求得综合功效系数或综合功效分数,应多采用加权算数平均法求总评价值。

3. 评价分析

该功效系数法充分考虑了功效评价结果的科学性、直观易理解性等评价分析原则,编制指数过程中融合了指标之间的类比、对标元素,并最终以百分制的形式进行展现,可以大大提高使用者对指数报告理解与掌握的便利性。单项指标类比便捷。功效系数法在建立评价对象、类比对象上没有局限,在与全国/地区特色小镇类比中,融合全国特色小镇的单项指标最优、最劣情况,指数评价值不仅能在排名上,更在评价得分情况上明确了指标在全国特色小镇中的具体位置,不再限于全国整体的排名或者特色小镇整体的建设情况,能做到比较更权威、研究更细致、分析更到位;在特色小镇横向、静态评价中,融合小镇规划、标准、理想水平与小镇历史最低发展水平,指数评价值更清晰地明确小镇一段时期内在各项细分指标、分类指标中的建设成效,并设置及格线、优良线、满分线等,进一步详细完善特色小镇考核机制体制,明晰小镇在发展过程中的成长水平以及成长轨迹。

(三) 标准化系数方法

1. 评价原理

标准化系数方法,主要针对排序评价设立的一种综合评价技术。值得指出的是,标准化处理,即中心化处理,是指数据同时进行平移,而这样的处理既不改变样本点间的相互位置,也不改变变量间的相关性,即评价指标之间的关系结构没有发生变化。但变换后,却常常有许多技术上的便利。

另外,如果"标准化法"中的权数采用主成分分析法确定,且标准化系数之间不区分正逆指标,则评价结果为"主成分评价法",将自动剔除评价指标中对评价结果不具影响,或者影响极小的评价指标内容,对整个指数评价模型起到优化、精化作用。

2. 计算过程

第一步,计算每个指标的算数平均值与标准差,为标准化处理做前期准备工作。设有 n 个参评单位,k 为评价指标个数,x_{ij} 为 i 单位第 j 项指标实际值。

第 j 个指标的算数平均值为:

$$\bar{x}_j = \frac{1}{n}\sum_{i=1}^{N} x_{ij} \tag{10.8}$$

第 j 个指标的标准差为:

$$s_j = \sqrt{\frac{1}{n}\sum_{i=1}^{N}(x_{ij} - \bar{x}_j)^2} \tag{10.9}$$

第二步，对特色小镇各项指标原始数据做标准化处理，即可得"标准化值" Z_{ij}。Z_{ij} 越大，说明单项评价价值越高。

对于正指标：

$$Z_{ij} = \frac{x_{ij} - \overline{x_j}}{s_j} \quad (10.10)$$

对于逆指标：

$$Z_{ij} = \frac{\overline{x_j} - x_{ij}}{s_j} \quad (10.11)$$

第三步，对 Z_{ij} 进行线性变换，求得"标准化分数指" FZ_{ij}，即最终指数评价模型。

$$FZ_{ij} = Z_{ij} \times a + b \quad (10.12)$$

第四步，计算综合评价值。与其他综合评价方法相同，常采用加权算数平均值法。

3. 评价分析

标准化系数方法，主要涉及的评价方法为单纯性排序评价、价值排序评价。在指数综合评价模型已经优化的前提下，单纯性排序评价，分析特色小镇的简单排名情况，建立多项排名维度，如全国特色小镇排名、产业优势、产业贡献、基础设施建设、城市化建设等，从动态上，排序评价反映特色小镇排名的变动方向与变动情况；价值排序评价，建立评价量化的"定距尺度"，类似于评价考核中"百分制""十分制""系数制"，根据特色小镇指数评价值，基于多期特色小镇自身的横向对比情况，或者建立与全国其他相似特色小镇的对标模型，在模型结果中划分及格线、良好线、优秀线等，这种评价方法能在小镇排名的基础上，进一步明确特色小镇横向、纵向对比的差异性分析，在落实小镇规划建设、小镇统筹决策上也更具有针对性与导向性。

针对不同研究领域、不同评价目标、不同评价类型的统计综合评价，需要确立综合评价内容体系，而选取合适的综合评价方法是完成综合评价的重要组成部分。综合评价方法的确定，需要与特色小镇实际情况相结合，并综合考虑各项评价方法的建设前提、适用条件、评价优势等。

第六节

特色小镇的评价及政策建议

一、评价

特色小镇的评价指标体系结构呈现钻石多边形，其由三个维度组成，这三个维度分别是特色小镇的发展现状、发展业绩以及特色水平。特色小镇的评价方法采用多边形图示法，以此实现对各个特色小镇的分项指标与综合指标的详细对比与评价。

特色小镇的发展现状指标包含目前特色小镇的各项规划进展、融资渠道以及投资方向等因素，这一指标度量的是小镇发展的总体规划情况。在这里，特别需要注意的是发展现状这一指标将会伴随着小镇发展阶段的变化而产生变化，主要表现在两个方面：一方面在发展前期，会更倾向于规划未来、建设未来等评估；另一方面在发展后期，会更倾向于评估小镇当前阶段的投资规模以及生产效率等。除此之外，由于特色小镇属于某一城市或者某一地区的转型升级发展的重要特殊平台，在其发展的后期阶段则需要在地域范围内将自身的发展与现存的城区融合起来，形成互利共赢的局面。后期其在特定地域范围内也应与现存的城（镇）区实现融合发展，因此，在特色小镇的发展后期，关于区域关联度和融合度等方面的总体指标部分还会增加。

特色小镇的发展绩效指标包含形态、制度、功能、产业四个子维度。主要是指着这四个方面的发展效率与成果，由于特色小镇的发展导向和其特色内涵与这四个子维度息息相关，因而，这一个指标尤其能够凸显出小镇的高端产业发展绩效（主要是服务业的发展绩效）；不仅如此，这一指标，还能够反映出小镇的景区功能的特征。

特色小镇的特色水平指标则是对小镇内的各类产业之间的不同发展特质的评估。产业类别不同，则其发展路径就会相去甚远。因而，这一指标的选取则应当着眼于小镇内特色产业的性质，进而对不同的产业类别区别开来。即便是属于不同类型的产业模式，在对其进行评估时，也要随时根据产业发展特色进行横纵对比。

二、政策建议

特色小镇的在发展模式方面走在新潮之列，然而与国外相比，其发展年头比较短，还处于萌芽阶段，因而还是应该抓紧对其发展建设的途径进行研究与探索。还应该结合现实，把小镇发展建设的优缺点纳入考虑范围内。而且，政府在小镇的建设发展过程中也应该扮演着重要的角色和地位，既要强调政府的引导作用，也要凸显市场在资源配置过程中的基础性地位。

（一）完善指标的评估体系，实现科学评价

当前，特色小镇的相关评价体系在一定程度上是合理的，但其评价标准仍然是保守和单一的。因此，应差别看待不同种类型的特色城镇，采用不同种类的评价标准——建立详尽、综合的评价指标，从而使评价的过程和结果更为科学、客观。另外，我们不应该对特色小镇的项目包装过度，要对各类项目的评估过程和结果保证实事求是，充分体现公平、客观、严谨的原则，从而合理地推进特色城镇建设，促进地方经济发展。

（二）因地制宜，突出发展重点

特色小镇的发展一方面要以自身优势特色为立足点；另一方面要拒绝模式照搬，要体现"特色"。我国地域广阔，对于不同地域的特色小镇发展评估需要因地制宜：东部沿海地区在经济水平、人口规模、公共服务、生活环境等方面都有优势。因此，特色小城镇发展的重点是控制规划特色小镇的规模，增加存量，避免大范围地进行拆迁和重建。然而，中部地区的特色小镇发展的重点应该是以市场为导向，进而仔细选择产业的方向，找到特色小镇发展的根本驱动力。就西部地区而言，有必要充分考虑自身的资源现状——如果农业资源比较充足，则其比较适合发展成为一个具有农业特色的小城镇；如果旅游资源充足，那么就适合发展成为一个具有旅游业特色的小城镇。

（三）培育特色产业，实现产业集聚

"产业是特色小镇发展的支撑，对于特色小镇的发展具有至关重要的作用。"特色小镇的特色产业的发展需要分"三步走"。

首先，基于市场需求，以创新为驱动力，我们应该关注行业的独特性和相关性以及行业规模形成的困难。与此同时，我们应该集中精力改革传统产业，培育战略性新兴产业。随着"互联网＋"等新兴企业的发展，特色小镇在研发、生产、销售等多个环节要与这些新兴企业实现产业链延长的目的。

其次，需要做好产业的发展规划。这其中囊括了特色小镇的特色产业未来的建设规划、投资融资规划以及其顶层发展设计规划等，为特色小镇的特色产业发展做好充足的前期准备工作。

最后，是产业的增长。一方面，我们应该高度重视专业人才与高级人才的引进，同时注重相关产业的可持续发展，增强产业活力，形成品牌优势，并根据需求实现特色产业在内容和空间上的集聚与发展；另一方面，政府应该在土地批划、财政减负和税收减免优惠方面提供政策支持，从实际行动上鼓励特色产业的健康发展，进一步研究明确特色小镇的核心功能，打造小镇经济发展的主导产业，充分发挥自身优势，提高其核心竞争力。

（四）优化融资方式，开辟融资渠道新方式

目前，我国特色小城镇融资建设的典型特点是前期建设资金投入大、投资回报的周期长，在这种情况下，很难吸引到足量的市场资金，也就难以充分实现市场化运作。因此，有必要优化特色城镇的融资模式，促进其融资渠道的多元化。例如，可以引入社会资本和金融机构的资金，并促进公私合作伙伴关系的运营模式。具体措施有以下几个方面：第一，地方政府可以通过发行债券为特色城镇的各种建设项目引入私人资本；第二，政府可以积极地动员大型企业向具有明确收入的特色小镇的项目注入闲置资金，从而加快特色小镇的建设；第三，地方政府也可以制定相应的激励政策，消除社会资本投向特色小镇的隐形壁垒，动员资金实力雄厚的大型企业及外资企业等参与特色小镇的建设和运营；第四，构建创新性的融资方式与融资主体，并且聘请职业化融资团队参与指导特色小镇建设的融资规划。融资方式的创新化和多样化将吸引更多的社会资本参与特色小镇建设，为其成功创设和可持续发展提供强有力的资本支持，而特色小镇的成功运营，必然创造出更多的就业机会，进而可以有效地促进农村剩余劳动力转移与惠民政策的落实。

（五）转变的政府职能，强调企业的主体地位

目前，中国特色小镇的发展主要呈现出三种模式，分别是企业主导模式、政府主导模式和政府与企业结合模式。在处于在建期和处于规划期的特色小镇发展进程中，要着重强调并充分发挥市场的主导作用，真正做到以市场为主体，充分激发特色小镇的内生动力，实现其健康、快速和可持续发展；以政府为辅助。因此，在特色小镇的建设与发展过程中，政府应该积极主动地调整自身定位，并全面实现向有限职能的转变——即政府不在特色小镇的建设发展过程中起决定性作用，而是强调其导向作用，将自身职能定位于提供小镇基础设施建设和优化公共服务方面。我们要真正做到以企业为主体，减少政府部门在市场运作过程中的行政干预，由此充分发挥出市场在资源配置中的决定性作用，形成遵循市场发展客观规律的政策和服务体系，最终在市场内源性动力与政府部门职能两者合力下推进特色小镇的发展。

第十一章

河北省特色小镇培育政策建议

第一节

坚持品质为先,加快高起点规划、高标准建设

特色小镇培育建设对于河北省实现产业转型升级,实现城乡统筹发展具有重要的作用。通过特色小镇的建设有利于汇聚高端要素、高层次人才,培育高新业态。因此特色小镇不仅仅是"一块牌子""一顶帽子"。在特色小镇培育发展过程中一定要摒弃只重数量不重质量、只重牌子不重品质的理念,要深刻把握特色小镇内涵,深刻领会特色小镇培育发展的本质要求,坚持规划先行、布局合理、品质为先,建设品质小镇。

一、要坚持规划先行

(一)要规划先行,实现高起点规划

特色小镇培育建设需要实现"产城人文"融合,要进行全面系统的规划。它不是单纯地解决某个问题,也不是解决当前发展的一些问题。它是全面解决当前我们新型城镇化发展中的问题。因此要坚持规划先行,实现高起点规划。

在高起点规划时,要从以下几个方面入手。一是要深刻把握特色小镇内涵和本质要求,将产业、文化、生态、人文等方面结合起来,进行全面系统规划。二是要树立现代化城市建设理念,从长远眼光做好规划。三是要突出特色小镇的"小"和"特",聚焦当地某个产业细分、传统文化的特色,真正找到

特色小镇的"特色"。四是要突出特色小镇内部各项目融合关联度，实现特色小镇内部多领域、多功能、多维度的相互融合发展。五是充分借鉴国外、国内其他省市特色小镇发展的先进经验，实现开放包容。六是各地特色小镇规划一定要因地制宜、错位发展，避免雷同发展、重复竞争。因此河北省特色小镇规划不能照抄照搬城市规划或者小城镇规划，一定要突出特色、严控规模，实现系统全面规划，注重可操作性和建设性。

（二）要产城融合，避免几个不良倾向

特色小镇培育建设，要集约利用土地资源，崇尚小而精、小而美，在小空间内集聚众多高端生产要素。然而在各地特色小镇培育发展过程中，存在重建设轻管理，假小镇真地产等问题，因此河北省特色小镇培育发展过程中要实现产城人文融合，避免空城化、房地产化等不良倾向，促进特色小镇健康发展。

在特色小镇培育发展过程中，我们需要做到以下几点。一是坚持规划先行，多规融合，科学界定小镇边界，避免出现贪大求洋、盲目大规模开发、变相房地产开发等问题。二是规划要有操作性和前瞻性，要实现特色小镇产业、文化、旅游和社区等功能的有机融合，要统筹特色小镇生产力布局、国土空间利用、人口分布和生态环境保护的协调发展。三是突出产城人文融合发展，防止出现产城分离的空城、睡城。因此要延伸产业链，丰富产业的内涵和外延，通过文化、教育、展览、体验等形式提升产业发展水平。同时集约利用土地，创新体制机制和运营管理模式，实现专业化发展。

二、要坚持布局合理

（一）要合理布局，突出自身准确定位

特色小镇是一种新的发展空间平台。它不同于产业园区的创业园或孵化器，也不同于类似乡镇或城区的政建制镇。它以特色为核心，以产业为基础，以小镇为条件，有利于解决我国当前城镇化进程中的突出问题。因此特色小镇培育发展要突出自身准确定位，合理布局和规划。一要多学习交流，相互借鉴。河北省特色小镇培育发展要不断学习借鉴浙江等省市区的成功经验，确定河北省特色小镇准确定位。同时河北省各地市特色小镇也要相互交流学习，相

互促进,不断提升河北省特色小镇培育发展水平。二是要以五大发展理念为指引,不断促进河北省特色小镇培育发展。要坚持创新、协调、绿色、开放、共享的发展理念,以京津冀协同发展和雄安新区建设为契机,深刻把握河北省特色小镇的准确定位,合理布局,实现河北省特色小镇与京津、雄安新区的协同发展。

(二) 要协同发展,处理几个相互关系

要处理好特色小镇布局中的几个相互关系,实现协同发展。一是要正确处理特色小镇规划布局与当地总体发展规划布局的关系。要将特色小镇规划纳入当地总体发展规划中去,要有长远眼光、整体规划理念。这样可以使特色小镇的规划布局更具战略高度,更具顶层设计,并可以根据当地实际情况变化,做出科学的调整。二是要正确处理特色小镇与当地产业布局的关系。特色小镇的产业布局一定要与当地产业布局有机结合。要从当地资源条件入手,突出特色小镇自身优势特色,将特色小镇规划布局与当地产业布局有机结合起来,实现协调发展。三是要正确处理特色小镇与镇区、园区的关系。河北省特色小镇基本上都是"建制镇"模式。入围第二批特色小镇的 8 个特色小镇都是建制镇模式。因此要处理好镇区与园区、新镇与旧镇的关系,实现服务设施共享,避免新老镇区各自为政。

(三) 要试点带动,总结经验教训

通过对河北省现有特色小镇的基础、条件和历史演变的分析,河北省与浙江省"先发制人"特色小镇的发展经历不同,处于不同阶段和水平。如果浙江特色小镇已进入 2.0 阶段,那么河北省只能被视为 1.0 起步阶段。因此,一是在全省特色小镇建设和发展的总体把握中,不应过早突出数量,而应选择条件较好,产业特色明显的县域进行少数试点示范。通过试点特色小镇成功实践和先进经验,带动其他特色小镇发展。二是加强管理部门和相关干部的特色小镇业务培训,让大家准确把握特色小镇的内涵和本质要求。三是组织相关的展览、论坛和交流活动,让全社会了解关注特色小镇,共同参与特色小镇的建设。四是建议省级相关职能部门加快研究,制定扶持政策和措施,支持特色小镇建设。各部门发布的部门和政策措施必须附有实施计划或实施规则。

三、要坚持品质优先

（一）科学评价，完善评估指标体系

当前，特色小镇的相关评价体系在一定程度上是合理的，但其评价标准仍然是保守和单一的。因此，一方面，应差别看待不同类型的特色小镇，采用不同种类的评价标准，建立详尽、综合的评价指标，从而使评价的过程和结果更为科学、客观。另一方面，不应该对特色小镇的项目包装过度，要对各类项目的评估过程和结果保证实事求是，充分体现公平、客观、严谨的原则，从而合理推进特色小镇建设，促进地方经济发展。

（二）品质优先，注重投资的效率效益

特色小镇建设必须放弃"崇洋媚外"、大规模发展、重复建设和变相房地产开发等错误做法，坚持品质优先，注重特色小镇投资项目的效率效益。一是引进项目要精挑细选，经得起时间检验。二是引进项目要与特色小镇的特色高度相关。关联度不高、重复建设项目、门槛过低的项目都要坚决拒之门外。三是引进项目要重视其质量和建设进度。前期项目要下功夫早谋划，提供良好服务促进项目早开工，推进在建项目高质量建设。四是引进项目要与当地实体经济紧密结合，带动周边地区经济发展，用实力效益说话。

第二节　坚持特色为主，突出特色亮点、强化高端引领

"特色"二字是特色小镇关键词，体现在产业特色、生态特色、人文特色等多个方面。特色小镇要"一镇一特"。但是当前特色小镇发展已经出现了"千城一面"的情况。许多特色小镇特色重复、过度强调特色却没有特色、甚至脱离产业条件出现人为追求特色的情况。因此河北省特色小镇培育发展必须要坚持特色为主，突出鲜明的独特性和旺盛的生命力，要依托当地资源条件，要找准特色、准确定位，并不断凸显特色、放大特色。

一、要彰显产业特色

产业特色是特色小镇的重中之重。特色小镇发展必须突出产业特色，不能"千镇一面"。即使同一行业，也要产业细分，找准自身特色。也必须进行区分、分割和错位，千万不可以失去其独特性。在1平方公里的建设用地范围内，特色小镇产业过于分散，肯定缺乏产业特色。河北省特色小镇特色产业的选择要依托河北省特色产业，同时要着眼长远、聚焦前沿，重点选择高端制造装备、文化旅游等新兴业态、能源环保等新动能产业。

（一）要"特而精"，不要"大而全"

首先，要明白特色小镇的建设要点是"特而精"，而不是传统的"大而全"。在创建过程中，要重点打造特色产业；其次，要有长远的发展眼光，定位高端产业链，引进行业核心技术和高端人才，将"国际招商"和"全球营销"落实到实际的发展过程中；再次，要根据地方的实际情况，在原有产业转型升级的基础上，努力开拓新兴产业，打造前沿产业，提高发展速度，为特色产业健康发展奠定坚实的基础；最后，要学会融入大城市的产业体系，取长补短，寻找竞争优势。要因地制宜，充分利用好当地特有的优势。同时，还要在发展的过程中保护好当地的文化遗产，将其转变为当地独特的标志，与其产业紧密结合，真正打造出特色鲜明的潜力型小镇。

（二）要突出特色，防止"千镇一面"

概念不清、定位不准成为特色小镇在培育发展过程中的主要问题。很多特色小镇急于求成、盲目发展、缺乏市场推动力。各地存在特色小镇一拥而上，只重数量不重质量，重复发展建设，"千镇一面"的情况。因此河北省特色小镇培育发展一定要突出特色，产业选择一定要因地制宜、扬长避短，发挥比较优势，突出自身特色。一是要因地制宜，分类建设。结合当地特色产业发展情况，选择特色小镇产业。对于历史文化旅游有优势区域，可以建设文旅特色小镇，深入挖掘其历史文化内涵，真正让人"记得住乡愁"。对于工业产业基础比较好的区域，可以建设制造业特色小镇，培植主导产业，形成产业集群发展，把产业做强做出特色。二是要产城融合，协调发展。推进特色产业与人口、环境、资源有机融合，形成城镇化、工业化、现代化和信息化四化融合，物质文化、精神文化和生态文化融合发展局面，打造宜居、宜业、宜游的特色小镇。

（三）因地制宜，突出发展重点

特色小镇的发展一方面要以自身优势特色为立足点，另一方面要拒绝模式照搬，要体现"特色"。我国地域广阔，对于不同地域的特色小镇发展评估需要因地制宜：东部沿海地区在经济水平、人口规模、公共服务、生活环境等方面都有优势。因此，特色小城镇发展的重点是控制规划特色小镇的规模，增加存量，避免大范围地进行拆迁和重建。然而，中部地区的特色小镇发展的重点应该是以市场为导向，进而仔细选择产业的方向，找到特色小镇发展的根本驱动力。就西部地区而言，有必要充分考虑自身的资源现状——如果农业资源比较充足，则其比较适合发展具有农业特色的小城镇；如果旅游资源充足，那么就发展具有旅游业特色的小城镇。

（四）要产业集聚，培育特色产业

特色小镇发展需要特色产业支撑。特色产业实现集聚发展有利于特色小镇健康发展。特色小镇特色产业集聚发展需要从以下几个方面入手。一是基于市场需求，以创新为驱动力，我们应该关注行业的独特性和相关性以及行业规模形成的困难。与此同时，我们应该集中精力改革传统产业，培育战略性新兴产业。随着"互联网＋"等新兴企业的发展，特色小镇在研发、生产、销售等多个环节要与这些新兴企业实现产业链延长的目的。二是需要做好产业的发展规划。这其中囊括了特色小镇的特色产业未来的建设规划、投资融资规划以及其顶层发展设计规划等等，为特色小镇的特色产业发展做好充足的前期准备工作。三是产业的增长。一方面，我们应该高度重视专业人才与高级人才的引进，同时注重相关产业的可持续发展，增强产业活力，形成品牌优势，并根据需求实现特色产业在内容和空间上的集聚与发展。另一方面，政府应该在土地批划、财政减负和税收减免优惠方面提供政策支持，从实际行动上鼓励特色产业的健康发展，进一步研究明确特色小镇的核心功能，打造小镇经济发展的主导产业，充分发挥自身优势，提高其核心竞争力。

二、要彰显生态特色

在建设特色小镇时,要突出生态特色,注重生产和生态整合,协调生态特征与产业特色和自然特征。

(一)要生态优先,坚守生态良好底线。

生态优先,坚守生态良好底线,这是特色小镇彰显生态特色的必然。一是要"一镇一风格"。每个特色小镇要根据本身的软硬件基础、地形地貌、生态环境做好规划设计。二是要生产与生态融合发展。特色小镇的产业特色要与当前的生态环境、自然风貌相协调,实现生产与生态的融合发展。切不可特色小镇发展了,资源环境破坏了。三是要借鉴乌镇模式。河北省特色小镇培育发展可以借鉴乌镇模式,实现嵌入式开发,保留当地自然风貌的原汁原味。

(二)要融合发展,实现协调和谐发展。

特色小镇在发展中要做到"聚而合",尽可能地将生活功能、生产功能和生态功能科学合理地融合到一起。在功能体系方面,要突破传统的行政区划,注重发展具有原有特色的特色产业,并以此为载体吸引世界各地的相关企业加入,重点关注创新与集聚。在空间布局方面,要协调小镇布局和周围自然环境,道路布局要科学合理,建筑物的高度和密度要适应,当地传统的文化特色和地域风光要相互呼应,服务设施要便捷完善,从总体上打造出多功能小镇。

(三)要整治环境,提升特色宜居水平。

河北省特色小镇主要是建制镇模式,因此要按照特色宜居要求建设特色小镇。一是要改善人居环境,加强镇域、环境整治。二是要修复镇域生态环境,提升整体风貌。三是要加大生态基础设施建设,完善公共服务设施设备。四是要严禁特色小镇房地产化,防止照搬城市修路建楼做法,一定要保持宜人、宜居、宜业的空间感。

三、要彰显人文特色

人文特色是特色小镇发展的最终生命力，是特色小镇软实力的集中体现，是特色小镇的魂。特色小镇的人文标识是特色小镇的独特身份体现。河北省特色小镇培育发展要突出人文特色，必须在产业发展和生态建设的全过程中嵌入文化基因，形成"人无我有""人有我优"的特殊区域文化。一是要基于当地传统历史文化的积淀和资源对特色小镇规划定位。这是特色小镇持续发展的不竭动力。二是要注重保护发掘当地文化特色，推动传统文化创造性转化和创新性发展。三是要树立文化功能意识，把文化基因植入特色小镇产业发展与生态建设的全过程，使文化真正成为产业发展的内生动力。四是要注重发挥"新乡贤"作用，培育有品质、可持续的独特文化，真正实现以人为本的发展理念。

第三节
坚持创新为魂，建设创意小镇、打造人才小镇

在以人为核心的新型城镇化背景下，推进河北省特色小镇建设具有重要作用。特色小镇在培育发展过程中存在特色不鲜明、产业关联度不高、低水平重复建设等问题。为避免同质化，激发特色小镇的活力，需要坚持创新为魂，推动特色小镇产业、运作机制、人才培养、融资模式创新发展。

一、要强化产业创新发展

（一）要强化技术创新，做强特色产业

应该以先进技术的发明和应用为特色小镇产业创新的重点。当前互联网、人工智能等技术日新月异地飞速发展。新兴产业小镇要依托科研机构，围绕自身产业定位，共同开发应用这些先进技术。这不仅有利于缩短创新成果转化过程，实现共同创新发展，还有利于实现产业转型升级，做强特色产业。同时对于历史文化传统产业，也可以利用现代新技术，深挖传统工艺和文化内涵，培育新业态，开发新产品，让传统的历史经典产业重获新的生机。

（二）要加强创意发展，加快培育新业态

创意是特色小镇产业创新的核心。特色小镇要成为当前创新创业的最好平台。特色小镇可以建设创客中心。依据自身禀赋和产业特色，创造性地培育一些新业态，丰富产业链。这样就可以实现一二三产业联动融合、生产生态生活共融、历史现在未来同现、宜居宜业宜游俱佳。同时实现产品创新、业态创新联动，新产业与新业态共存，激发新的消费需求，促进经济转型发展。

（三）要加强合作创新，加速集聚高端要素

特色小镇是集聚高端要素的物理空间。但产业合作创新没有边界。互联网、人工智能、物联网、区块链等信息技术手段不断运用，特色小镇要成为技术合作平台、创新交流平台和品牌发布平台。因此与产业定位相关的人才、资源、产品等高端要素要加速集聚，打通产业链、人才链和创新链融合通道，实现技术、人才、资金的高效流动及利用。

二、要强化运作机制创新发展

在创新创业新常态下，特色小镇运作机制也需要不断与时俱进，不断创新发展。要建立市场为主的运作机制，加大招商机制、培育机制、扶持机制等创新，激发发展活力，提升建设效益。

（一）要鼓励招商机制创新发展

特色小镇建设要解放思想，充分利用网络招商平台等信息媒体手段，运用众筹方式等新兴融资平台，向海内外招商引资。同时招商形式也可以多样化，通过到国外定点招商、委托行业协会整体招商等形式，引入高端产业和技术。

（二）要加快培育机制创新发展

特色小镇培育发展机制活不活，直接决定这特色小镇的培育质量和建设速度。一是充分采用PPP模式等方式，发展民间资本优越，推进特色小镇发展。二是要充分依托市场，加快特色小镇培育发展。在政府政策扶持、科研机构的智力支持下，特色小镇培育发展要充分发挥企业等市场主体的作用，深入研究

市场主体需求，创新培育机制。三是要解决特色小镇培育发展资金不足问题。可以探索特色小镇不同融资形式，包括商业票据、企业上市、抵押债券等，实现直接、低成本融资发展。

（三）要加大扶持机制创新发展

特色小镇发展切忌政府大包大揽，要坚决摈弃政府主导模式。同时政府扶持机制对于特色小镇发展至关重要，因此要加大政府扶持机制创新发展。政府对特色小镇辅助机制主要可以利用市场机制、政策杠杆来实现。一是对于成长性好、市场前景广、科技含量高的重点产业可以建立特色小镇发展基金进行专项扶持。特色小镇专项发展基金可以由企业、银行或投资公司、政府等多方参股建立。二是要破解特色小镇培育发展初期资金短缺的问题。通过动态分析特色小镇建设项目资金需求，与银行等金融机构合作，创新金融产品，服务特色小镇培育发展资金需求。

三、要注重集聚创新人才发展

特色小镇培育发展离不开人才。因此特色小镇培育发展要从吸引、集聚、留住人才三个方面注重集聚创新人才发展。

（一）实行一人一策，吸引创新人才

特色小镇要创新吸引人才政策，以待遇吸引人才，制定个性化政策。特色小镇，特色为王。特色小镇吸引人才也要因人而异，根据产业定位定制个性化吸引人才政策，以待遇吸引人才，实行"一人一策"。特色小镇要成为各类创新人才的集聚地，成为科技人员、优秀大学毕业生、留学归国人员的首选地。

（二）打造共同事业，集聚创新人才

创新人才是特色小镇培育发展的稀缺资源。因此特色小镇要塑造共同的价值观，以事业集聚人才。共同的价值观，共同的事业，最能打动人才。特色小镇要深刻把握发展愿景，抓住产业主攻方向，集聚各类人才，让特色小镇成为各类人才圆梦的平台。

（三）创造美好环境，留住创新人才

美好的环境也是特色小镇留住人才的关键一环。雷尼尔效应充分说明了这个道理。雷尼尔是华盛顿大学东南边的一座海拔4200米雪山。华盛顿大学位于美国西雅图。它东边是华盛顿湖，西边是普吉特海峡，风景优美。华盛顿大学教授工资比其他大学低20%，但没有人"跳槽"。这种人们为了迷恋美景而放弃高收入的现象就是雷尼尔效应。特色小镇建设一定要严格保护自然生态环境，按照3A景区标准建设，完善公共配套设施，创造美好环境留住创新人才。

四、要开辟融资模式创新渠道

目前，特色小镇融资建设的典型特点是前期建设资金投入大、投资回报的回收周期长，在这种情况下，无法吸引到足量的市场资金，也就难以充分实现市场化运作。因此要优化河北省特色小镇的融资模式，促进其融资渠道的多元化。例如，可以引入社会资本和金融机构的资金，并促进公私合作伙伴关系的运营模式。具体可以从以下几个方面入手。一是地方政府可以通过发行债券为特色小镇的各种建设项目引入私人资本；二是政府可以积极地动员大型企业向具有明确收入的特色小镇的项目注入闲置资金，从而加快特色小镇的建设。三是地方政府也可以制定相应的激励政策，消除社会资本投向特色小镇的隐形壁垒，动员实力雄厚的大型企业及外资企业等参与特色小镇的建设和运营。四是构建创新型的融资方式与融资主体，并且聘请职业化融资团队参与指导特色小镇建设的融资规划。融资方式的创新化和多样化将吸引更多的社会资本参与特色小镇建设，为其成功培育和可持续发展提供强有力的资本支持。

第四节　坚持市场为主，做到市场主体不缺位、政府引导不越位

企业的动力、市场的热情是特色小镇培育发展的关键。特色小镇如果缺乏市场基础，只靠资源和政府的政策，肯定很难获得长久持续的发展。因此特色小镇培育发展不能只靠政府给政策、给帽子，大包大揽。目前特色小镇的发展主要呈现出三种模式，分别是企业主导模式、政府主导模式和政府与企业结合

模式。河北省特色小镇培育发展要厘清政府与市场的边界,充分发挥企业的主体作用,多种形式加强政府引导服务,做到市场主体不缺位,政府引导不越位。

一、要厘清政府与市场的边界

特色小镇培育发展过程中,要划清政府和市场的边界,构建以市场为主、政府引导服务为辅的特色小镇治理模式。一是在选择产业、引进人才、创造效益等方面,充分落实企业主体地位,让企业在特色小镇发展过程中自主决策、自主管理、自主经营、自担风险。二是特色小镇培育发展过程中政府要在提供规划编制、资源要素保障、基础设施配套、生态环境保护及文化内涵挖掘传承等方面发挥服务作用。政府切忌拍脑袋上项目、越俎代庖。三是政府要简政放权,推进放管服改革,不断引导特色小镇社区、居民及其他市场主体参与特色小镇培育发展建设的积极性、主动性,创造扶持特色小镇发展的优惠的政策环境。

二、充分发挥企业的主体作用

特色小镇培育发展要充分发挥企业的主体作用。在处于在建期和处于规划期的特色小镇的发展进程中,要着重强调并充分发挥市场的主导作用,真正做到以市场为主体,充分激发特色小镇的内生动力,实现其健康、快速和可持续发展。我们要真正做到以企业为主体,减少政府部门在市场运作过程中的行政干预,由此充分发挥出市场在资源配置中的决定性作用,形成遵循市场发展客观规律的政策和服务体系,最终在市场内源性动力与政府部门职能两者合力下推进特色小镇的发展。

三、多种形式加强政府引导服务

特色小镇是以企业为主体、实现市场化运作、空间边界明晰的创新创业平台,而不是政府大包大揽的行政平台。因此特色小镇的培育发展过程中,政府要转变观念,准确定位,多种形式加强政府引导服务。一是转变政府观念。由过去政府在特色小镇培育发展过程中起决定性作用转变为起导向作用。二是政府要准确定位。政府在特色小镇培育发展过程中自身职能定位为提供特色小镇发展需要的基础和公共服务。三是政府要牵线搭桥，多种形式提供引导服务。一方面政府要以供给侧改革的思路，根据各个特色小镇的产业地位和人才需求，制定不同的扶持政策，提供定制服务。另一方面要牵线搭桥，做好特色小镇与各类企业的联姻，当好参谋。政府要主动对接央企、国企与民企，了解其实际需求，让各类企业积极对接当地的特色小镇建设项目，实行贴身服务。四是河北省各地政府要充分借鉴各地特色小镇发展经验，做好制度供给服务。如在土地置换方面，可以借鉴浙江经验，允许培育创建特色小镇区域先行办理农转非供地手续。在融资方面，可以借鉴东山碧螺春原乡小镇做法，鼓励社会资本、银行和其他金融机构资本等多方参与其中。在运营管理方面，可以借鉴萧山信息港小镇的经验，聘请专业管理团队进行管理，提升管理效能，提供个性化服务。

参考文献

[1] 张亚明,王丹丹,苏妍嫄.创新生态系统视域下河北特色小镇培育研究[J].经济与管理,2018,32(6):39-44.

[2] 刘志慧.特色小镇培育的问题与对策研究——以宜宾市为例[J].延边党校学报,2018,34(5):69-73.

[3] 杨帆.经济转型视角下保定市特色小镇培育与建设研究[J].中国市场,2018(33):38,40.

[4] 杨宁宁,高钰轩,黄菖彬,邓兴浩,高雁鹏.基于智力城镇化的特色小镇产业培育探索——以辽宁通远堡镇为例[J].智能建筑与智慧城市,2018(9):88-91,94.

[5] 彭业仁,陈惠娜.根植性理论视野下运动休闲特色小镇体育主导产业的培育和发展研究——以广西马山县古灵镇三甲屯攀岩小镇为例[J].桂林航天工业学院学报,2018,23(3):400-404.

[6] 江苏省政府:争取3~5年,培育100个左右特色小镇[J].蔬菜,2018(9):6.

[7] 沈克印,董芹芹.体育特色小镇建设的地方探索与培育路径——以浙江省柯桥酷玩小镇为例[J].武汉体育学院学报,2018,52(9):25-31.

[8] 袁媛.特色小镇要培育硬铮铮的特色[N].新华日报,2018-09-05(003).

[9] 刘阳.特色小镇景观设计与空间培育特点剖析[J].住宅与房地产,2018(24):98.

[10] 庄晋财,卢文秀,华贤宇.产业链空间分置与特色小镇产业培育[J].学习与实践,2018(8):36-43.

[11] 谢继炯.培育特色小镇文化助推乡村振兴[J].中国党政干部论坛,2018(8):77-78.

[12] 许翠微,郭俊辉. 国际化视域下浙江特色小镇发展与复合型外语人才培育的协同路径研究 [J]. 亚太教育,2018 (2): 4-8.

[13] 陈丹,李莉萍. 对培育云南特色小镇之路的探讨与研究 [J]. 城市建筑,2018 (20): 37-39.

[14] 高峰. 创新视角下培育特色小镇的对策研究 [J]. 攀枝花学院学报,2018,35 (4): 32-36.

[15] 傅一波. 软件产业特色小镇产业培育规划策略研究 [J]. 湖北农业科学,2018,57 (13): 131-135.

[16] 秦笑. 特色小镇的发展现状、政策解读及典型案例研究——基于江浙开发与培育多维度融合特色小镇的实践 [J]. 对外经贸,2018 (6): 85-91.

[17] 任仪. 特色小镇产业选择与培育路径研究 [D]. 西安:西北大学,2018.

[18] 季胜武,张二兵. 基于优势产业支撑的特色小镇培育路径分析——以浙江省仙居县杨梅小镇为例 [J]. 现代城市,2018,13 (2): 22-26.

[19] 鲁燕清. 基于"三生融合"理念下的特色小镇培育与发展研究 [J]. 清江论坛,2018 (2): 35-38.

[20] 胡卫卫,于水. 特色小镇培育中创新"柔性引才"机制探析 [J]. 石家庄铁道大学学报(社会科学版),2018,12 (2): 47-51.

[21] 陈春兰. 产业融合视角下的特色小镇的培育与建设研究——以南京市江宁区为例 [J]. 统计与管理,2018 (6): 125-128.

[22] 郝华勇. 湖北省特色小镇培育路径及对策研究 [J]. 湖北社会科学,2018 (3): 90-95.

[23] 秦笑. "产、城、人、文"视阈下江苏特色小镇的开发与培育——基于南京江北新区特色小镇的路径优化研究 [J]. 经济论坛,2018 (6): 139-144.

[24] 王晓波. 培育特色小镇的有效路径研究——以兰陵美酒小镇为例 [J]. 农业部管理干部学院学报,2018 (2): 28-31.

[25] 孟凡霄. 基于制度厚度理论的镇湖苏绣特色小镇培育路径优化研究 [D]. 苏州:苏州科技大学,2018.

[26] 吴小平. 浏阳烟花产业转型升级下特色小镇培育与创建思考 [J]. 合作经济与科技,2018 (12): 34-35.

[27] 杨玉洁. 边远少数民族地区特色小镇培育研究 [D]. 西安:西南交

通大学，2018.

[28] 卢国能. 漳州市加快培育特色小镇问题研究 [J]. 农村经济与科技，2018，29（9）：266-268.

[29] 王国华. 特色小镇培育工作须规范推进 [J]. 经济，2018（10）：92-93.

[30] 冯晓燕. 特色小镇之人文培育助推精致小城市建设的研究——以崇福、濮院为例 [J]. 佳木斯职业学院学报，2018（5）：454-455.

[31] 邵培樟. 加强特色小镇社会组织培育（服务）中心内涵建设的思考——以浙江为例 [J]. 大社会，2018（5）：42-45.

[32] 苗书迪. 特色农业视角下宿迁市特色小镇的培育与建设 [J]. 知识经济，2018（10）：37-38.

[33] 推进乡村振兴 培育中国特色小镇工作委员会 东北执委会在吉林启动 [J]. 现代营销（创富信息版），2018（5）：41.

[34] 王跃. 规范有序推进特色小镇培育建设的几点建议 [J]. 经济研究参考，2018（24）：54-56.

[35] 姚传娟. 特色小镇精准培育与建设问题研究——以安徽省淮北市为例 [J]. 西昌学院学报（自然科学版），2018，32（1）：78-81.

[36] 陈水光，郑庆昌. 福建省特色小镇培育政策的探讨 [J]. 福建商学院学报，2018（1）：75-83.

[37] 杨吉华. 特色小镇的创意支撑与农村创意阶层的培育 [J]. 嘉应学院学报，2018，36（3）：40-44.

[38] 康伟立. 唐山特色小镇培育研究 [J]. 合作经济与科技，2018（8）：4-5.

[39] 罗元涛. 特色小镇培育过程中的多维建构 [N]. 贵州民族报，2018-03-23（B01）.

[40] 季胜武，张二兵. 依托优势产业抓好特色小镇培育——以浙江省仙居县中国杨梅小镇为例 [J]. 上海农村经济，2018（3）：39-42.

[41] 李霄冰. 桂林特色小镇培育模式和对策 [J]. 中共桂林市委党校学报，2018，18（1）：9-13.

[42] 叶飞文. 对特色小镇培育和发展的若干思考 [J]. 发展研究，2018（2）：23-28.

[43] 梅婷. 基于传统古村落保护与利用的"特色小镇"培育策略探讨——以绩溪县瀛洲镇徽州故里特色小镇为例 [J]. 住宅与房地产, 2018 (5): 225.

[44] 湖北特色小镇建设重在培育"单打冠军" [J]. 北方建筑, 2018, 3 (1): 86.

[45] 陈兆清, 张群, 田兴权. 培育和打造徽风皖韵省级特色小镇研究——以安徽省六安市为例 [J]. 安徽农学通报, 2018, 24 (2): 3-5+16.

[46] 陈林萍. 绍兴特色小镇培育建设发展分析 [J]. 统计科学与实践, 2018 (1): 35-38.

[47] 于靖园. 特色小镇培育攻略 [J]. 小康, 2018 (3): 41-43.

[48] 李铁. 培育特色小镇是对空间资源的调整与重塑 [J]. 小康, 2018 (3): 44-46.

[49] 杨玉洁. 探索边远少数民族地区培育特色小镇的优势 [J]. 科技风, 2018 (2): 140-141.

[50] 季胜武. 基于优势产业支撑的特色小镇培育路径分析 [J]. 江南论坛, 2018 (1): 29-30.

[51] 陶毅烈. 全力培育特色小镇 做强常熟优势产业 [J]. 江苏政协, 2018 (1): 49-50.

[52] 姜建春. 西安: 加快特色小镇建设 培育经济增长新引擎 [J]. 中国经贸导刊, 2018 (1): 49-51.

[53] 陈国欢. 特色小镇建设靠培育而非打造 [N]. 新华日报, 2017-12-15 (19).

[54] 毛长久, 高静玮, 郑少曼. 云栖大会开幕 打造"南北双城" 培育七大特色小镇 构筑西湖发展新高地 [J]. 商业文化, 2017 (34): 52-56.

[55] 傅一波. "特色小镇"培育视野下昆山软件园规划策略研究 [D]. 苏州: 苏州科技大学, 2017.

[56] 甘新越. "产城融合"理论下工业型特色小城镇培育策略——以金山镇特色小镇培育规划为例 [A]. 中国城市规划学会、东莞市人民政府. 持续发展 理性规划——2017 中国城市规划年会论文集 (19 小城镇规划) [C]. 中国城市规划学会、东莞市人民政府: 中国城市规划学会, 2017: 10.

[57] 于菲菲. 培育特色小镇, 促新旧动能转换——以淄博市为例 [J]. 北方经贸, 2017 (11): 120-121.

[58] 加快特色小镇建设,培育经济增长新引擎[N]. 西安日报,2017-11-14(006).

[59] 朱晓明. 确保特色小镇培育路径和发展模式不走样[N]. 新华日报,2017-09-27(16).

[60] 梁恒维. 培育特色小镇需要创新性思维[N]. 中国经济时报,2017-09-13(004).

[61] 张勇. 百人会师横店"取真经"共论特色小镇培育建设[N]. 企业家日报,2017-08-29(003).

[62] 黄忠伟. 培育优势特色产业 加快特色小镇建设[N]. 北海日报,2017-08-22(007).

[63] 殷强. 放弃建城思维培育真正的特色小镇[N]. 中国县域经济报,2017-07-31(003).

[64] 李现超. 关于山东省特色小镇培育工作的实施建议[A]. 中国城市科学研究会、海南省规划委员会、海口市人民政府.2017城市发展与规划论文集[C]. 中国城市科学研究会、海南省规划委员会、海口市人民政府:北京邦蒂会务有限公司,2017:8.

[65] 杨毅然. 供给侧改革背景下我国体育特色小镇培育路径研究[A]. 中国体育科学学会(China Sport Science Society)、国际华人体育与健康协会(International Chinese Society for Physical Activities and Health).2017国际体育与健康学术论文报告会暨第八届全国青年体育科学学术会议论文摘要汇编[C]. 中国体育科学学会(China Sport Science Society)、国际华人体育与健康协会(International Chinese Society for Physical Activities and Health):中国体育科学学会,2017:2.

[66] 欣丝路. 建设特色小镇,培育产业新载体[N]. 西安日报,2017-03-17(001).

[67] 张炯生. 培育特色小镇 建设小康城市[N]. 汕头日报,2017-01-10(005).

[68] 张海英. 培育特色小镇不能只靠"砸钱"[N]. 中国商报,2017-01-05(P02).

[69] 本报评论员. 培育特色小镇 统筹城乡发展[N]. 中山日报,2016-12-30(001).

[70] 李华琴．着力"一村四区"嫁接改造　创新"特色小镇"培育路径[N]．衢州日报，2016-11-19（003）．

[71] 高点定位　产城相融　培育鲜明特色小镇[J]．中国经贸导刊，2016（31）：32．

[72] "三位一体"培育打造特色小镇[J]．中国经贸导刊，2016（31）：30．

[73] 赵士雯，赵艳华，国福旺．新型城镇化背景下的天津特色小镇培育策略研究[J]．城市，2016（10）：22-25．

[74] 施蔷生．培育特色小镇，重在找准本地"特色"[N]．解放日报，2016-10-25（009）．

[75] 蓝枫．培育特色小镇应突出"特色"[J]．城乡建设，2016（10）：27-28．

[76] 徐伟凝．面向实施与未来的特色小镇规划策略研究——以浙江平阳宠物小镇培育规划方案为例[A]．中国城市规划学会、沈阳市人民政府．规划60年：成就与挑战——2016中国城市规划年会论文集（16小城镇规划）[C]．中国城市规划学会、沈阳市人民政府：中国城市规划学会，2016：9．

[77] 徐梦周，王祖强．创新生态系统视角下特色小镇的培育策略——基于梦想小镇的案例探索[J]．中共浙江省委党校学报，2016，32（5）：33-38．

[78] 住建部：到2020年培育一千个左右特色小镇[J]．企业研究，2016（9）：7．

[79] 住房城乡建设部、国家发展改革委、财政部联合发文：培育千个特色小镇　实现首个百年目标[J]．城建档案，2016（8）：8．

[80] 范周．培育特色小镇　文化附加值才是价值所在[N]．中国出版传媒商报，2016-08-09（15）．

[81] 许益波，汪斌，杨琴．产业转型升级视角下特色小镇培育与建设研究——以浙江上虞e游小镇为例[J]．经济师，2016（8）：90-92．

[82] 住房城乡建设部等三部委联合发文　培育千个特色小镇　实现首个百年目标[J]．城市规划通讯，2016（14）：6．

[83] 住房城乡建设部、国家发展改革委、财政部联合发文培育千个特色小镇实现首个百年目标[J]．小城镇建设，2016（7）：6．

[84] 廖雪梅．推进大都市区交通互联互通　精心培育一批特色小镇

[N]．重庆日报，2016－06－27（004）．

[85] 沈琪芳．特色小镇培育与建设的问题及对策——以湖州为例［J］．浙江树人大学学报（人文社会科学），2016，16（3）：27－28．

[86] 于新东，牛少凤．探索"六化"发展路径 加快培育特色小镇［J］．杭州科技，2016（2）：20－22．

[87] 王侃，李挺，潘君超，林霄霄．加快台州特色小镇创建培育［J］．浙江经济，2016（5）：60－61．

[88] 王莹，江永碧．培育更具时代性的人文特色小镇［J］．浙江经济，2016（3）：58－59．

[89] 徐黎源，颜传津．嘉兴市培育特色小镇路径研究［J］．价值工程，2016，35（4）：183－184．

[90] 牛少凤．培育特色小镇的"六化"路径［J］．中国国情国力，2016（2）：15－16．

[91] 于新东．关于浙江加快特色小镇培育发展的建议［J］．党政视野，2015（Z1）：18－22．

[92] 于新东．以"六化"加快培育特色小镇［N］．杭州日报，2015－08－17（10）．

[93] 于新东．以产业链思维培育特色小镇［N］．浙江日报，2015－06－08（009）．

[94] 唐勇．培育特色小镇需把握关键点［J］．浙江经济，2015（6）：21－22．

[95] 王晓晔．加快云和特色小镇暨木玩童话小镇创建培育的研究与思考［J］．现代国企研究，2015（6）：167．

[96] 我国将培育1000个特色小镇［J］．福建农业科技，2016（8）：64．

[97] 孙勇军，韩佳仪．特色小镇培育与地方经济税收——以绍兴市柯桥区湖塘黄酒特色小镇为例［J］．绍兴文理学院学报（哲学社会科学），2016，36（5）：49－52．

[98] 杨保军：培育特色小镇不在于"造城"，而在于"助乡"［J］．中华建设，2016（12）：41．

[99] 余池明．培育特色小镇要把握一个愿景三个规律［J］．环境经济，2016（ZB）：79－82．

[100] 杭州培育特色小镇打造人才苗圃的实践探索［J］．杭州（周刊），

2017 (1): 38-39.

[101] 牟盛辰. 产城融合视阈下特色小镇的培育对策研究——以台州游艇小镇为例 [J]. 特区经济, 2017 (1): 98-100.

[102] 单彦名, 马慧佳, 宋文杰. 全国特色小镇创建培育认知与解读 [J]. 小城镇建设, 2016 (11): 20-24.

[103] 安徽加强风貌设计培育特色小镇 [J]. 城市规划通讯, 2016 (20): 8.

[104] 林峰. 特色小镇的"生命力"之产业的选择、培育与导入 [J]. 中国房地产, 2017 (8): 20-23.

[105] 郭占恒. 培育发展特色小镇应注意"六个防止" [J]. 浙江经济, 2017 (5): 8-9.

[106] 张天浩. 有远见！全产业链打造特色小镇——中经智库特色小镇培育峰会在京举行 [J]. 经济, 2017 (9): 86.

[107] 王礼鹏. 探寻培育特色小镇建设的内外合力——对地方实践的经验总结与理论思考 [J]. 国家治理, 2017 (15): 38-48.

[108] 沈迟. 特色小镇不在于"打造"在于"培育" [J]. 小城镇建设, 2017 (4): 14-15.

[109] 顾利民. 以"五大发展理念"引领特色小镇的培育建设 [J]. 城市发展研究, 2017, 24 (6): 18-22.

[110] 陶毅烈. 培育特色小镇 做强优势产业 [J]. 江苏政协, 2017 (7): 42-43.

[111] 朱莹莹. 特色小镇建设的路径演变、发展困境与对策研究——基于嘉兴市29个创建培育对象的分析 [J]. 嘉兴学院学报, 2017, 29 (4): 30-39.

[112] 冯奎. 培育特色小镇建设的运营主体 [J]. 中国国情国力, 2017 (6): 1.

[113] 我国将培育1000个特色小镇 [J]. 乡村科技, 2016 (22): 5.

[114] 罗淞雅. 国内外特色小镇对湖南特色小镇培育的借鉴 [J]. 乡村科技, 2017 (19): 22.

[115] 潘静波. 二维视角下金融类"特色小镇"的培育指标体系构建——以杭州市为例 [J]. 经贸实践, 2016 (20): 31-32.

[116] 张宝林. 郑州市培育特色小镇路径研究 [J]. 经贸实践, 2017

（14）：64-65.

[117] 程亚南. 特色小镇内涵之精准产业培育 [J]. 住宅与房地产，2017（26）：25-26.

[118] 广西将培育30个全国特色小镇 激活固投2000亿以上 [J]. 中国产经，2017（8）：86.

[119] 林峰. 培育和运营特色产业，实现"引-留-聚"，打造特色小镇产业生态圈 [J]. 商业文化，2017（19）：42-49.

[120] 徐松，张司飞. 培育特色小镇的关键是发展特色产业 [J]. 商业观察，2017（4）：74-75.

[121] 刘宝国. 基于省情的特色小镇培育对策研究——以江苏省为例 [J]. 中国名城，2017（10）：35-39.

[122] 朱菊妹，姚月明，谢景芳，杨景铄. 特色小镇培育和建设问题的思考——以苏州市吴中区为例 [J]. 江南论坛，2017（10）：23-24.

[123] 姜曼. 特色小镇培育中蕴含的商机和风险 [J]. 南方企业家，2017（3）：126-127.

[124] 太星南. 云南省特色小镇创建培育研究——以红河哈尼族彝族自治州为例 [J]. 当代经济，2017（29）：16-19.

[125] 梁舰. 未来中国特色小镇培育的关键 [J]. 国际融资，2017（10）：26-28.

[126] 何颖. 新型城镇化视域下科学培育特色小镇的几点思考 [J]. 学理论，2017（10）：29-30.

[127] 王四华. 精心培育特色小镇 [J]. 当代江西，2017（9）：30-31.

[128] 陈海航. 智慧低碳特色小镇的培育策略探讨 [J]. 信息化建设，2017（10）：59-61.